Heike Praschel

MIT DEM SCHULBUS IN DIE WILDNIS

Heike Praschel

Mit dem Schulbus in die Wildnis

**Eine Familie reist ein Jahr lang
durch die Weiten Nordamerikas**

Mit 63 farbigen Fotos und einer Karte

MALIK

Mehr über unsere Autoren und Bücher:
www.malik.de

MIX
Papier aus verantwortungsvollen Quellen
FSC® C014496

ISBN 978-3-89029-451-3
© Piper Verlag GmbH, München 2018
© Heike Praschel, 2018
Redaktion: Antje Steinhäuser, München
Fotos: Heike Praschel
Karte: Marlise Kunkel, München
Satz: Satz für Satz, Wangen im Allgäu
Litho: Lorenz & Zeller, Inning am Ammersee
Druck und Bindung: GGP Media GmbH, Pößneck
Printed in Germany

Für meine Familie und Freunde,
für all die Reisenden und Nomaden,
Freidenker und Entdecker

INHALT

Prolog 9

1. KAPITEL	The best you can get	11
2. KAPITEL	Aller Anfang ist schwer	16
3. KAPITEL	Die Geschichte des Columbia River	20
4. KAPITEL	Frankie goes north	24
5. KAPITEL	Ein unangenehmes Zusammentreffen	29
6. KAPITEL	How to be bear aware ...	34
7. KAPITEL	Williams Lake Stampede	38
8. KAPITEL	Zurück in der Wildnis – going wild	42
9. KAPITEL	Immer dem Polarstern nach ...	48
10. KAPITEL	Ein Mords-Fundstück	53
11. KAPITEL	Welcome to Boyleville	57
12. KAPITEL	Aufbruch nach Alaska	64
13. KAPITEL	Auf dem Top of the World Highway	69
14. KAPITEL	Ein Geburtstag in der Wildnis	75
15. KAPITEL	Am Ende des Alaska Highway	78
16. KAPITEL	Fairbanks – am Rande der Zivilisation	81
17. KAPITEL	Gestrandet in der Wildnis	86
18. KAPITEL	Kleine Plagegeister	89
19. KAPITEL	Zurück in Fairbanks	92
20. KAPITEL	Reifenärger	95
21. KAPITEL	Auf dem Weg zum Arctic Circle	98
22. KAPITEL	Versicherungskummer	103
23. KAPITEL	Zurück im Yukon-Territorium – Hilfe, ein Puma!	107
24. KAPITEL	Ein Abstecher an die Küste nach Haines	112
25. KAPITEL	Noch mehr Bären	117
26. KAPITEL	Ein nettes Treffen und gefrorener Lachs	120
27. KAPITEL	Huskygeheul und Polarlichter	128

28. KAPITEL	Ab in den Süden	132
29. KAPITEL	Im Wildlife Park	136
30. KAPITEL	Sherri oder die Rettung der guten Laune	140
31. KAPITEL	Pat und Erin	145
32. KAPITEL	Ein Lachsbaby für den Columbia River	150
33. KAPITEL	Der letzte Pass	156
34. KAPITEL	Zurück in Kettle Falls	159
35. KAPITEL	Noch einmal Glück gehabt!	165
36. KAPITEL	Abschied auf Zeit	169
37. KAPITEL	Die erfolglose Suche nach ein bisschen Wärme	173
38. KAPITEL	Angst im Schneesturm	180
39. KAPITEL	Frankie macht schlapp	184
40. KAPITEL	Ein Untier im Gebüsch	190
41. KAPITEL	Eine Einladung für die Mädchen	196
42. KAPITEL	Eine gemeinsame Schulaufgabe	200
43. KAPITEL	Im Tal der roten Felsen	207
44. KAPITEL	Ärger mit der Staatsgewalt	211
45. KAPITEL	Mexiko, wir kommen	215
46. KAPITEL	Kleine Banditen und gefährliche Tiere	218
47. KAPITEL	Geburtstag unter Walen	221
48. KAPITEL	Von Scherben und Stacheln	225
49. KAPITEL	Millimeterarbeit Parkplatzsuche	230
50. KAPITEL	Jorge und die Steine	236
51. KAPITEL	Unwetter über dem Pazifik	240
52. KAPITEL	Nordwärts	244
53. KAPITEL	Heimflug mit Hindernissen	251

Epilog 254

PROLOG

Warum wir wieder nach Amerika wollten? Nun, da kam wohl eins zum anderen. Eigentlich hatten wir nach unseren letzten Erfahrungen mit der kalifornischen Polizei die Nase voll gehabt von den USA, aber da war dennoch diese Lust aufs Unterwegssein, diese Sehnsucht nach Weite und der Freiheit auf Reisen. Warum wir dazu einen Schulbus kauften? Weil er zu haben war, würde ich sagen, und weil diese Gelegenheit unsere Fantasie in Gang gesetzt hat. Nur eines lässt sich mit Bestimmtheit sagen: Wären wir auf unserer letzten Reise nicht James und Mia begegnet, hätten wir nie etwas von dem alten Bus gehört, der bei Mias Vater im Schuppen auf einen Käufer wartete. Und hätten wir unser altes Haus nicht gegen ein kleineres eingetauscht, wären wir finanziell nicht in der Lage gewesen, erneut auf Reisen zu gehen. Aber manchmal spielen eben ein paar Zufälle Schicksal, und die Dinge fügen sich so, dass man gar nicht mehr genau sagen kann, wie es eigentlich dazu kam. Jedenfalls zögerten wir nicht lange und überwiesen unseren Freunden 2000 Dollar für einen amerikanischen Schulbus, Baujahr 1986, kurze Version.

Was sollte schon schiefgehen, dachten wir. Wir kannten schließlich unsere Freunde, und der Bus stand sicher auf ihrem Grundstück ...

1. KAPITEL
THE BEST YOU CAN GET

16. April 2016, USA, Washington State,
in der Nähe von Spokane, Meilenstand: 225 459

Der Anblick ließ mich für einen Moment alle Schmerzen vergessen, die mir nach dem langen Flug und der schier endlos erscheinenden Autofahrt durch den Rücken krochen.

Da stand er. Groß und gelb und noch viel wuchtiger, als er auf den Fotos gewirkt hatte, und ich fragte mich, wie um alles in der Welt wir dieses Ungetüm, dessen hüfthohe Reifen sich tief in die weiche Wiese gebohrt hatten, jemals wieder auf die Straße bringen sollten.

»Wow ...« Tom war ebenfalls schwer beeindruckt. »Elf Meter ...!«

Eigentlich hatten wir nach etwas Kleinem gesucht, kurz, wendig und geländegängig. Einem fünf Meter langen Bus mit Allradantrieb zum Beispiel. Doch dann überraschten uns unsere Freunde mit einer E-Mail: »Wir haben genau den Richtigen für euch ... *the best you can get* ... kurz und ideal für eure Zwecke, wir haben ihn bereits gekauft! *Yeah!!!*«

»*Yeah!*« Spätestens jetzt wussten wir, dass unsere Vorstellungen von »kurz« weit auseinanderdrifteten.

James hingegen grinste von einem Ohr zum anderen, und auch Mia schien mit ihrem Kauf sehr zufrieden. Vor mehr als fünf Jahren hatten wir die beiden auf einem Trip durch die USA kennengelernt. Damals waren wir in einem alten roten Mercedeslaster aufgebrochen, um mit unseren drei Töchtern die Mongolei zu erkunden. Aus dieser Tour war eine knapp dreijährige Weltreise durch über zwanzig verschiedene Länder geworden. James hatten wir im Nordwesten der USA vor einem Supermarkt kennengelernt. Zusammen mit seiner Freundin Mia war er uns danach bis nach Mexiko gefolgt, und auch nach der Reise war der Kontakt nie ganz abgebrochen.

»Das ist die kurze Version, die ist wirklich selten.« Offensichtlich gab es jede Menge Exemplare mit noch ein paar Fensterreihen mehr. Mia ließ ein begeistertes Glucksen hören, und ihre sonst so gepflegten kurzen Haare standen wie elektrisiert von ihrem Kopf ab. Etwas benommen starrten wir auf unser schon bezahltes, neues Zuhause, eigentlich hatten wir etwas ganz anderes gewollt.

Als die beiden uns vor einem knappen Jahr in Deutschland besuchten, hatten sie uns von einem alten Kirchenbus erzählt, der bei Mias Vater auf den Verkauf wartete, und die Fotos, die sie uns von dem Gefährt zeigten, hatten uns auf Anhieb gefallen. Gerade mal sieben Meter lang, mit netten verzierten Butzenscheiben, die die Gemeinde offenbar statt der ursprünglichen Fenster eingesetzt hatte, schien der alte *church shuttle* genau das zu sein, was wir uns schon immer erträumt hatten, und ohne groß darüber nachzudenken, sagten wir sofort zu. Per Handschlag war alles abgemacht, zurück zu Hause sollten unsere Freunde mit Mias Vater sprechen und einen fairen Preis für uns aushandeln. In einigen Monaten würden wir dann in die USA reisen und uns um den Innenausbau kümmern.

Doch dann war alles ganz anders gekommen.

Tagelang hatten wir nach unserem Treffen in Deutschland Ausbau-Handbücher studiert, über die Aufteilung des Innenraumes nachgegrübelt und vor dem Bild des ehemaligen Kirchenbusses gestanden, das frisch gerahmt unsere Küchenwand zierte, bis sich eines Morgens plötzlich der Nagel aus dem Putz löste und das Anschauungsmaterial in die Tiefe stürzte. Nur wenige Minuten später erhielten wir die Absage per E-Mail ...

»*Sorry, the bus is already sold!*«

Der Bus war bereits verkauft worden! Ein alter Hippie, der ihn sich Jahre zuvor schon einmal angesehen hatte, war plötzlich wieder aufgetaucht. Niemand hatte mit ihm gerechnet, und dann hatte er den Bus gleich gekauft, ohne dass unsere Freunde auch nur mit Mias Vater hatten sprechen können.

Und unser Traum von der nächsten Reise zerplatzte mit einem lauten Knall, wie die gläserne Scheibe des Bilderrahmens auf unserem frisch gefegten Küchenfußboden.

Eigentlich hatte ich nie an schlechte Vorzeichen geglaubt, in diesem Moment allerdings war ich fast gewillt, damit anzufangen, auch wenn ich sonst grundsätzlich um einen positiven Blick auf die Dinge bemüht bin. Ich versuchte, mir gut zuzureden, und während ich noch immer am Kloß der Enttäuschung würgte, gab der Computer ein erneutes »Pling« von sich. Die nächste Nachricht von James und Mia flatterte in unseren Posteingang. Ich klickte auf den Betreff »*New schoolbus*« und las: »*No problem, don't worry!*« Dann ein dicker Smiley. Es stünden so viele Busse zum Verkauf ... »*We will find the right one for you!*« Dass »Mr Right« sich aber so enorm von seinem Vorgänger unterscheiden würde, damit hatten wir damals nicht gerechnet, als wir begeistert auf das Angebot eingegangen waren ...

Tom räusperte sich: »Viel Platz!« Und er klopfte versöhnlich auf den verblichenen gelben Lack. »Perfekt für eine Familie.«

Jetzt strahlten James und Mia, zufrieden mit unserer Reaktion. »Wir wussten, er würde euch gefallen!«

Das war wohl der Moment, in dem mir klar wurde, dass wir uns ganz offenbar nicht so gut kannten, wie ich angenommen hatte.

Die beiden waren die Ersten gewesen, die von unserem Plan erfahren hatten, von unserer schon vor Langem festgelegten Route, die uns über den legendären Dalton Highway bis ganz in den Norden führen sollte. Schon immer hatten wir davon geträumt, nach Alaska zu fahren, hoch ans Eismeer. Wir wollten durch das Land der Eisbären und Moschusochsen reisen und durch die unberührte Natur, die indigenen Stämme besuchen und von ihren Bräuchen lernen.

Wochenlang hatten wir unseren Trip nach Nordamerika vorbereitet, hatten unserem Hund Laika die nötigen Impfungen verabreichen lassen, waren zwischen amerikanischer Botschaft und deutscher Schule hin- und hergependelt und konnten unsere Mädchen, Paula und Emma, die letzten Sommer gerade acht und zehn Jahre alt geworden waren, glücklicherweise ganz offiziell für ein Jahr von der Schule befreien. Zuletzt hatten wir das Wasser aus dem Heizsystem unseres Hauses entfernt, Telefon und Internet gekündigt, den Stromabschlag auf ein Minimum absenken lassen und alles leer geräumt.

Ob uns der riesige Bus, der laut Tachostand schon ganze 225 459 Meilen auf dem Buckel hatte, allerdings jemals so weit bringen würde, wie es unsere Route vorsah, wollte ich mir im Moment gar nicht so genau ausmalen, ganz im Gegenteil. Im Augenblick blieb uns nichts anderes übrig, als schlicht das Beste aus der Situation zu machen.

Zum ersten Mal seit unserer Ankunft vor einer knappen halben Stunde begann ich, unsere Umgebung zu mustern. Unser neues Zuhause, ein Schulbus des Herstellers International Harvester Company, war hinter einer schon etwas marode wirkenden Scheune geparkt, und das hohe Gras der Wiese, die uns umgab, war braun und vertrocknet. Zwischen den Halmen standen überall alte Autos in den verschiedensten Stadien des Verfalls. Das einzige fahrtüchtige Vehikel schien das Quad zu sein, mit dem sich Mias Vater jetzt unserer kleinen Gruppe näherte.

Nur wenige Meter entfernt kam er zum Stehen, lehnte sich zurück und hakte seine Daumen in die verschlissene Arbeitshose, während er ganz im Anblick unseres Busses zu versinken schien. Dann packte er eine seiner Krücken, die er sich während der Fahrt quer über die Knie gelegt hatte, und fuchtelte damit in Richtung unseres Gefährts.

»*That's the baby*«, ließ er uns wissen und wiederholte die Worte, die wir auch schon von James und Mia gehört hatten: »Das beste Fahrzeug, das man sich vorstellen kann! Aber es benötigt zu viel Platz.« Er grinste verschmitzt. Der Bus nahm in der Tat einen großen Teil der Wiese ein.

James war in der Zwischenzeit um den Bus herumgelaufen, durch die doppelflügelige Notausgangstür ins Innere geklettert und hatte seine Hand auf den manuellen Türöffner gelegt. Mit einem einladenden Quietschen sprang die Tür zur Seite, und einer nach dem anderen kletterten wir in den Fahrgastraum.

Drei hohe Stufen führten in einen mit schwarzem Gummi ausgelegten schmalen Mittelgang, rechts und links davon gab es je zehn durchgesessene Doppelsitzbänke, bezogen mit vergilbtem braunem Kunstleder. Die Schiebefenster waren übersät von fettigen Flecken, eine klebrige Pfütze unter Sitz Nummer fünf roch verdächtig nach verschütteter Limo, und zwischen den beiden hintersten Sitzreihen klebte eine ganze Reihe rosafarbener Kaugummis. Während Emma und Paula über die Rückenlehnen turnten, ließ ich mich in die erste Sitzreihe plumpsen und musterte unser neues Zuhause für das nächste Jahr.

Diese robusten Schulbusse waren in den USA so etwas wie Kultobjekte. Viele Familien und Studenten bauten sich einen der gelben Giganten zum *motorhome* um. Es gab eine richtige Community, die sich auf etlichen Seiten im Internet tummelte, Tipps austauschte und immer wieder Treffen organisierte.

Während ich schon darüber nachdachte, wo ein Ofen Platz finden könnte, schnappte Tom sich den Zündschlüssel, rutschte hinters Lenkrad, und nur Sekunden später röhrte der Motor fast erschrocken unter der Haube auf. Er stolperte, hustete und fing nach einem letzten Krächzen an zu schnurren wie ein zufriedenes Kätzchen. Ein leichtes Tippen auf das Gaspedal, und mit einem sanften Holpern rollte unser Heim aus der tief in die Wiese gedrückten Standspur. Ich begann zu grinsen, während die Mädels jubelten.

Vielleicht hatten James und Mia doch gar nicht so falschgelegen!

2. KAPITEL
ALLER ANFANG IST SCHWER

19. Juni 2016, USA, Washington State,
Chewelah, Meilenstand: 225 508

»Ihr braucht eine Inspektion!« Die Info habe er aus dem Internet, ließ James uns einige Wochen später wissen, indem er auf eine ellenlange Liste tippte, die er für uns ausgedruckt hatte. »Hier steht alles, was ihr beachten müsst!«

Ich griff nach dem Blatt, das er uns entgegenstreckte, und überflog die einzelnen Punkte. Praktisch keinen davon hatten wir erfüllt.

Die State Patrol, die sehr strikt an so etwas herangehe, müsse den Umbau des Busses in ein *motorhome* genehmigen, erklärte James, doch Tom schüttelte unbeeindruckt den Kopf.

Dunkle Wolken hatten sich über uns zu einer schwarzen Wand verwoben, und in der Ferne war das erste Donnergrollen zu hören. Sekunden später begann es, wie auf Kommando zu schütten. Dicke Tropfen prasselten auf das Dach wie ein Maschinengewehrfeuer. Nach über einer Woche Hitze kam nun endlich die lang ersehnte Abkühlung, die momentan weitaus besser zu unserer Stimmung passte als das sonnige Sommerwetter.

James machte auf dem Absatz kehrt und rettete sich vor dem Unwetter ins Innere seines Hauses, während der Regen wie eine Sturzflut über unsere Windschutzscheibe rauschte.

Mit einem Seufzen ließ ich mich an unseren mit Leder bezogenen alten Esstisch fallen, den wir für nur zehn Dollar auf einem Garagenflohmarkt gekauft hatten. Was, wenn er recht hatte?

Eigentlich hatten wir in ein paar Tagen aufbrechen wollen, aber wenn ich mich so umblickte, fing ich an, daran zu zweifeln. Unser Gasofen war laut Liste zu alt, der ganze Ausbau nicht professionell gemacht, die Gasleitungen nicht vom Profi verlegt, und der

Holzofen war das einzige Stück unserer Einrichtung, das auch tatsächlich für ein Wohnmobil gedacht war.

Trotzdem war alles so schön geworden. Aus zwei alten Holzschränkchen, die wir an der Straße mit dem Hinweis »zu verschenken« gefunden hatten, hatten wir unsere Küchenzeile gebaut. Der kleine Gasofen mit Backröhre war ein wunderschönes antikes Stück, das dazwischen in einem ungewöhnlichen Türkis erstrahlte. Es gab eine gemütliche Essecke für vier Personen, einen gasbetriebenen Kühlschrank, ein Wassergefäß mit Zapfhahn, den kleinen Blechofen zum Heizen mit Holz, ein Sofa, ein großes Stockbett und sogar ein Badezimmer: ein kleines Kämmerchen, in dem ein Wasserkanister, eine Schüssel zum Waschen und eine Campingtoilette, Porta Potti genannt, Platz fanden. Eine leistungsstarke zweite Batterie, die sich ebenso wie die Startbatterie beim Fahren wiederauflud, sorgte für die Innenbeleuchtung und lieferte den Strom für das Aufladen von Laptop und Handy. Doch ohne eine Umschreibung auf ein Wohnmobil, so viel wussten wir, würde Tom den Bus, laut Führerschein, nicht fahren dürfen.

Als er meine finstere Miene sah, legte er den Arm um mich: »Jetzt mach dir mal keine Sorgen. James übertreibt, das garantiere ich dir!«

»Na hoffentlich!«

»Ganz sicher ... morgen gehe ich auf die Zulassungsstelle, und ich wette, die Umschreibung ist kein Problem!«

Ich schluckte.

Dann zerknüllte ich die Liste und warf sie in eine Ecke. Wie oft hatte ich während der letzten Wochen an unser kleines Häuschen in der Oberpfalz gedacht, das abseits von einem Dörfchen am Waldrand lag. Die etwas verschlafen wirkende Ruhe dort könnte ich jetzt wirklich gut gebrauchen. Falls das mit der Umschreibung morgen nicht klappen sollte, würde ich mich notfalls zu Fuß auf den Weg machen!

Ich war froh, dass zumindest die Kinder von alldem kaum etwas mitbekommen hatten. Zu unserem Glück hatten sie schon bald mit dem Nachbarsmädchen Christine Freundschaft geschlossen und verbrachten die meiste Zeit hinter der kleinen farbenfroh blühenden Hecke, die deren Haus umschloss. Ein Lächeln huschte mir über das Gesicht, als ich an den ersten deutschen Satz von Christine dachte, den Emma und Paula jetzt tagtäglich herunterbeteten: »Mücke nein lecker« war, nachdem Christine eine kleine Fliege verschluckt hatte, zu ihrem Tagesmotto geworden und wurde inzwischen auf alles und jeden angewendet, selbst wenn es nicht immer einen Sinn ergab.

Meist verschwanden Emma und Paula schon frühmorgens in den Nachbarsgarten, feilten an ihren Englischkenntnissen, planschten zusammen mit Christine im Pool, machten mit ihren Secondhandfahrrädern die Gegend unsicher oder versuchten, Fierce, Christines Wolfsmischling, zu dressieren. Und auch andere Kinder kamen, Tag für Tag wurden es mehr. Zum Beispiel der Nachwuchs aus dem »Chaos-Haus« einen Block weiter, wo Berge von Möbeln im Garten gestapelt waren, oder das indische Geschwisterpärchen, das Emma und Paula auf dem Spielplatz kennengelernt hatten, oder das kleine Mädchen, das jeden Tag auf seiner Fahrradtour nach unseren Fortschritten schaute und dabei die Terrarien unserer Mädels entdeckt hatte. Spinnen, Kellerasseln und Schmetterlingsraupen tummelten sich darin, und zusammen mit Emma und Paula saß sie oft stundenlang vor den Glaskästen und bewunderte die vielen Krabbeltierchen. Für uns allerdings waren die letzten Wochen anstrengend gewesen.

Am nächsten Morgen machten wir uns gleich nach dem Frühstück auf den Weg in die Stadt, und nur dreißig Minuten später drückte uns die nette Dame auf der Zulassungsstelle die fertigen Papiere in die Hand und lächelte. »Gute Reise!«, sagte sie zum Abschied, und das, obwohl sie noch nicht mal einen Blick auf die Fotos vom Innenausbau geworfen hatte, die wir zur Umschreibung mitgebracht hatten. Ohne Kommentar hatte sie den alten Schulbus als *motorhome* registriert, und selbst die Versicherung hatte uns ohne Nachfragen als deutsche Fahrzeughalter akzeptiert.

Gemeinsam holten wir kurz darauf die restlichen Sachen aus dem Haus von James und Mia und verabschiedeten uns von den beiden. Dann startete Tom den Motor.

Nervös musterten wir die enge Einfahrt. Immerhin maß unser neues Zuhause stolze elf Meter, und bisher war Tom nur ein einziges Mal damit gefahren. Die Teller in den Schränken klapperten, als der Rückwärtsgang krachend einrastete, die Kupplung war anscheinend auch nicht mehr die beste, noch ein Ruckeln, dann rollte der Schulbus aus der Einfahrt. Ein kleiner Ast des Kirschbaumes brach krachend ab und fiel hinter uns zu Boden, noch ein letztes Winken, und schon verschwand die rote Backsteinmauer von James' und Mias kleinem Domizil hinter der Kurve.

Häuser rauschten an uns vorbei, Häuser, die uns in den letzten Wochen trotz allem ans Herz gewachsen waren. Der kleine Bach, in dem wir gebadet hatten, schlängelte sich neben der Straße entlang, dann kam Zips mit dem wunderbaren Softeis, die Secondhandläden, der Stadtpark mit dem Spielplatz, die Schule, der Parkplatz mit all den schönen Schulbussen.

Wir passierten das Ortsschild. Chewelah verschwand hinter uns im Rückspiegel, wurde kleiner und kleiner, schrumpfte zusammen, verwandelte sich in einen winzigen Punkt, einen von vielen auf einer riesigen Landkarte.

3. KAPITEL
DIE GESCHICHTE DES COLUMBIA RIVER

21. Juni 2016, USA, Washington State,
Kettle Falls, Meilenstand: 225 536

Dumpf ertönte ein Trommelschlag neben uns, während die Kanus fast geräuschlos übers Wasser glitten.
Der Boden begann, unter unseren Füßen im Takt zu vibrieren.
»Tumm, tutumm ... tumm, tutumm ... tumm, tutumm ...«
Ein Ruder platschte ins Wasser, dann setzten die Gesänge ein.
»Heyaaa, heyaaaa, heyaaa ...«
Die Intensität der kehligen Stimmen jagte mir eine Gänsehaut über die Arme. Ein schrilles Pfeifen erscholl, sein hoher Ton wurde weit über das glitzernde Wasser getragen, über die Wellen des Columbia River bis in die Tiefen des Ozeans, wo es nach den Lachsen rief.
Weit waren wir seit dem Morgen nicht gekommen. In Kettle Falls, nur knappe dreißig Meilen von Chewelah entfernt und ganz in der Nähe eines der größten Indianerreservate der USA, hatten wir eine letzte Pause vor der kanadischen Grenze eingelegt und waren genau rechtzeitig gekommen, um einem der bedeutsamsten Rituale der Native Americans beizuwohnen. Zwölf verschiedene Stämme hatten sich zusammengeschlossen, um für die Rückkehr der Lachse in den Columbia River zu kämpfen.
»Do you know the story of the Columbia River?«
Lydia, eine Frau um die sechzig, die wir schon vor ein paar Stunden im Historical Center kennengelernt hatten, legte ihre Hände auf die Schultern von Emma und Paula und lächelte sie an. Beide schüttelten den Kopf, und ich war wieder einmal erstaunt, wie viel Englisch sie bereits in diesen ersten zweieinhalb Monaten gelernt hatten. Zusammen mit Christine hatten sie tagtäglich geübt, und inzwischen brauchten sie meine Übersetzungshilfe so gut wie gar nicht mehr. Lydia schien allerdings

auch ohne Worte die Sprache unserer Kinder zu sprechen, denn selbst mit ihren Gesten und Blicken konnte sie ihre Aufmerksamkeit fesseln, und mit begeisterter Spannung hingen beide an ihren Lippen.

»Nein?« Ihre langen grauen Haare, die in sanften Wellen über ihre Schultern flossen, und die kleine runde Brille gaben ihr etwas von dem Flair der späten Siebziger. Bis vor Kurzem hatte sie noch als Lehrerin in der Highschool gearbeitet, hatte sie uns erzählt. Nach ihrer Pensionierung hatte sie angefangen zu schreiben, und vor ein paar Wochen war ihr erster Gedichtband veröffentlicht worden.

»Dann erzähle ich euch davon.« Lydia setzte sich zwischen die beiden auf den Boden und klopfte mit der Hand neben sich, während die Trommeln um uns noch immer im selben Rhythmus verharrten. Emma und Paula ließen sich zu ihr auf den Ufersand plumpsen und lauschten gespannt.

»Stellt euch vor ...«, begann sie, »stellt euch für einen Moment vor, ihr wärt Wasser. Nicht etwa Wasser in einem Glas, still und ruhig wie in einem See, sondern Wasser, das fließt, Wasser auf einer Reise, Wasser, das sich hügelabwärts auf das weite Meer zubewegt.«

Ihre Hände beschrieben sanfte Wellen, während sie fortfuhr: »Stellt euch vor, ihr wirbelt um Felsbrocken herum, eingeengt in Canyons. Stellt euch vor, ihr werdet gegen den Grund gepresst.« Sie schloss die Augen und wartete einen Moment. »Das ist es, was ein Fluss erlebt. Vielleicht könnt ihr ein wenig nachempfinden, wie sich der Columbia River fühlt, lasst mich euch also seine Geschichte erzählen: Die Reise dieses wunderbaren Flusses beginnt als ein Tröpfeln in einer Schlucht der Rocky Mountains. Das Rinnsal bewegt sich eine Weile nordwärts, wird größer und mächtiger, ehe es sich südwärts wendet durch die Purcell und Selkirk Mountains Richtung Meer. Es war schon immer sein Ziel, den Ozean zu erreichen. Jedes Wasser hegt den Wunsch, zu seiner großen Mutter zu gelangen, zu den ausgedehnten Salzwassergründen, wo unzählige Fische frei schwimmen ...«

Weiter und weiter führte uns die Geschichte, begann bei der Eiszeit, erzählte von der Besiedlung durch die Sinixt-Stämme, von den Lachsen, die auf der Strömung zurück zu ihrem Laichplatz tanzen und die Erinnerungen des Meeres zu den Bergen tragen, vom Rhythmus des Flusses, vom Herzschlag des Wassers und dessen freiem Geist.

Während Lydia erzählte, hielt sie ihre Hand wie einen Trichter ans Ohr: »Lauscht den Trommeln! Hört ihr den Herzschlag des Wassers? *Tum ... tum ... tum ...*«

Die Mädchen nickten.

»*Tum wata* lautet das Wort der Sinixt für Wasser, das ein Herz hat!«

Doch dann kam der traurige Teil der Geschichte: »Nur 150 Jahre, nachdem all die Menschen, bleich wie Flusssteine, angekommen waren, nahmen sie dem Fluss sein Herz, damit er fortan ihren Zwecken diente, indem sie seinen Lauf, dem er seit Millionen von Jahren folgte, veränderten ...«

Dämme wurden gebaut, die Lachse am Zurückkommen gehindert, der Fluss zerstört, erzählte sie weiter, und doch bestehe noch immer Hoffnung! Dann zog sie ein dünnes illustriertes Buch aus der Tasche, zeigte Emma und Paula die Bilder und las die letzten Seiten, aus Sicht des Flusses, der in dieser Ausgabe selbst die ganze Geschichte erzählte, ein indianisches Märchen für die neue Zeit.

»Aber ich habe weiterhin Hoffnung. Eines Tages ... werde ich erneut fähig sein, den Lachs auf dem Rücken meiner Strömung zu tragen. Mein *tum wata* wird stark und hart schlagen, während ich mich durch die Berge hindurch auf das große Meer zubewege. Ich werde in der Lage sein, meinen Geist mit dem Land und seinen Menschen zu teilen. Denn ich spende Leben und Freiheit. Ich bin Wasser, das Herz einer Landschaft.«

Fast gleichzeitig mit dem Ende der Geschichte hoben die Trommeln zu einem Crescendo an. Ein Häuptling, geschmückt mit langen Federn und Perlen, watete bis zu den Schenkeln ins Wasser und hob zwei kleine Kiesel vom Grund des Flusses. Die Musik verstummte, und der alte Mann begann zu singen, seine nackte Brust unter dem aufwendig geknüpften Schmuck hob und senkte sich, die eindringliche Melodie tanzte auf den Wellen, die leise rauschend seine Beine umspülten. Langsam klackend schlug er die Kiesel aneinander, immer wieder, mal schneller, mal langsamer, die Imitation des Geräusches, das entsteht, wenn ein Lachs mit der Schwanzflosse sein Laichbett auf dem Grund des Flusses gräbt. Ein Weckruf für das gebändigte Wasser, für die wartenden Lachse vor den riesigen Dämmen.

»Aber wie sollen denn die Lachse über die Dämme kommen?«

Paula schaute mich verwirrt an, und ich versuchte, ihr zu erklären: »Die Native Americans hoffen auf Aufmerksamkeit. Sie wollen das Problem zurück in die Köpfe der Menschen rufen, von denen so viele schon vergessen haben, wie wichtig der Lachs für einen gesunden Fluss ist. Dann nämlich, wenn viele gemeinsam helfen, können sie vielleicht erreichen, dass Fischtreppen an den Dämmen gebaut werden, das ist so etwas wie eine Umgehungsstraße für die Lachse.«

»Das wäre toll!«

Auch wir hatten inzwischen nach kleinen Kieseln gegriffen und wie so viele um uns herum zu klopfen begonnen, das Klacken von Hunderten von Steinchen erfüllte die Luft. Plötzlich fuhr ein Seufzen durch die Menge, und die Köpfe von knapp 400 Menschen richteten sich nach oben. Ein Weißkopfseeadler flog über uns am Himmel, sein Schrei drang durch die Luft, er stieß ins Wasser, und Sekundenbruchteile später baumelte ein zappelnder Fisch in seinen Krallen. Alle begannen zu jubeln.

4. KAPITEL

FRANKIE GOES NORTH

24. Juni 2016, Kanada, British Columbia,
kurz hinter der Grenze, Meilenstand: 225 574

»Diese Bremsen sind viel zu warm!«

Tom hatte sein Infrarotmessgerät auf die Bremstrommeln gerichtet und schritt einen Reifen nach dem anderen ab. Die Bremsen vorne rechts waren um ganze zwanzig Grad Celsius heißer als die anderen.

»Die sind mit Sicherheit fest.« Er hievte den riesigen Werkzeugkoffer aus der Seitentür und griff zielsicher nach dem Schraubenschlüssel.

Zwei Tage hatten wir nach der Zeremonie noch am Columbia River verbracht und waren von dort direkt über die kanadische Grenze gefahren. Seit einer knappen Stunde quälten wir unseren Bus über die Cascades, eine Bergkette, die sich von Washington State bis British Columbia zieht, und anscheinend hatte die Strecke den alten Bremsbelägen den Rest gegeben.

»Und das schon nach den ersten hundert Meilen!« Die Euphorie, die ich heute Morgen beim Abschied von Lydia noch so deutlich verspürt hatte, bekam einen leichten Dämpfer. Was, wenn der Bus schon auf den ersten Kilometern schlappmachen würde?

Die Kupplung war weitgehend am Ende, das wussten wir. Gestern erst hatte Tom alles Mögliche versucht, um sie noch einmal nachzustellen, aber alle Mühen waren umsonst gewesen, und jetzt hofften wir, dass sie zumindest noch die nächsten Meilen bis Alaska überstehen würde. Ansonsten war uns die Technik des Oldtimers auf den ersten Blick ganz in Ordnung erschienen. Bremsen waren immerhin Verschleißteile, sagte ich mir, das musste noch lange keinen Zusammenbruch des ganzen Gefährts bedeuten. Außerdem hatte sich Tom noch vor unserer Abfahrt die passende Reparaturanleitung für den Schulbus besorgt, zwar auf Englisch, aber besser als nichts. Der mindestens fünfzehn Zentimeter dicke Ordner lag gut verstaut unter meinem Sitzplatz, und wie schon so oft auf unseren Reisen war ich froh, dass Tom beim Reparieren von in die Jahre gekommenen Fahrzeugen bisher immer sehr gut zurechtgekommen war.

Selbst auf unserer letzten Reise, in der Wüste Gobi, weit entfernt von jeder Werkstatt, hatte er alle Probleme in den Griff bekommen, und grinsend erinnerte ich mich an die Ruhe der Mongolen, die sich bei einer Panne schon mal ein halbes Stündchen für ein Nickerchen in die Wüste legten, wenn ihnen auf Anhieb keine Lösung einfiel. Eigentlich gar keine so schlechte Idee, dachte ich gähnend.

Neugierig kamen jetzt auch Emma und Paula nach draußen geklettert und wanderten eine Runde um den Bus, betrachteten wie Tom die Reifen, die ihnen fast bis an die Schulter reichten.

»Was ist denn kaputt?«

»Gar nichts! Die Bremsen sind nur fest, das ist eigentlich zu erwarten, wenn ein Fahrzeug so lange steht.«

»Dann kannst du das richten?« Paula runzelte fragend die Stirn.

»Klar, dauert nur noch ein paar Minuten.«

»Frankie schafft das schon, gell, Papa?« Dann klopfte Paula dem Schulbus sacht auf den Kotflügel. »Weil er nämlich auch zu den Eisbären will!«

Ich musste lachen, als ich den neuen Namen aus dem Mund meiner Tochter hörte. Erst vor einer knappen Viertelstunde hatten wir unseren Schulbus einer Taufe unterzogen, aber noch war mir sein neuer Name fremd und kam mir nur schwer über die Lippen.

»Frankie ...« Ich lauschte dem Klang und lächelte, vielleicht hätten wir doch bei den ersten Vorschlägen der Kinder bleiben sollen. »Gelber Blitz« oder »Kleiner Donner« hörte sich eindeutig nach mehr Kraft an, und für den langen Weg bis in den hohen Norden würde er davon wohl noch viel nötig haben, aber für eine Änderung war es jetzt eindeutig zu spät. Die Taufe war begossen und besiegelt, an Frankie war nicht mehr zu rütteln, und ich musste mich wohl oder übel damit zufriedengeben.

Emma und Paula stiefelten inzwischen quer über den Parkplatz, drückten sich durch das dichte Gebüsch, gelangten an das steinige Ufer eines kleinen Baches, und nur Minuten später hörte ich das rhythmische Klopfen von Kieseln, den indianischen Ruf nach den Lachsen.

Entspannt ließ ich mich auf die hölzerne Picknickbank sinken, neben der wir geparkt hatten, und während ich mit einem Ohr den Kindern lauschte, streichelte ich unserer Hündin Laika, die sich neben mich gesetzt hatte, über den flauschigen Kopf. Ein alter VW-Bus röhrte auf der Straße vorbei, und gerade als Tom mit einem Gummihammer leicht an die Bremsbacken klopfte, kam ein Pick-up auf den Parkplatz gerollt, auf dessen Ladefläche sich volle Mülltüten, Schrubber, Besen und allerhand Putzmittel stapelten. Der Mann allerdings, der sich vom Fahrersitz schob, erinnerte mich mehr an ein Mitglied der Hells Angels als an eine Reinigungskraft. Schwere Ketten baumelten zwischen seinem Gürtel und den Hosentaschen, ein gewaltiger Bauch wallte über den Hosenbund, und über den stiernackigen Rücken spannte sich eine schwarze Kutte mit mehreren Aufnähern. Er musterte uns eine Zeit lang, griff dann nach einem in seinen Pranken winzig wirkenden Besenstiel und verschwand damit in dem kleinen Toilettenhäuschen auf der anderen Seite des Parkplatzes. Erst als zwei schwere Motorräder von der Straße heranrollten und mit laut tuckernden Motoren direkt hinter dem beladenen Pick-up hielten, kam der Stiernackige aus dem Klo, bedeutete den Neuankömmlingen zu warten und machte sich dann quer über den breiten Teerplatz auf den Weg zu unserem Bus. »Hier darf man nicht campen!« Unheilvoll schwebten die Worte vor seinem fülligen Bauch in der Luft, bis Tom unter dem Bus hervorgekrabbelt kam.

»Wir haben gar nicht vor, hier zu übernachten.« Tom wischte sich die schwarzen Finger an seinem Arbeitsoverall ab. »Wir hatten ein Problem mit den Bremsen, aber jetzt müsste alles wieder funktionieren.«

Die finstere Miene des Rockers wich einem verständnisvollen Lächeln. »Wollte euch nur warnen ... hier gibt's zu viele Pumas und Bären ... ist 'ne gefährliche Gegend!« Sein Grinsen hatte einen merkwürdigen Ausdruck angenommen, während er seinen

Kumpanen einen knappen Blick zuwarf. »Solltet so schnell wie möglich von hier verschwinden ... die nächste Stadt ist eh nicht mehr weit.«

Auch wenn wir nicht wirklich die Befürchtung hegten, gleich einem Rudel Raubtiere gegenüberzustehen, hatte ich nicht das Gefühl, dass es eine gute Idee wäre, gerade jetzt eine Diskussion darüber anzuzetteln.

Anscheinend wollten die Männer uns loswerden, warum, wollte ich gar nicht wissen. Doch noch bevor wir überhaupt die Möglichkeit hatten, ihm noch einmal zu versichern, dass wir ohnehin jeden Augenblick weiterfahren würden, zerriss ein Schrei die Stille, der mir das Blut in den Adern gefrieren ließ. Laut und klagend, ein Kreischen wie von einem verwundeten Tier im Todeskampf. Laika begann wie wild zu kläffen, und wie auf Kommando stürzten Tom und ich in Richtung Bachufer. Plötzlich wieder Stille, dann, nach einer endlos erscheinenden Millisekunde, setzten die Gesänge ein.

»Heyaaaaa, Heyaaaa, Heyyyyyyyaaaaaaaaaa ...«

Als wir den Bach erreichten, tanzten Emma und Paula fröhlich um ihre imaginäre Feuerstelle, und selbst der stiernackige Rocker, der uns auf den Fuß gefolgt war, wirkte reichlich blass um die Nase.

Laika dagegen war an den Mädchen vorbei- und aufgeregt winselnd auf einen Busch zugestürmt, mit gesträubtem Nackenfell hielt sie kurz darauf an, schnüffelte nervös und begann zu knurren. Vor ihr lag ein monströser Haufen, braun, durchsetzt mit Kirschkernen und dampfend warm.

»Bärenkot!«, stellte unser Begleiter fachmännisch fest. »Ich hab euch ja gewarnt!« Dann pflügte er mit ausgebreiteten Ellenbogen zurück durch das Gebüsch in Richtung Parkplatz. Der Bär allerdings war nirgendwo zu sehen, und ich hatte den Verdacht, dass er sich nach dem Kampfschrei der Mädchen fürs Erste auch nicht mehr in unsere Nähe trauen würde.

Zwanzig Minuten später waren die Bremsbacken wieder auf Vordermann gebracht und Tom lenkte, unter den aufmerksamen Blicken der drei Rocker, unser mobiles Zuhause zurück auf die kanadischen Straßen. Noch ein paar Kilometer, dann mussten wir die gröbsten Steigungen hinter uns gebracht haben, und die ungewohnte Anstrengung für die Bremsen würde nachlassen. Außerdem hatten wir nicht das Geringste dagegen einzuwenden, etwas Abstand zwischen uns und die Rocker zu bringen, ihrem Wunsch nach Einsamkeit wollten wir definitiv nicht länger als nötig im Wege stehen.

5. KAPITEL
EIN UNANGENEHMES ZUSAMMENTREFFEN

27. Juni 2016, Kanada, British Columbia,
in der Nähe von Hills, Meilenstand: 225 676

»Gibt es hier wirklich schon Bären?« Paula starrte aus dem Fenster, während Emma sich die Kopfhörer ihres MP3-Players über die Ohren schob und auf dem kleinen Display nach der passenden Geschichte suchte. Vor knapp fünf Jahren hatten wir in den ganzen drei Monaten, die wir damals quer durch Kanada gereist waren, keinen einzigen Bären zu Gesicht bekommen. Jetzt konnten es die Mädchen kaum erwarten, endlich hoch in den Norden zu kommen, dorthin, wo die Anzahl der Bären im Gegensatz zur Bevölkerungsdichte stetig anstieg.
»Klar.« Ich nickte.
Nachdenklich starrte Paula in das dichte Grün, das an uns vorbeirauschte, und betrachtete die Wildnis mit interessierter Aufmerksamkeit.
»Welche denn?«
»Grizzlys und Schwarzbären. Aber ich glaube nicht, dass wir welche sehen, Bärenbegegnungen sind eher selten.«
Für den Moment schien sie zufrieden und lehnte sich gähnend an die kalte Scheibe.
Inzwischen war es schon ziemlich spät geworden, die Sonne begann langsam zu sinken, und ein zarter rosa Hauch breitete sich über den Himmel, wurde nach und nach dunkler. Das bisher noch leuchtende Grün der vielen Bäume verwandelte sich in ein finsteres Grau, das zu beiden Seiten die Straße begrenzte. Der Lichtkegel, den die großen Scheinwerfer des Busses auf die Straße warfen, war lächerlich schwach, die Sicht wurde von Minute zu Minute schlechter, und als Paula auch noch übel wurde, beschlossen wir, die Nacht abzuwarten, bevor wir unseren Weg fortsetzen würden. Also lenkte Tom unseren Frankie mit einem sanften

Ruck von der Straße. Der Schotter knirschte unter den Reifen, und für einen Moment zweifelte ich daran, ob der kleine Parkstreifen, den wir neben der Straße entdeckt hatten, wohl lang genug sein würde, um unseren kompletten Elf-Meter-Bus darauf unterzubringen, aber eine größere Bucht hatten wir seit der Begegnung mit den Rockern nicht mehr gefunden. Immer weiter grub sich die gelbe Schnauze zwischen die Büsche, und als einige kleine Ästchen die Windschutzscheibe berührten, war endlich auch das letzte Stückchen unseres Vehikels von der Straße gerollt.

Dichter Wald umschloss uns wie ein Meer aus Bäumen, wie Wellen aus schimmerndem Grün, die über die Hügel flossen, und als Hintergrundmusik war das Keckern der Hörnchen und das Gezwitscher der vielen Vögel zu vernehmen. Nur eine halbe Stunde später waren wir schon in die Betten gekrochen und hatten uns in unsere warmen Decken gemummelt. Von draußen hörte ich eine Zeit lang noch das Zirpen einiger Zikaden, dann war ich eingeschlafen.

Gleich nach dem Aufwachen machte ich mich mit Laika auf den Weg in den Wald, wanderte leise vor mich hin summend auf einem zugewucherten Fußpfad, der hinter dem Bus in die Büsche führte, immer weiter in das dichte Gewirr von Dornenranken und Holunder. Der Morgen war kühl, und von dem dampfenden Boden stiegen weißliche Nebelschwaden auf und tauchten den soeben erwachenden Wald in ein unheimliches Zwielicht.

Vor mir wand sich der Pfad um eine enge Kurve, und ein leises Geräusch, das ich aus der Ferne hörte, ließ mich kurz innehalten. Was war das? Ein Bellen? Laika hob ihre Schnauze und witterte nervös. Wahrscheinlich ein Wanderer mit seinem Hund, dachte ich bei mir, Abdrücke von Hundepfoten hatte ich auf dem Weg etliche gesehen. Mein Summen wurde leiser, ich brummte nur noch vor mich hin, weil es mir schon immer unangenehm gewesen ist, im Beisein anderer zu singen. Aus dem Brummen wurde ein Flüstern, bis ich nach einigen Metern ganz verstummte. Ich zog Laika neben mich und verkürzte die Leine, während ich meinen Blick auf die Kurve richtete. Mit zwei schnellen Schritten umrundete ich die Biegung, erhob beinahe schon die Hand zum Gruß. Dann jedoch erstarrte ich. Am Rande der kleinen Lichtung hatte sich etwas bewegt, etwas Dunkles, Großes. Etwas, das nicht im Entferntesten an einen Wanderer erinnerte.

Eine ausgewachsene Schwarzbärin hatte ihren schweren Kopf gehoben und musterte mich, schien für einen kurzen Moment abschätzen zu wollen, ob ich für ihre zwei Jungen eine Bedrohung darstellte. Meine Gedanken begannen zu rasen, tausend Geschichten jagten durch meinen Kopf, Geschichten über angreifende Bärinnen, die wild entschlossen ihren Nachwuchs verteidigen, blutige Szenen wie aus Horrorfilmen, die ich in meiner Jugend aufgesogen hatte wie ein Schwamm das Spülwasser, Abenteuer in der Wildnis mit der reizvollen Würze von Gefahr.

Die reale Gefahr allerdings behagte mir weit weniger, jede einzelne Faser meines Körpers schien sich plötzlich zusammenzuziehen unter einem Schock von Adrenalin, und mit einem Mal war mein Kopf leer bis auf einen einzigen Gedanken: FLUCHT!

Wie von selbst begannen meine Beine zu laufen, ich warf mich herum und rannte, rannte wie noch nie in meinem Leben, und Laika schien wenigstens dies eine Mal mit mir einer Meinung zu sein. Klatschend und patschend hörte ich meine eigenen gehetzten Schritte in den Pfützen, neben mir das hechelnde Keuchen des Hundes. Das Wasser spritzte in Fontänen auf, während ich über den rutschigen Grund hastete, und ein blättriger Zweig streifte wie kalter Atem über die Haut meiner linken Wange. Weg, nur weg ... Meter um Meter vergrößerte sich der Abstand zu der verhängnisvollen Lichtung.

Doch plötzlich überkam mich im Rennen ein noch heftigeres Gefühl der Panik, ein Gefühl unabwendbarer Gefahr, und mit einem kalten Schaudern drehte ich im Rennen für einen kurzen Augenblick den Kopf – und da sah ich sie. Die Bären waren mir auf den Fersen, und sosehr ich mich auch anstrengte, sie kamen mir näher und näher. Ich konnte die kleinen Atemwolken vor ihren Schnauzen in der kühlen Morgenluft sehen, und sogar die weichen Abdrücke der patschenden Tatzen, die sich hinter uns in den Waldboden drückten. Ich hatte Angst, schreckliche Angst. Da, endlich tauchte weit hinten das Ende des schmalen Pfads vor mir auf, hell leuchtete die Straße durch die kleine Öffnung zwischen den Bäumen, ein Licht am Ende des Tunnels, ein Funken Hoffnung in letzter Minute, aber im selben Augenblick wurde mir klar: Ich werde es nicht bis dorthin schaffen ... unmöglich ... gegen *sie* hatte ich nicht den Hauch einer Chance. Sie würden mich erwischen, bevor ich in Sicherheit war.

»TOOOM, TOOOM, HIIILFEEEEE!«

Mein Schrei zerriss die Stille, hallte zwischen den dunklen Stämmen, deren Äste sich wie dürre Arme in meine Richtung streckten.

»HIIILFEEEEE, HILF MIR DOCH!«

Dann blieb mir die Luft weg. Japsend und kraftlos stolperte ich weiter. Es hatte sowieso keinen Sinn. Tom würde mich nicht hören können.

Der Waldrand war noch viel zu weit entfernt, die Bären waren zu schnell ... sie würden mich einholen, und ich konnte rein gar nichts dagegen tun.

Was aber, wenn sie mich erreicht hatten? Was, wenn die Bärin mich tatsächlich angriff?

Eine eiskalte Wut packte mich plötzlich, und ein Schrei explodierte in meinem Kopf: ICH WILL NICHT STERBEN! NICHT JETZT, NICHT HIER! Und vor allem NICHT SO!

Wir waren doch gerade erst losgefahren! Ganze neun Wochen hatten wir in einem kleinen Städtchen verbracht, hatten in der engen Garageneinfahrt von James und Mia in dem unfertigen Schulbus gehaust und dabei an dessen Innenausbau gearbeitet. Jetzt, nachdem wir es endlich geschafft und Zeit für Ruhe, Genießen und Relaxen hatten – was tat ich da? Hatte ich nichts Besseres zu tun, als mich sogleich und unbedacht einer unwägbaren Gefahr auszusetzen?!

Meine Gedanken ratterten. Ratschläge, die ich irgendwann einmal gehört hatte, hallten in meinem Kopf wie die Schläge einer gewaltigen Glocke, bis sich aus dem Chaos ein einzelner Befehl herauskristallisierte: »Nicht rennen ... *nicht rennen* ... *n i c h t r e n n e n* ... NICHT RENNEN!« Das verzweifelte Patschen meiner Schritte wurde langsamer, unter größter Willensanstrengung verringerte ich mein Tempo, dann blieb ich stehen und drehte mich um.

Sie hatten mich fast eingeholt. Ich sah die Wassertröpfchen, die von ihrem zottigen Fell auf den Boden fielen, die geblähten Nüstern, die witternd die Luft einsaugten, und für einen winzigen

Moment trafen sich unsere Blicke. »Groß machen!«, hörte ich eine Stimme in meinem Kopf, »Lärm!«, und langsam streckte ich meine Arme in die Höhe und holte tief Luft, doch ein leises »Buuuuuhhhh« war das Einzige, was ich zustande brachte, und auch Laika ließ nur ein halbherziges »Wuff« vernehmen. Auf die Reaktion der Bärin jedoch konnte und wollte ich nicht warten. Langsam drehte ich mich wieder um, machte einen unsicheren Schritt in Richtung Waldrand, dann noch einen und wieder einen, wartete auf den unvermeidlichen Angriff. Doch nichts passierte, und als ich mich das nächste Mal umdrehte, war die Bärin samt Jungen verschwunden.

Mit weichen Knien und einem flauen Gefühl im Magen kletterte ich nur wenige Minuten später in den Bus und ließ mich auf die Sitzbank am Tisch fallen.

»Da war ein Bär ...« Ich zeigte nach draußen auf den Wald, und meine Finger zitterten.

Die Kaffeekanne auf dem Gasherd begann lauthals zu blubbern, und während der Duft von frisch gebrühtem Bohnenkaffee durch den Schulbus dampfte, kamen Emma und Paula begeistert aus dem Stockbett gekrochen.

»Was, Mama? Ein Bär?«

»Eine Bärin und zwei Junge ...« Meine Stimme zitterte noch immer.

Anstatt mich zu bemitleiden, verschränkte Paula die Arme vor ihrer Brust und sah mich entrüstet an: »Das finde ich gemein! Immer triffst du die spannenden Tiere!«

6. KAPITEL
HOW TO BE BEAR AWARE ...

28. Juni 2016, Kanada, British Columbia,
Nakusp, Meilenstand: 225 717

Noch am selben Tag waren wir von Hills in Richtung Nakusp aufgebrochen, waren zum zweiten Mal auf einem Parkplatz an der Straße gestrandet, nachdem wir ein Leck in der Dieselleitung entdeckt hatten, das wir mithilfe eines provisorischen Dichtmittels zumindest so weit zukleistern konnten, dass wir zur nächsten Stadt gelangten.

Dort, in Nakusp, hatten wir zwar bald den passenden Ersatz für die leckende Leitung gefunden, aber der Austausch gestaltete sich um einiges schwieriger als gedacht. An die Schrauben war mit unserem Werkzeug kaum heranzukommen, und um den ganzen Schlauch von der Dieselpumpe zum Motor zu wechseln, müsste viel zu viel zerlegt werden. Schweren Herzens entschieden wir uns also, es bei der provisorischen Abdichtung zu belassen, auch wenn die verwendete Dichtmasse nicht unbedingt für Diesel geeignet war, und hofften inständig, es würde dennoch eine Weile halten.

Doch schon an der nächsten *rest area* erwartete uns eine weitere Überraschung ... wieder eine Pfütze unter dem Bus. Die Dieselleitung hatte zwar dicht gehalten, aber diesmal war es das Getriebe, und langsam begannen wir uns zu fragen, ob wir wohl jemals unser Ziel erreichen würden. Immerhin trennten uns von Prudhoe Bay noch einige Tausend Kilometer. Was, wenn Frankie mitten auf dem Dalton Highway nicht mehr weiterwollte und wir im wilden Niemandsland zwischen Grizzlys, Wölfen und Elchen strandeten?

Tom krabbelte mal wieder unter den Fahrzeugboden, bewaffnet mit einer Handvoll Werkzeug, während ich nervös die Umgebung musterte.

Obwohl inzwischen mehrere Stunden vergangen waren, hatte ich die Begegnung mit den Bären noch nicht ganz überwunden. Ständig spielten mir meine Augen Streiche: Blätter wurden zu gespitzten Ohren, dicke belaubte Äste zu schweren Pranken. Die dunklen Knopfaugen der Bärin schienen mich überallhin zu verfolgen, und entfernten sich die Kinder einmal etwas weiter vom Bus, ergriff mich jedes Mal ein Gefühl von Panik. Ich wurde das Gefühl nicht mehr los, unter ständiger Beobachtung zu stehen, Raubtiere schienen plötzlich allgegenwärtig, und bei jedem Geräusch, das aus den Büschen drang, erwartete ich das Schlimmste. Zum ersten Mal fragte ich mich, wie nur die Menschen hier mit der ständigen Gefahr umgingen. Mir jedenfalls bereitete das Gefühl, in der Nahrungskette nicht mehr unbedingt an oberster Stelle zu stehen, ein unangenehmes Magendrücken.

Wie um alles in der Welt sollten wir uns auf die nächste Bärenbegegnung vorbereiten? Gerade in der Einsamkeit des hohen Nordens konnte eine falsche Reaktion in einer solchen Situation schnell verheerende Folgen haben, so viel wusste ich. Erst vor Kurzem hatte ich von dem Schicksal eines Professors gehört, der auf einer Exkursion mit seinen achtzehn Studenten von einer Grizzly-Mutter angegriffen worden war. Obwohl ein Rettungshubschrauber zum Einsatz gekommen war, schwebte er eine Woche später immer noch in Lebensgefahr.

Auch wenn es insgesamt sehr selten zu Bärenangriffen kam, wollte ich für das nächste Mal doch besser vorbereitet sein, und gemeinsam mit den Mädchen blätterte ich deshalb in einer Broschüre, die wir im Visitor Center von Nakusp mitgenommen hatten: das »Einmaleins für Bärenbegegnungen«. *Be bear aware ...*

Wir legten uns neben dem Bus in die blühende Sommerwiese, und während ein bunter Schmetterling lustig um uns herumflatterte, begann ich zu lesen. Zuerst kamen die *Mythen*, nett aufbereitet in einem blau umrahmten Kästchen:

»Erstens: Gefütterte Bären sind zahm: FALSCH. Gefütterte Bären sind gefährlicher als wild lebende, weil sie erwarten, vom Menschen gefüttert zu werden.

Zweitens: Schwarzbären sind nicht gefährlich: FALSCH. Schwarzbären sind genauso gefährlich für Menschen und ihr Eigentum wie andere Bären.

Drittens: Bären können nicht bergab rennen: FALSCH. Bären sind sehr gelenkig und können schnell bergab rennen.
Viertens: Bären sind langsam: FALSCH. Bären können kurze Strecken mit hoher Geschwindigkeit zurücklegen (mit bis zu 50 km/h).
Fünftens: Bären können nicht schwimmen: FALSCH. Bären sind ausgezeichnete Langstreckenschwimmer.«

Ich schluckte schwer, während Emma und Paula an meinen Lippen hingen. Erst als mich Paula ungeduldig am Pullover zupfte, las ich weiter.

»Was machen Sie, wenn ein Bär auf Sie zukommt?«

Langsam ging es also ans Eingemachte.

»Ein Bär, der auf Sie zukommt, versetzt Sie in eine ernst zu nehmende Lage!«

Wer hätte das gedacht!

»Bleiben Sie ruhig und machen Sie Ihr Abwehrmittel zum Einsatz bereit.«

Abwehrmittel waren im Absatz vorher beschrieben worden: Bärenspray oder Schusswaffen, bei Flinten mindestens Kaliber 30. Die Möglichkeit, weder das eine noch das andere zu besitzen, stand gar nicht zur Debatte.

»RENNEN SIE NIEMALS WEG!« (Na, sag das mal einer meinen Beinen!) *»Außer Sie können einen sicheren Aufenthaltsort erreichen. Zur Erinnerung: Einen Baum zu erklettern, ist keine Garantie für Sicherheit. Behalten Sie Ihren Rucksack auf, er könnte Ihren Rücken und Nacken schützen.«*

Das waren ja rosige Aussichten. Doch am interessantesten wurde es auf der letzten Seite, und Emma fing vor Aufregung an, an ihren Fingernägeln zu kauen.

»Ein Zusammenstoß wird erst als Attacke bezeichnet, wenn der Bär Sie berührt.«

Danach folgte ein Absatz mit den verschiedenen Reaktionsmöglichkeiten:

»Defensives Verhalten: Er nimmt Sie als Bedrohung wahr und will sich, seine Jungen oder sein Futter verteidigen. Je näher Sie einem Bären sind, bevor er Sie entdeckt, umso größer ist die Chance, dass er defensiv reagiert – und umso weniger Zeit haben Sie zu reagieren.
Offensives Verhalten: Ein Bär kann ebenfalls auf Sie zukommen, weil er einfach nur neugierig ist. Vielleicht interessiert er sich auch für Ihre Le-

bensmittel oder beabsichtigt, seine Überlegenheit an Ihnen auszuprobieren. In den seltensten Fällen wird er Sie als Beute sehen.«

Dann folgte, fett gedruckt und rot umrandet, eine kurze Zusammenfassung:

»WICHTIG: Ein defensiver Bär greift an, um eine Bedrohung abzuwenden. Bei einem defensiven Angriff ... stellen Sie sich tot.
Ein beutegieriger Bär will Sie fressen. Wenn er angreift, stellen Sie sich niemals tot, sondern kämpfen Sie und geben Sie nicht auf ... Sie kämpfen um Ihr Leben!«

Da konnte man ja nur hoffen, im Ernstfall richtig zu tippen, und dann darauf vertrauen, dass der defensive Bär nicht plötzlich Hunger bekam. Im Nachhinein war ich doch froh, die gut gemeinten Ratschläge nicht schon vor meiner Begegnung gelesen zu haben. Ich wollte lieber gar nicht wissen, wie die Bärin reagiert hätte, wäre ich nicht davongerannt.

Die Mädchen fanden die Instruktionen auf jeden Fall spannend und waren fast schon enttäuscht, als Tom zunächst einmal Entwarnung gab. Das Getriebe war so weit in Ordnung, wir konnten weiterfahren. Die erneute praktische Erprobung unserer Selbstverteidigung blieb uns also zumindest für den Augenblick erspart.

7. KAPITEL
WILLIAMS LAKE STAMPEDE

1. Juli 2016, Kanada, British Columbia,
Williams Lake, Meilenstand: 226 084

Drei Tage später, an einem Freitag: Staub spritzte auf, in hohem Bogen flog der Cowboy nur wenige Meter vor uns auf den harten Boden. Es knackte unangenehm, und auf allen vieren krabbelnd versuchte er, außer Reichweite der verzweifelt schlagenden Hufe zu kommen. Dann aber schienen seine Beine ihm den Dienst zu verweigern. Nur auf seine Ellenbogen gestützt schleppte er sich vorwärts, das Gesicht schmerzverzerrt.

»Meinst du, der Mann ist schwer verletzt?« Emma hielt sich die Hand vor die Augen, konnte den Anblick des robbenden Mannes unter den Hufen nicht länger ertragen. Mit der anderen klammerte sie sich an ihre harte Plastik-Sitzschale, und ich versuchte, sie zu beruhigen.

»Das wird schon wieder, wahrscheinlich hat er sich das Bein gebrochen, da bekommt er einen Gips, und in ein paar Wochen ist alles wieder verheilt.« Doch sicher war ich mir da nicht. Schmerz, Wut und Enttäuschung mischten sich auf dem Gesicht des Mannes, und obwohl ich eindeutig kein Rodeo-Fan war, konnte ich ihn verstehen. Ich wusste, dass es hier um sehr viel Geld ging, und schon im Vorprogramm am Kindernachmittag auszuscheiden, war sicher schwer zu verkraften.

Dann endlich rannten die Sanitäter los. Ein Clown in viel zu weiten Hosen hüpfte in die Arena und trällerte Witzchen für das Publikum, versuchte, die Blicke von dem Drama, das sich hinter ihm abspielte, abzulenken.

Ohne größere Zwischenstopps oder Pannen waren wir die letzten Tage von Nakusp über Revelstoke und Kamloops auf den Cariboo Highway gestoßen und ein ganzes Stück nach Norden vorgedrungen. Der Bus fuhr anstandslos, und wir wollten unser

Glück nicht zu lange auf die Probe stellen. Immerhin beabsichtigten wir, noch vor Wintereinbruch nach Alaska zu kommen, und mit dem ersten Schnee konnte man hier auf einigen Straßen schon ab Anfang September rechnen. Jetzt hatten wir immerhin schon den 1. Juli. Acht Wochen waren nicht zu viel Zeit für einmal Prudhoe Bay und zurück. Vom »Ende der Welt« trennten uns momentan noch circa 2800 Meilen, davon 500 Meilen schlechte Schotterpiste. Hier in Williams Lake hatten wir uns erst einmal eine kurze Pause gegönnt und waren eher durch Zufall mitten in ein Rodeo gestolpert.

»Das wichtigste Rodeo in ganz British Columbia ...«, ließ ich mir von meinem Sitznachbarn erzählen. Calgary sei die einzige Stadt in ganz Kanada, in der es noch ein größeres gäbe, Leute aus ganz Nordamerika würden sich hier einfinden, um für ihre Ehre zu kämpfen.

»Die Williams Lake Stampede ist etwas, das Sie nie vergessen werden!« Ich nickte und versuchte, ein wenig Begeisterung in meinen Blick zu legen, obwohl mir der Sturz des Reiters noch immer auf den Magen schlug. Nach der ganzen Aufregung in der »Wildnis« war uns ein Ausflug in die nächste Stadt als eine gute Idee erschienen, doch jetzt war ich mir da gar nicht mehr so sicher. Wenigstens waren Tom und Paula im Stadtpark geblieben und feierten dort den »Canada Day« mit Kinderspielen und einigen Highlights auf der Skaterbahn, die hoffentlich ohne Verletzte abliefen.

Musik dröhnte plötzlich in voller Lautstärke, verschluckte den kaum zu unterbrechenden Redeschwall meines Banknachbarn, und Queen schmetterte aus den Boxen: »... *WE WILL ... WE WILL ... ROCK YOU ...*« Ein Beben fuhr durch das Publikum. Alles klatschte im Takt, bis die Stimme des Ansagers die Attraktion des frühen Abends verkündete: »*Nooooooooow ... Buuuuuuuuuuull ... riiiiiiding ...*«

Die Menschen um uns herum begannen zu jubeln, alles tobte und kreischte, an den verletzten Reiter wurde kein weiterer Gedanke verschwendet, und in diesem Moment sah ich den Bullen. Angestachelt durch den Lärm tobte er wütend in seiner engen Box, wieder und wieder knallten seine Hörner gegen das dünne Absperrgitter, das ihn noch immer von der Arena abgrenzte. Der

Ansager ratterte die Daten des nächsten Teilnehmers herunter, und ein junger Cowboy erschien, die Ellenbogen und die Knie durch Schoner geschützt. Er kletterte auf den Käfig, und dann ging alles ganz schnell. Der Junge sprang auf den Rücken des Stieres, ein Summen ertönte, das Gitter sprang auf, und in einem verzweifelten Kampf gegen seinen Reiter bäumte sich der Bulle auf. Wild zuckend wand und krümmte er sich zwischen dessen Beinen und buckelte, während der Cowboy sich mit nur einer Hand verbissen an das dünne Seil klammerte, das um den Bauch des Stieres gewunden war. Sekunde um Sekunde raste die Zeit, während das wild gewordene Tier zwischen den Barrikaden wütete, dann ein lautes Tröten, und endlich fand das wütende Kräftemessen ein glückliches Ende. Der Reiter sprang vom Rücken des Tiers und rettete sich hinter die Absperrung, während der Clown vor dem Bullen merkwürdige Verrenkungen demonstrierte und das Publikum raste.

»Möchtest du ein Foto?« Ein junges Mädchen hatte die kurze Pause genutzt, um sich zwischen die Leute zu drängen. In der Hand hielt sie einen Stapel signierter Bilder. Jetzt kniete sie vor Emma, hielt ihr eines entgegen, auf dem sie und noch zwei andere Cowgirls abgebildet waren, und lächelte sie strahlend an.

»Warum will die mir ein Foto von sich geben? Kostet das was?« Emma sah mich verständnislos an, während ich die Schultern zuckte, betrachtete dann aber abwägend den Abzug, den ihr das Mädchen direkt vor die Nase hielt. »Hm, weiß nicht, aber das Pferd im Hintergrund ist ja ganz schön.«

»Ich bin die Stampede Queen. Das Foto kostet nichts, hier, nimm.« Ohne auf eine Antwort zu warten drückte das junge Mädchen Emma das Foto in die Hand.

»Okay.« Emma nickte überzeugt. »Aber dann brauche ich noch eins für meine Schwester.«

Ich musste kichern, die Stampede Queen jedoch zog kommentarlos ein weiteres Exemplar aus ihrem Stapel.

»Reicht das?«

Emma nickte zufrieden, faltete die beiden Fotos zu einem kleinen Quadrat und steckte sie in ihre Hosentasche. »Na, hoffentlich wird sie den Rest auch noch los!«, meinte sie trocken, bevor sie sich wieder auf die Arena konzentrierte.

Danach jagte eine Attraktion die nächste, vom Cowgirl Race über Kälberfangen bis zum Zähmen eines Wildpferds. Vor dem Stadion sägte ein Künstler mit der Kettensäge Eulen und Bären aus abgelagerten Baumstämmen, und die Stampede Queen wanderte unermüdlich strahlend weiter durch die Menge und posierte für jede Kamera.

Nach zwei Stunden dröhnender Musik, Pferdeschweiß, Cowboyhüten und allgegenwärtigem Staub sehnte ich mich jedoch nach Ruhe. Noch ein Weilchen verharrten wir zwischen einer Gruppe Native Americans, die ein wenig abseits von der Menschenmenge die Aussicht auf die Arena genossen. Dann machten wir uns langsam auf den Weg zurück zu unserem Bus. Im beginnenden Nieselregen lenkten wir Frankie durch die überfüllten Straßen von Williams Lake und verließen noch am frühen Abend die feiernde Stadt.

8. KAPITEL
ZURÜCK IN DER WILDNIS – GOING WILD

3. Juli 2016, Kanada, British Columbia,
auf dem Weg nach Prince George, Meilenstand: 226 230

Der Sonnenschein, der uns während der ersten knapp zwei Wochen begleitet hatte, schlug um in nasskaltes Nieselwetter, und meine dicke Daunenjacke, die ich für den Sommer eigentlich schon unter dem Bett verstaut hatte, hing inzwischen wieder an unserer Garderobe. Mit einem nervenaufreibenden Quietschen und völlig außer Takt rumpelten die zwei Wischblätter über die geteilte Frontscheibe, drängten das Regenwasser in Sturzbächen auf die Seite und gaben durch einen feuchten Schleier den Blick auf die Straße frei. Dichter Nebel zog sich vom Asphalt bis zu den Baumwipfeln, dunkle Schatten am Straßenrand ließen sich kaum noch in Tier und Pflanze unterscheiden, und die gerade einsetzende Dämmerung verschluckte auch noch das letzte bisschen Sicht. Eine Pfütze sammelte sich langsam auf der ersten Treppenstufe, dazu stand das Wasser in den Fenstergummis, durch die hintere Tür kamen stoßweise ganze Bäche von Spritzwasser, und Paula, in eine dicke Decke gehüllt, schaute mit unheilvollem Blick aus dem Fenster.

»Mir ist kalt!« Vor ihrem Mund bildeten sich kleine Atemwölkchen, die Scheibe vor ihrem Gesicht beschlug, und sie begann mit ihrem Finger ein Bild darauf zu zeichnen.

Ich schlang ihr die Decke fester um die schmalen Schultern, setzte mich neben sie, und gemeinsam blickten wir in den trüben Dunst. Die Heizung funktionierte nicht, natürlich, und die Kälte kroch uns langsam in die Knochen, da wir den Holzofen unterwegs nicht nutzen konnten. Den aufsteckbaren Kamin transportierten wir während der Fahrt im Inneren des Busses, sonst hätte der Wind ihn innerhalb von Minuten davongepustet. Gestern noch hatten wir vom Winter in Alaska geträumt, weißen Gipfeln und knirschendem Schnee. Doch jetzt, umgeben von all dem trüben Grau, sehnten wir uns nach der wärmenden Sonne des Sommers, auch wenn die Worte unserer neuen Bekannten aus Alaska einen gewissen Zauber in uns hinterlassen hatten. Kurz nach dem Rodeo in Williams Lake hatten wir eine Familie aus Juneau getroffen, die wie wir in einem Schulbus unterwegs gewesen war. Zwar hatten wir die Hauptstadt Alaskas bisher noch nicht besucht, die vielen Bilder aber, die wir davon in den zahllosen Prospekten der Besucherzentren gesehen und die uns die Familie gezeigt hatten, waren durchweg eindrucksvoll gewesen. Eine kleine Oase der Zivilisation inmitten des größten Wildnisgebietes der USA.

Während der Regen noch immer gegen die Fenster klatschte, musste ich an ihre Begeisterung für den Winter denken, trotz der für uns kaum vorstellbaren Kälte.

»Die Stille ist schwer zu beschreiben. Wenn man sie nicht schon einmal erlebt hat, kann man sich das gar nicht vorstellen!« Die Mädchen hatten sich zusammen auf die Kühlerhaube des anderen Schulbusses gesetzt, sich gegenseitig von ihrem Zuhause erzählt, und ich hatte den träumerischen Ausdruck in Violets Augen gesehen, als sie Emma und Paula Juneau schilderte.

»Wir wohnen weit außerhalb, da ist sonst eigentlich kaum einer, und im Winter ist es bei uns so still, da kann man sogar die Schneeflocken fallen hören!«

Gletscher entstanden vor meinen Augen, ich stellte mir das geheimnisvolle blaue Leuchten der riesigen Eisflächen vor, sah Wale aus den Fluten steigen und Berge von Schnee, die bis an die schäumenden Wellen reichten. Vor ein paar Tagen noch wäre ich am liebsten dorthin gefahren, aber spätestens nachdem ich die Kilometer auf der Karte gezählt hatte, wusste ich, dass wir für einen Abstecher dieser Größenordnung kaum Zeit finden würden.

Paula seufzte noch immer schlecht gelaunt und verwischte ihre Zeichnungen auf dem beschlagenen Fenster. »Wenn es wenigstens schneien würde, könnten wir einen Schneemann bauen!«

Die Tropfen trommelten einen leisen Rhythmus, während wir aus dem Fenster starrten, kleine Brachflächen rauschten im Wechsel mit dichtem Gebüsch an uns vorbei, und plötzlich brach die Sonne verheißungsvoll aus einem schmalen Spalt in der Wolkendecke, vertrieb den feuchten Dunst über der Straße für einen kurzen Augenblick. Und da sahen wir ihn.

Grau, schlank, mit hellen Augen in einem wuchtigen Schädel, starrte er abwartend auf die Straße. Aufgeregt krallte sich Paula in meinen Ärmel. »Ein Wolf!«, flüsterte sie und konnte ihren Blick kaum abwenden. Tom hatte sofort gebremst, und im Schritttempo rollten wir weiter, den Blick starr auf das Tier gerichtet, alles andere war plötzlich in den Hintergrund getreten.

Der Wolf stand direkt neben uns im Straßengraben, schüttelte sich das Regenwasser in einem dichten Sprühnebel aus dem Fell. Dann hob er die Schnauze in die Luft und witterte, und ohne uns weiter zu beachten, begann er zu traben, erklomm mit einem leichtfüßigen Satz die steile Böschung. Oben angekommen hielt er inne, drehte uns seinen Kopf zu, und für einen kurzen Moment trafen sich unsere Blicke, bevor er zwischen den bemoosten Stämmen einiger Bäume verschwand.

»Ein wirklicher Wolf!« Paula sah noch immer beeindruckt nach draußen, und um ihre Lippen spielte ein leichtes Lächeln. Ihre schlechte Laune schien mit einem Mal wie weggepustet. Und auch Emma konnte es kaum glauben: »Ich wusste gar nicht, dass es hier auch Wölfe gibt. In Deutschland schon, das hab ich ja gelesen, aber in Kanada? Eigentlich sieht der fast aus wie ein Schäferhund!« Dann griff sie nach ihrem kleinen Heftchen, in dem sie sich regelmäßig Notizen machte, und begann zu schreiben ...

Der Bus glitt derweil noch immer über den vom Regen dunkel gefärbten Asphalt, und obwohl gleich darauf die Sonne wieder dem trüben Grau wich, hatten wir das schlechte Wetter zumindest für einen Augenblick völlig vergessen.

Wenige Kilometer weiter legten wir an einem Wasserfall eine kleine Pause ein. Tom wollte nach der Heizung sehen, da das schlechte Wetter anscheinend noch eine Zeit lang vorhalten würde, und etwas Gravierendes konnte daran eigentlich nicht kaputt sein, meinte er und zog den Schraubenzieher aus dem Werkzeugkoffer, bevor wir nach draußen kletterten. Der Fluss, der sich einen Weg durch eine enge Schlucht bahnte, wirkte malerisch. Begeistert stürmten die Kinder ans Ufer und belagerten schon bald einen älteren Mann mit Baseballkappe, der auf einem Felsen stehend in die schäumenden Fluten starrte. Jetzt zupfte Paula an seinem Ärmel und zeigte in die Richtung, aus der wir gekommen waren, und ich konnte mir denken, über was sie redeten.

»Da war ein großer Wolf, direkt neben der Straße!« Emma hatte den erzählenden Part übernommen, Paula stand daneben und nickte zustimmend. »Gibt es in der Nähe von Prince George auch Wölfe?« Der Mann zuckte lächelnd die Schultern, mit seinem dunklen Teint und dem schwarzen Haar, das schon von den ersten grauen Strähnen durchzogen war, wirkte er wie ein »Indianer« aus dem Bilderbuch.

»Ich glaube schon, aber Hunde und Bären sind die Einzigen, die ich immer wieder hier treffe. Dabei sind mir die Hunde lieber, die Bären rauben mir bloß den Fisch!« Dann zeigte er auf einen weißen Mischling, der gerade über die Straße lief. »Der hier zum Beispiel ist ein ganz Mutiger! Erst heute Morgen habe ich gesehen, wie er einen Bären aus dem Ort gejagt hat, und dabei hat er ihn direkt in den Hintern gezwickt!« Er kicherte, und auch die Mädchen begannen zu grinsen. »Der ist vielleicht gerannt, kann ich euch sagen!«

Mike, so hatte er sich inzwischen vorgestellt, schien sich warmgeredet zu haben. Jetzt deutete er auf den großen Wasserfall, der tosend hinter ihm in die Tiefe stürzte, und erzählte weiter.

»Ich bin Fischer, müsst ihr wissen. In dieser Gegend fange ich jedes Jahr unzählige Lachse, immer dann, wenn sie stromaufwärts kommen, um zu laichen. Jetzt im Juli sind die ersten schon unterwegs!« Er kratzte sich gedankenverloren am Kinn, beobachtete wieder die Wasseroberfläche und schien nach den ersten Lachsen Ausschau zu halten. »Früher war das Fischen noch einfach, aber heutzutage ...«

In dieser Gegend Kanadas, meinte er, gebe es einige der bekanntesten Fischplätze der First Nations, aber die Vorschriften würden von Jahr zu Jahr strenger. »Als wir noch mit den Netzen und Fischfallen gefischt haben, haben die Behörden gemerkt, wie effektiv wir waren, und haben es uns verboten. Jetzt fischen wir mit Seil und Haken, aber das ist ihnen zu blutig. Zuletzt haben sie uns dann auch noch gefragt: ›Was macht ihr, wenn ihr einen Fisch nicht richtig erwischt und der halbtot im Fluss landet?‹ Das ist Futter für die Bären, natürlich auch für die Wölfe und Kojoten ...«, fügte er mit einem Blick auf die Mädchen hinzu. »Und nur wegen den Fischresten und den vielen Nährstoffen, die dadurch in den Boden geraten, kann hier die Natur so wunderbar wachsen.«

Er wirkte ein wenig besorgt, als er fortfuhr. »Inzwischen aber bin ich einer der letzten Fischer hier, die meisten anderen haben schon aufgegeben!« Wieder starrte er aufs Wasser und verstummte, doch nach einer kurzen Pause schien er seine gute Laune wiedergefunden zu haben und versuchte, die Mädchen zu erheitern. Grinsend packte er ein imaginäres Seil und zog an einem schweren Fisch, Emma und Paula kicherten.

»Wisst ihr, das vergisst man nie, diese Aufregung, wenn endlich ein Fisch an der Leine zappelt, die Kraft, die man braucht, bis man ihn an Land gezogen hat ... und bis zum Schluss ist unklar, wer gewinnt, der Fisch oder du.«

Noch lange redete er weiter, beschrieb uns einen seiner Lieblingsplätze, erzählte, wie lange er weit weg gelebt hat und dass er jetzt, endlich zurück, für immer hier bleiben wollte. Gemeinsam blickten wir auf die Wassermassen, die zwischen den Felswänden in die Tiefe stürzten, beobachteten den feinen Sprühnebel, der über dem Fluss in allen Regenbogenfarben leuchtete, die schmale Brücke, die sich fast zerbrechlich über den Wassermassen spannte, und erst jetzt fiel uns auf, dass wieder die Sonne schien. Zusammen wanderten wir noch ein Stück am Ufer entlang, und Mike schwärmte von den Lachsen, von denen er sich fast das ganze Jahr über ernähren konnte.

»Vergesst nicht, wenn ihr mal fischen wollt, es gibt den Chinook-, Sockeye-, Humpback-, Chum- oder Dog- und den Coho-Lachs. Am häufigsten ist der pinke, der Humpback, aber er ist nicht unbedingt der beste! Manchmal, wenn ich ihn nicht mehr sehen kann, tausche ich ihn im Dorfladen gegen Elchfleisch.«

Als wir unseren Schulbus beinahe erreicht hatten, wo Tom die Heizung durch einfaches Entlüften zum Glück inzwischen zum Laufen gebracht hatte, nahm er die Mädchen beiseite und blickte ihnen ernst in die Augen. »Zurück zu eurem Wolf ...« Er lächelte, rieb sich noch einmal übers Kinn, als müsste er überlegen, dann begann er leise zu reden. »Der Wolf ist ein magisches Tier, und eine Weisheit aus dem Yukon besagt, der Mensch sollte sein Sozialverhalten von den Wölfen und sein Ernährungsverhalten vom Bären lernen.« Er grinste. »Der liebt immerhin den Lachs genauso wie ich!« Dann kam er wieder auf den Wolf zu sprechen: »Er ist ein Krafttier und erscheint vor allem dann, wenn er jemanden warnen will, sein Denken und Handeln nicht zu sehr einzuschränken. Erinnert euch daran, wenn ihr den nächsten Wolf trefft, und grüßt ihn von mir!« Er winkte, dann drehte er sich um und verschwand hinter einer Reihe dichter Bäume.

9. KAPITEL
IMMER DEM POLARSTERN NACH …

6. Juli 2016, Kanada, British Columbia,
Cassiar Highway, Meilenstand: 226 552

Vier Tage später hatten wir die vielen Kilometer bis Prince George hinter uns gebracht, waren über Vanderhoof, Fort Fraser bis nach Smithers vorgestoßen, und nach einer Woche erreichten wir endlich über Moricetown den einsamen Cassiar Highway, die Verbindungsstrecke zwischen dem Yellowhead und dem Alaska Highway, der uns von Kitwanga bis nach Watson Lake im Yukon-Territorium führen sollte.

Wölfe oder Bären hatten wir die letzten Tage und Wochen keine mehr getroffen, worüber zumindest ich sehr froh war. Emma und Paula dagegen konnten es kaum erwarten, ihre eigenen Erfahrungen mit wilden Tieren zu machen, und das machte mir Angst. Seit unserer letzten Reise waren beide so viel selbstständiger geworden, und ihr Spielradius um unseren Schulbus war um einiges weiter, als ich gutheißen konnte. Nicht zum ersten Mal fragte ich mich, wie das wohl die hiesigen Familien machten, wie die Eltern hier mit der Gefahr durch Raubtiere umgingen, und ich nahm mir vor, bei der ersten Gelegenheit danach zu fragen. Bis dahin, hatte ich mir geschworen, würde ich meine Töchter nicht aus den Augen lassen.

Ein Schild tauchte vor uns auf, WILDLIFE CORRIDOR, zur Verdeutlichung darunter das Bild einer Bärin, hinter ihr zwei kleine Jungtiere, daneben ein riesiger Elch mit prächtigem Geweih. »*In den Gebieten entlang des Highways kann es häufig zu Begegnungen mit Bären, Karibus, Elchen, Füchsen und anderen Wildtieren kommen. Gegen Ende des Frühlings und im Frühsommer überqueren Muttertiere und ihre Jungen auf der Suche nach neuen Lebensräumen vermehrt die Fahrbahn*«, lasen wir im dazugehörigen Informationsblatt. »*Beachten Sie einspurige Brücken, fehlende Fahrbahnmarkierun-*

gen und die geringe Dichte von Servicestationen. Planen Sie Ihre Tank- und Rast-Stopps! Trinkwasser bekommen Sie in Dease Lake, kochen oder behandeln Sie Wasser aus natürlichen Quellen.«

Inzwischen hatten wir schon über tausend Meilen, also mehr als 1600 Kilometer, hinter uns gebracht, und momentan fuhr Frankie anstandslos. Wenn ich aber an die ganzen Pannen dachte, wurde mir doch etwas flau im Magen. Knappe 900 Kilometer, circa 540 Meilen Einsamkeit und Wildnis hatten wir nun zu durchqueren, und besorgt kontrollierte ich noch einmal all unsere Einkäufe. Brot, Mehl, Eier, Säfte, Milch ... alles war ausreichend in die Schränke gestapelt, und für die gute Woche, die wir für den Weg geplant hatten, sollten unsere Vorräte wohl ausreichen. Trotzdem waren unsere Gefühle gemischt, als wir den Schulbus auf den löchrigen Asphalt der schmalen Straße lenkten; 300 Meilen, etwa 480 Kilometer bis zur nächsten Versorgungsstation in Dease Lake, redete ich mir gut zu, das sollten wir doch ohne Probleme hinkriegen!

Unendliche Wälder umschlossen uns, leuchtendes Grün über Sumpfland, dazwischen gurgelnde Flüsschen und dichtes Gestrüpp, in das verheißungsvoll pralle Beeren lockten, und zum ersten Mal seit Beginn unserer Reise hatten wir wirklich das Gefühl, allein zu sein, viele Kilometer entfernt von der nächsten größeren Siedlung, Hunderte von der nächsten Stadt. Soapberries, kanadische Büffelbeeren, säumten die Straßen und Waldränder, sie leuchteten rot unter saftig grünen Blättern, dazwischen überall die lila Blüten der Weidenröschen.

Schon nach den ersten Metern hielt ich die Luft an. Drei Schwarzbären marschierten am Wegrand entlang, eine Mutter flankiert von ihren zwei Jungen. Fast hatte ich das Gefühl, ein Déjà-vu zu erleben, und ich merkte, wie meine Finger leicht zu zittern begannen, obwohl uns die schützende Wand des Schulbusses voneinander trennte. Die Mädchen dagegen waren begeistert, klebten mit ihren Köpfen an den Scheiben, vor allem als kurz darauf Bär Nummer vier aus den Büschen auftauchte, um von den verlockenden Beeren zu naschen. Und auch wenn wir uns, trotz meiner aufregenden Begegnung, bis dahin immer wieder gesträubt hatten, daran zu glauben: Hier wimmelte es tatsächlich von ihnen. Jungtiere und deren Mütter, aufmüpfige und ängstliche, schwarze und braune, bei Nummer zehn innerhalb der ersten Stunde hatten die Kinder aufgehört zu zählen.

Der Platz, den wir uns mittags kurz vor Forty Mile Flats, einer Region bei Iskut, für die nächste Nacht gesucht hatten, lag etwas versteckt an einem breiten Fluss, der verheißungsvoll bis weit in die bewaldeten Hügel führte. Eine Schar Kolkraben hatte unseren Bus entdeckt und marschierte laut schimpfend um unser Lager, immer auf der Suche nach etwas Essbarem. Für einen kurzen Moment riss die Wolkendecke, die uns die letzten Kilometer wieder begleitet hatte, auf, und die Sonne kam dahinter zum Vorschein und ließ das feuchte Grün der Wälder leuchten. Blaugrünes Wasser floss in lustigen Wirbeln zwischen den Felsen, die den Strom zu beiden Seiten begrenzten, hindurch, und weiße Luftbläschen tummelten sich in einem fröhlichen Tanz auf der Oberfläche, dazwischen die schillernden Körper der vorbeijagenden Fische.

Tom und ich setzten uns in den warmen Ufersand und genossen die schon fast vergessene Sommerwärme, während die Kinder am sandigen Flussufer zwischen den kreischenden Vögeln tobten und über die unzähligen Steine kletterten. Nach den vielen Fahrtagen konnten wir die Pause wirklich gebrauchen. Es tat gut, mal etwas anderes als den tuckernden Dieselmotor zu hören. Das Rauschen des Flusses war eine willkommene Abwechslung, und doch währte die Ruhe nicht lange.

Ein Boot trieb an uns vorbei, voll bepackt mit Kisten und Holz, und ein drahtiger Mann mit Cowboyhut winkte uns zu, während der Außenbootmotor leise tuckernd gegen die Strömung arbeitete und bald aus unserem Sichtfeld verschwand. Dann näherte sich auch schon ein weißer Pick-up mit Anhänger unserem einsamen Plätzchen, und anstatt im letzten Moment doch noch in die andere Richtung abzubiegen, nahm er den schmalen Weg zum Fluss und fuhr direkt auf uns zu. Erst jetzt erkannte ich auch die geebnete Bootsanlegestelle, die nicht weit entfernt von uns in den Fluss führte, aber kurz darauf kniff ich verwundert die Augen zusammen, denn das große Ding auf dem Anhänger, das ich im ersten Moment für ein Boot gehalten hatte, sah bei näherer Betrachtung merkwürdig aus. Ein vielleicht zwei Meter langes Stück Röhre war auf den Hänger gepackt. Die Öffnungen mit einem stabilen Gitter verschlossen, ruhte es auf vier klobigen Füßen, die es daran hinderten zu kippen, trotzdem wackelte es laut scheppernd unter den locker gezurrten Spanngurten hin und her.

»Ist das eine Bärenfalle?« Tom hatte sich aufgesetzt und starrte interessiert in Richtung Pick-up, und auch Emma und Paula schienen das Boot, neben dem sie eine Zeit lang hergerannt waren, plötzlich vergessen zu haben und kamen durch das Wasser auf uns zugewatet.

Der Wagen rollte noch immer langsam in unsere Richtung, kurz vor dem geparkten Schulbus allerdings bog er auf einen schmalen Waldweg und verschwand zwischen den Bäumen, kam aber nur wenige Minuten später zurück, wendete und fuhr rückwärts in Richtung Wasser, inzwischen allerdings war ein Gitter des Käfigs geöffnet. Offenbar hatte der Fahrer irgendetwas freigelassen ... Am Uferrand stoppte der Wagen, und ein junger Mann in Ranger-Uniform kletterte aus dem Führerhaus, griff, ohne uns weiter zu beachten, nach einem Kübel, der neben dem Röhrengebilde im Hänger gestanden hatte, füllte ihn mit Wasser und schüttete dann die ganzen zehn Liter schwungvoll in die geöffnete Falle.

Ein kleiner Schwall Blut färbte den Sand darunter rot, und einige Brocken, die wie Fleischreste aussahen, purzelten zwischen die Felsen am Flussrand. Emma hielt sich erschrocken eine Hand vor die Augen.

»Oh nein.« Ihre Stimme zitterte verdächtig. »Haben die den Bären etwa getötet?«

»Glaube ich nicht.« Ich schüttelte den Kopf. »Sieht mir eher aus wie Köderreste!«

»Und wo ist dann der Bär?«

»Gute Frage!«

Wenn ein Bär in der Falle gewesen war, konnte er in der kurzen Zeit, die der Ranger im Wald verschwunden war, nicht weit gekommen sein.

»Tja ... anscheinend irgendwo im Wald hinter Frankie!«

Kreischend und zeternd flatterten die großen Kolkraben nun über der Bootsanlegestelle und stürzten sich immer wieder auf die über den felsigen Strand verteilten blutigen Brocken. In eine weitere rötliche Pfütze waren die letzten Blutreste aus der Bärenfalle geschwappt, ein erneuter Schwall Wasser klatschte auf den Boden, und nur Minuten später verschwand der Pick-up mit dem röhrenartigen Gebilde hinter der nächsten Kurve, und wir waren wieder allein. Allein mit uns und unseren Gedanken, allein zwischen Bären, Wölfen, Berglöwen und Elchen, allein mit dem gewiss verängstigten Tier aus der Falle, das noch irgendwo ganz in der Nähe sein musste. Ich musste an die Bilder der Bärenfallen denken, die wir schon zu Hause in Deutschland in den Reiseführern entdeckt hatten. Damals hatte ich noch mit Spannung jeden Bericht über die vielen Tiere verschlungen, die mit so viel Aufwand an einen anderen Ort gebracht wurden, und jetzt begann ich mich zu fragen, was wohl diesmal der Auslöser für die Umsiedlung gewesen sein mochte. Vor allem auf Campingplätzen waren die Fallen auch heute noch oft im Einsatz, hatte ich gelesen, und ich hoffte inständig, dass es in diesem Fall nicht das Interesse an den Menschen gewesen war, das unserem »Käfiginsassen« zum Verhängnis geworden war. Wenn nur der Geruch nach dem frischem Blut ihn nicht zurück zu uns an den Fluss lockt, dachte ich bei mir.

10. KAPITEL
EIN MORDS-FUNDSTÜCK

9. Juli 2016, Kanada, British Columbia,
von Forty Mile Flats Richtung Yukon,
Meilenstand: 226 807

Die Nacht war trotz unserer Befürchtungen äußerst ruhig verlaufen, doch als wir uns am nächsten Morgen auf den Weg zum Fluss machten, waren alle Köderreste und Blutspuren restlos verschwunden.

Heiße Dampfwolken stiegen von unseren Tassen in die Luft, doch obwohl es noch recht früh war, war es schon angenehm warm, und wir räkelten uns in unseren wackeligen Klappstühlen, die wir vom Bus zum Flussufer getragen hatten. Das ruhig dahinströmende Wasser lullte mich ein, und ich ließ meine Gedanken wandern. Flüsse hatten mich seit jeher fasziniert, allein der Gedanke, dass man irgendwann das Meer erreichen könnte, wenn man sich mit der Strömung treiben ließ, machte für mich die Welt greifbarer, bedeutete eine Verbindung der entlegensten Regionen und stand für die Natur als ein großes Ganzes. Ich ließ den Sand durch meine Finger rinnen und fragte mich, ob eines dieser winzigen Körnchen eines Tages irgendwo am Strand von Mexiko wieder auftauchen würde.

Plötzlich schien sich das Sonnenlicht zu brechen, ein Strahlen blendete mich, dazu ertönte eine jauchzende Kinderstimme: »Schaut mal, was ich gefunden habe!«

Begeistert streckte uns Emma ihre Hände entgegen, auf denen ein sperriges »Etwas« ruhte, tiefschwarz, umgeben von einem seidig metallenen Glänzen: »Eine Spielzeugpistole!«

Ich zog ihre Hand näher zu mir hin und betrachtete den Griff, auf dem man deutlich einen Markennamen erkennen konnte: P. BERETTA, darüber drei Pfeile. Erschrocken griff ich nach dem Fundstück. Auch wenn ich von Waffen nicht die geringste Ahnung hatte, wusste ich mit dem Namen Beretta etwas anzufangen, immerhin hatte auch ich einmal James Bond gesehen.

»Toll, oder?«

Skeptisch betrachtete ich den Revolver, der ungewohnt schwer in meiner Hand lag, und drückte ihn mit einem unguten Gefühl Tom in die Hand. Immerhin war sein Vater beim Schützenverein, während meiner, ein Pazifist, der als Hippie schon vor Jahrzehnten gegen den Krieg demonstriert hatte, wohl keine Ahnung von Waffen hatte. In seiner Jugend war er kurzerhand aus der Kaserne geflüchtet und hatte dafür im Arrest gesessen, Waffen kannte ich nur als Teufelszeug. Dass Tom schon einmal eine »Knarre« in der Hand gehalten hatte, hielt ich durchaus für möglich.

»Da fehlt was!« Er musterte das Fundstück und zeigte auf die obere Seite, anscheinend hatte ich mit meiner Vermutung recht gehabt, und er hatte eine ungefähre Vorstellung, was zu einem solchen Ding dazugehörte.

»Hier, der Schlitten und der Einschub für die Patronen fehlen.«

»Da ist auch noch mehr, das hab ich gleich daneben gefunden.« Emma streckte Tom die fehlenden Teile entgegen.

»Ich hab auch noch was!« Jetzt zog Paula eine Plastiktüte aus dem Wasser, die, der Spur nach zu urteilen, die dabei im Sand entstand, ein bedeutendes Gewicht haben musste. Und dann sahen wir die Patronen. Hunderte kleiner, golden leuchtender, zylindrischer Körper, wild durcheinandergeschüttet wie Spielfiguren. Wie kam das alles hierher?

Unauffällig musterte ich den Fluss, beinahe damit rechnend, dass gleich auch noch der Besitzer der Waffe aus den Fluten auftauchen würde. Plötzlich hatte ich das Gefühl, in einem Krimi zu spielen, ohne das Drehbuch zu kennen.

Hatte jemand die Waffe verloren, aber wenn ja, wie? War sein Boot gekentert, oder war die Waffe ins Wasser gefallen, als der Besitzer gerade danach hatte greifen wollen? Hatte ihn ein Tier angefallen, oder war er gar Opfer eines Verbrechens geworden?

Was, wenn jemand die »Knarre« hatte loswerden wollen?

Und vor allem ... was sollten wir jetzt nur damit anfangen?

Tom hatte einen Stapel Tüten aus dem Bus geholt und begann, alles sorgfältig zu verpacken. Stück für Stück verschwand ein Teil nach dem anderen in einem unförmigen Plastikmantel und landete in einem kleinen Stapel neben dem Fahrersitz. Dann fuhren wir los Richtung Yukon-Territorium.

Morgen würde uns schon was einfallen ...

»Wie kann ich Ihnen helfen?« Die Stimme, die aus dem Lautsprecher knarrte, klang freundlich interessiert, und angespannt holte ich noch einmal Luft, bevor ich weitersprach: »Wir haben eine Waffe gefunden ...«

Eingepfercht standen wir in dem gläsernen Vorraum der Polizeistation von Whitehorse, der allenfalls etwas mehr als einen Quadratmeter umfasste, als Ansprechpartner nur das löchrige Blech eines alten Lautsprechers.

»Was für eine Waffe?«

»Einen Revolver.« Der interessierte Tonfall hatte inzwischen eine leicht gestresste Nuance.

»Okay. Wo ist der Revolver jetzt?«

»Hier in dieser Schachtel!« Ich zeigte auf den kleinen Schuhkarton, den Tom in Händen hielt. Inzwischen starrten wir alle wie gebannt auf die Kamera, die sich mit einem leisen Rattern über unseren Köpfen drehte.

»Stellen Sie den Karton in eine Ecke, und treten Sie ein paar Schritte zurück.«

Ein Gesicht tauchte nun hinter der Glastür auf, ein junger Polizeibeamter nahm vorsichtig den abgestellten Schuhkarton, lotste uns in ein weiteres kleines Vorkämmerchen der Polizeistation, während er den Deckel der Schachtel öffnete und immer wieder den Kopf schüttelte.

Seit knapp einer Woche hatten wir die Pistole im Gepäck und waren wirklich froh, das Ding nun endlich loszuwerden. Der in Plastik verpackte Haufen hatte Tag für Tag unsere Blicke angezogen wie ein Magnet, und die Frage, warum der Revolver wohl im Fluss gelegen hatte, hatte uns nicht mehr losgelassen.

»Wo haben Sie die Waffe denn gefunden?«

»An einem Fluss vor Forty Mile Flats.«

Der junge Mann schüttelte wieder den Kopf und konnte es entweder nicht fassen, dass wir eine Waffe gefunden hatten oder dass wir sie zur Polizei gebracht hatten, doch wir wollten auf keinen Fall das Risiko eingehen, einen Revolver bei uns zu haben, den jemand anderes aus gutem Grund entsorgt hatte.

»Noch einmal vielen Dank, dass Sie die Pistole zu uns gebracht haben! Anhand der Seriennummer können wir jetzt Nachforschungen anstellen.«

»Es wäre wirklich toll, wenn Sie uns dann mitteilen könnten, wie die Beretta im Fluss gelandet ist.« Immerhin hatte uns die Frage tagelang beschäftigt, und nachdem er unsere Namen und die Adresse notiert hatte, schüttelte er uns ausgiebig die Hände und versprach: »Okay ... sobald wir etwas herausgefunden haben, werden wir Sie benachrichtigen.«

Nun, sein Blick sagte freilich etwas anderes, denn obwohl er noch immer freundlich lächelte, schien er das Interesse an uns bereits verloren zu haben, und mit einem leichten Bedauern wurde uns klar, dass wir wohl nie etwas über die Auflösung dieses Rätsels erfahren würden.

11. KAPITEL

WELCOME TO BOYLEVILLE

13. Juli 2016, Kanada, Yukon-Territorium,
Boyleville in der Nähe von Whitehorse,
Meilenstand: 227 295

Draußen war es stockdunkel, und nur die kleine Lampe vorne am Schlitten schnitt einen schmalen Lichtkegel in die eiskalte Nacht, beleuchtete die schmale Spur, die in den pulverigen Schnee gedrückt war. Die Huskys waren in einen leichten Trab verfallen, ihr keuchendes Hecheln und das Schaben der Kufen waren die einzigen Laute, die zu hören waren. Meter für Meter entfernten sie sich von der letzten Station. Über 600 Meilen hatten sie nun schon hinter sich gebracht, und nur mit Mühe konnte der Mann, der sich an den Haltebügel des Schlittens klammerte, noch die Augen aufhalten. Die Finger unter den dicken Fellhandschuhen schien er kaum noch zu fühlen, selbst die heiße Suppe und der kurze Schlaf, den er dort in der kleinen Hütte hatte bekommen können, hatten daran nichts geändert, doch das, was ihn am meisten störte, waren weder die Kälte noch die Müdigkeit, sondern die zwei Schlitten vor ihm. Sie hatten ihn überholt, in der einzigen kleinen Pause, die er sich und seinen Hunden gegönnt hatte. Sie waren an ihm vorbeigezogen, er konnte sich das Grinsen auf den Gesichtern der beiden Musher vorstellen, und es trieb ihn fast zur Weißglut. Doch nicht zu eilig jetzt. Langsam drosselte er das Tempo der sechzehn Hunde noch etwas nach unten. Wenn er durchhalten wollte, müssten seine Huskys so lange wie möglich bei Kräften bleiben. Der Wald wurde lichter, selbst die kleinen verkrüppelten Kiefern, die im schwachen Licht wie einsame Gespenster gewirkt hatten, verschwanden aus seinem Umfeld, und die berüchtigte Ebene zwischen den hohen Bergketten der Alaska Range tat sich auf, schien sich zwischen den weißen Gipfeln bis ins Unendliche zu ziehen. Ohne Vorwarnung setzten die Winde ein, warfen ihn fast vom Schlitten, und das dichte Fell der Hunde blähte sich auf. Seine Arme begannen zu schmerzen, seine Beine zitterten. Seine dichten Wimpern waren so stark mit Eis besetzt, dass er kaum noch etwas erkennen konnte, starr blickte er durch den schmalen verbliebenen Spalt auf die kaum noch wahrnehmbaren Spuren seiner Vorgänger. Sie konnten noch nicht weit sein, vielleicht nur wenige Hundert Meter, aber der aufwirbelnde Schnee verschluckte alles, nichts außer den wild tanzenden Flocken war in dem düsteren Licht zu erkennen ...

Emma, die vor dem Bildschirm unseres Laptops auf dem Bett kauerte, hatte beide Hände in die braune Schafwolldecke gekrallt, Paula dagegen zwirbelte nervös die kleinen Fransen zwischen ihren Fingern. Vor uns stand das Bild des Mushers im wilden Schneegestöber Alaskas still, während Tom das Teewasser vom Ofen nahm.

»Er schafft das, oder, Mama?«

Ich nickte. »Bestimmt.«

»Oder ist da schon mal einer gestorben?«

»Ich glaube nicht!«

Tom hatte sich zurück zu uns auf das Bett gekuschelt, und wieder begann es vor uns auf dem Bildschirm wild zu schneien, der Wind brüllte über die Ebene, und der Mann kämpfte. Kämpfte wie besessen.

Die Hunde keuchten und waren noch langsamer geworden, duckten sich beim Laufen so tief wie möglich auf den Boden, um dem eisigen Sturm zu entgehen, eine Wolke Pulverschnee umhüllte das Geschehen wie dichter Nebel. Jetzt war der Mann vom Schlitten gestiegen und schob aus Leibeskräften. Seine Schritte in den hohen, dick gefütterten Stiefeln wurden immer langsamer und schwerfälliger, und die Mädchen hielten den Atem an. Dann, nach einem letzten Aufbäumen, sank er in die Knie, rief ein kurzes Kommando gegen den pfeifenden Wind, und die Hunde stoppten. Der Champion des letzten Iditarod kauerte sich zusammen mit seinen Huskys in eine Mulde und konnte nicht weiter, Emma und Paula stöhnten vor Mitgefühl.

Gestern erst waren wir von Whitehorse bis nach Boyleville gefahren, einer kleinen Ansammlung voll selbst gebauter Blockhütten, die sich, nicht allzu weit von den Takhini Hot Springs, in ein Wäldchen aus Pappeln, Espen und Fichten schmiegten. Benannt nicht etwa nach dem Schriftsteller T. C. Boyle, der unter anderem den Roman »Drop City« geschrieben hatte, in dem es ein paar Hippies nach Alaska verschlägt, sondern nach einer alten kanadischen Soap Opera, von der ich vorher noch nie gehört hatte. Auf einem kleinen Holzschild an der Zufahrt prangte der von den Bewohnern erfundene Ortsname.

Vor mehr als zwanzig Jahren hatte es einen Bekannten, Gerry, hierher verschlagen, schon in seiner Kindheit und Jugend hatte er von einem Leben in den einsamen Weiten Kanadas geträumt. Damals allerdings war er noch DJ gewesen und hatte in meiner Lieblingsdisco für den besten Sound gesorgt, hatte immer die richtige Mischung aus Led Zeppelin, Deep Purple und Jimmy Hendrix getroffen. In seiner Freizeit verschlang er Bücher mit Titeln wie »Blockhüttenbau in Kanada« und träumte von der Weite des hohen Nordens, bis es ihm in Deutschland endgültig zu eng wurde und er tatsächlich nach Kanada ging. Nach einer rauen Zeit in Dawson City, wo er sich als Kneipenwirt versucht hatte, legte er sich Hundeschlitten und Huskys zu, und inzwischen warteten an die fünfzig Hunde vor seiner selbst gebauten Blockhütte auf ihr tägliches Training. Er hatte den Yukon Quest gewonnen, beim Iditarod schon mehrmals gute Plätze belegt, und gestern Abend, als wir nach dem Besuch der Polizeistation in Whitehorse auf sein Grundstück gerollt waren, hatten er und seine Frau Darcy den Kindern einen Film über die härtesten Schlittenrennen Alaskas geliehen. Seitdem war alles Weitere bereits beschlossene Sache.

»Wir wollen den Winter über hierbleiben und auch trainieren! Gerry will Ninetyeight verkaufen, hat er gestern gesagt!« Wieder einmal musste ich grinsen, als ich den merkwürdigen Namen des Huskys hörte. Ninetyeight war der Name einer alten Bar im Yukon, auch seine Brüder waren nach Kneipen benannt. Fünf andere Welpen aus dem Jahr zuvor dagegen waren nach Energydrinks getauft, wie Red Bull oder Rockstar, wieder andere nach Fußballspielern. Das sei die einfachste Möglichkeit, sich die einzelnen Würfe zu merken, hatte uns Gerry aufgeklärt. Nur mit den neuen Namen war er noch nicht so ganz zufrieden. Es war ein Wurf von drei Welpen aus dem Frühjahr, den seine Frau nach weiblichen Berühmtheiten benannt hatte. Das schönste Tier, eine helle Hündin mit strahlend blauen Augen, hörte seitdem auf den Namen Mutter Teresa.

Ein paar Tage später schreckte mich lautes Heulen aus dem Schlaf, und mit zusammengekniffenen Augen blickte ich auf das Zifferblatt meiner Armbanduhr. Fünf Uhr dreißig, und draußen war es schon wieder taghell. Ich konnte mir kaum vorstellen, dass irgendjemand bei dieser Helligkeit ausreichend Schlaf bekommen konnte. Der Kreislauf schien kaum herunterzufahren, und selbst um halb eins nachts fiel es mir manchmal schwer, die Augen zu schließen. Die einsetzende Müdigkeit schien mit der Dämmerung zusammenzuhängen, und wahrscheinlich hatten die Menschen hier in den dunklen Wintermonaten genügend Zeit, den fehlenden Schlaf wieder nachzuholen.

Vorsichtig zupfte ich Emma am Fuß. Gestern hatte ich ihr hoch und heilig versprechen müssen, sie rechtzeitig zu wecken, denn um spätestens sechs Uhr würde Gerry mit der Fütterung der Huskys beginnen, und Emma wollte dabei auf gar keinen Fall fehlen. Eingemummelt in dicke Pullover stiefelten wir nur fünfzehn Minuten später in Richtung *dogyard*, während Tom und Paula noch in den Betten lümmelten, und wieder einmal wurde mir fröstelnd bewusst, dass hier im hohen Norden der Winter nicht mehr allzu lange auf sich warten lassen würde. So bald wie möglich sollten wir uns jetzt auf den Weg nach Alaska machen.

Dem Geheule nach zu urteilen, musste Gerry schon mit der Futterzubereitung begonnen haben. Schon ein paarmal hatten wir ihn dabei beobachtet, und inzwischen konnte Emma die Mischungsverhältnisse der einzelnen Zutaten auswendig.

»Meinst du, ich darf das auch mal machen?« Aufgeregt hüpfte sie in ihren Gummistiefeln durch die vielen Pfützen und den Schlamm, der sich nach einem heftigen Gewitter am gestrigen Nachmittag fast auf dem kompletten Hof um das Blockhaus gebildet hatte. »Das Futter, meine ich. Ich weiß auch, wie viel von was da rein kommt, ich hab genau aufgepasst! So viel Fleisch«, sie zeigte mit ihren Händen in etwa die Größe des Klumpen, den Gerry von einem großen Block Frischfleisch auf die Kübel verteilt hatte, »dazu für jeden Eimer zwei Kellen Trockenfutter, und der Rest ist Wasser!«

Erst gestern hatte er uns erzählt, dass er zusammen mit anderen Mushern einmal im Jahr eine Lkw-Ladung Gefrierfleisch geliefert bekam, von der jeder seinen Anteil in einem großen Kühlraum aufbewahren musste. Bei ihm lag der alte Kühlcontainer hinter dem kleinen hölzernen Häuschen verborgen, in dem jedes Jahr die *handler*, die Helfer, untergebracht wurden, die Gerry bei der Hundeversorgung und dem Training im Winter zur Hand gingen. Überhaupt hatten wir die letzten Tage allerhand über Huskyhaltung und deren Training erfahren, und ich bewunderte Gerry für seine Gelassenheit, mit der er immer und immer wieder die vielen Fragen von Emma und Paula beantwortete.

Inzwischen hatten wir das umfriedete Husky-Gehege fast erreicht, und Emma redete noch immer ununterbrochen: »Außerdem kann ich auch im *dogyard* mit sauber machen.« Ihre Augen leuchteten bei der Vorstellung. »Ich muss das ja können, wenn ich irgendwann meine eigenen Huskys habe! Dann fahre ich auch den Iditarod, und da gewinne ich dann! Wir können gleich von Gerry einen Husky kaufen, oder? Gestern hat er ja gesagt, er verkauft Ninetyeight, oder, hat er doch?«

Ich gähnte lautstark. Solchen weitreichenden Plänen war ich heute noch nicht gewachsen, und verschlafen zuckte ich mit den Schultern. »Soviel ich weiß, hat er den Hund schon jemandem versprochen.« Wir gingen um die letzte Ecke, vorbei an einer frisch gezimmerten Außentoilette, wie sie hier für alle Blockhütten verwendet wurden, dann standen wir endlich vor dem hohen Drahtzaun des Geheges. Während Emma, ohne mit der Wimper zu zucken, zwischen den kläffenden Hunden zu unserem Freund rannte, lehnte ich mich an die hüfthohe Bretterwand, die das Welpengehege von den großen Hunden trennte, und hing meinen Gedanken nach. Noch heute Mittag wollten wir uns auf den Weg machen, immerhin lagen noch mehrere Tausend Kilometer vor uns, aber ich wusste auch, dass die Mädchen darüber sicher nicht begeistert wären. Hier in den Weiten des Yukon zwischen den jaulenden Huskys waren sie glücklich, und obwohl auch sie noch immer nach Alaska wollten, würde es ihnen sicher schwerfallen, sich jetzt schon von diesem Ort zu trennen.

Unser Bus allerdings war fahrbereit wie noch nie zuvor. Die letzten Tage hatten wir einiges an Arbeit investiert, und jetzt schnurrte der Motor wie ein zufriedenes Kätzchen. Tom hatte endlich den schon lange notwendigen Ölwechsel gemacht und alle wichtigen Stellen mit Fett geschmiert. Außerdem hatten wir zusätzlich unsere Gasleitungen abgedichtet, Spiegel geschweißt, einen Reifen geflickt und die Wände um den Holzofen mit Blechen verkleidet. Einen besseren Zeitpunkt zum Aufbruch würde es nicht geben, da waren wir uns sicher.

Vorsichtig versuchten wir beim späteren Frühstück, die Kinder darauf vorzubereiten, doch zu unserer Überraschung waren beide sofort unserer Meinung. Immerhin wollten sie das Land des Iditarod einmal mit eigenen Augen gesehen haben.

»Wisst ihr, da gibt es bestimmt noch viele andere Musher, mit denen wir uns mal unterhalten können!«, wurden wir von Emma aufgeklärt. »Und außerdem wollen wir uns die Strecke des Yukon Quest anschauen, dafür sperren sie im Winter den Top of the World Highway.« Jetzt war mir auch klar, warum sie dieses Mal so begeistert von unserer Routenplanung gewesen waren. Nach Dawson City, der alten Goldgräberstadt, wollten wir über den Top of the World Highway nach Alaska reisen, dort weiter nach Tok, der Hauptstadt der Musher.

»Wir kommen danach ja wieder hierher, oder?« Beide blickten uns fragend an, und als wir nickten, kuschelten sie sich zufrieden auf ihre Plätze.

»Okay, dann können wir jetzt fahren!«

Wenig später saßen wir in unserem tuckernden Schulbus und winkten, Emma und Paula drückten ihre Gesichter gegen die Scheiben und schnitten Grimassen für den kleinen Leo, Gerrys Sohn, der traurig auf Darcys Arm saß.

»In ein paar Wochen kommen wir wieder«, schrie Paula. »*We will come back soon!*«

Leo strahlte und sagte das einzige Wort, das er inzwischen auch auf Deutsch konnte: »Bus«, während Tom vor der Abfahrt noch ein letztes Mal um den International lief. Jedes Mal kontrollierte er Reifen und Ölstand, bevor er endlich in den laufenden Frankie stieg und aufs Gas trat. Gerade sah ich ihn in Richtung Schnauze laufen, dann plötzlich ein Schrei: »Mach den Motor aus, schnell!« Erschrocken zog ich den Hebel, bis der Motor erstarb und Stille eintrat.

»Alles voller Kühlwasser ...« Tom schüttelte den Kopf und starrte in den Motorraum. »Das sieht nicht gut aus, hoffentlich ist es nicht die Wasserpumpe!«

Benommen starrte ich mit den Mädchen durch die Windschutzscheibe, vor der die geöffnete Motorhaube sich gen Himmel streckte wie ein geöffnetes Maul, und niemand sagte ein Wort.

Dann endlich, nach mehreren Minuten, hörte ich Toms gedämpfte Stimme: »Ich glaube, ihr könnt fürs Erste wieder aussteigen ...«

12. KAPITEL
AUFBRUCH NACH ALASKA

17. Juli 2016, Kanada, Yukon-Territorium,
Whitehorse, Meilenstand: 227 295

»300 Dollar?« Darcy blickte uns fragend an, und nach einem zustimmenden Nicken von Tom sprach sie weiter ins Telefon: »Okay, dann bestellen wir also die Wasserpumpe und auch die anderen Teile, die wir brauchen ... ja, ich habe die Nummern ... einen Moment bitte ...« Dann nannte sie all die Zahlen, die wir auf einem kleinen Zettel zusammengeschrieben hatten.

Tags zuvor hatte Tom in nur einer knappen halben Stunde alle seine schlimmsten Befürchtungen bestätigt gesehen. Tatsächlich war nicht der Kühler das Problem, auch kein undichter Schlauch, sondern, wie gleich zu Beginn vermutet, die Wasserpumpe.

»Wie lange wird das dauern?« Tom und ich hingen an Darcys Lippen.

»Vier Tage? Okay!« Dann wandte sie sich an uns: »Er ruft an, wenn die Ersatzteile da sind.«

Zu unserem Glück hatte sich Darcy dazu bereit erklärt, die Telefonate mit dem Ersatzteilhandel für uns zu erledigen, denn meist fiel es uns nicht leicht, die verschiedenen Slangs am Telefon zu verstehen, von den vielen Fachbegriffen mal ganz abgesehen.

Wir atmeten auf. Vier Tage waren eine Zeitspanne, die wir verkraften konnten, dazu die Reparatur. In insgesamt einer Woche hofften wir, aufbrechen zu können. Alles in allem hatten wir schließlich Glück im Unglück gehabt, und wenn ich daran dachte, dass die Pumpe auch während unserer Fahrt auf dem Dalton Highway ihren Geist hätte aufgeben können, war mir schon fast nach Jubeln zumute. Einen besseren Platz für eine solche Panne konnte ich mir kaum vorstellen.

Am späten Vormittag des nächsten Tages zog Gerry das schwere Motorboot ans Ufer und vertäute es an einem dicken Stamm Totholz. Die Wartezeit hatten wir uns mit einem Ausflug auf dem Yukon River vertrieben. Am Rand des Lake Laberge lag eine verlassene Siedlung der Native Americans. Helle Kiesel bedeckten den Strand, und ein kleiner Pfad führte zu einigen kleinen Hütten, die sich deutlich zur Seite neigten.

»Hier zwischen den Hütten durch und dahinten in den Wald«, dabei zeigte Gerry auf einen fast zugewucherten Weg zwischen einigen Büschen, »das ist meine Trainingsstrecke für den Winter ... der ganze Fluss ist dann zugefroren, und ich kann alles mit dem Hundeschlitten befahren.«

Er schob einige Äste in dem Blättergewirr beiseite, und während wir gemeinsam in den dichten Wald stiefelten, sah er sich kopfschüttelnd um: »Tja ... sieht so aus, als müsste ich mal wieder alles ordentlich freischneiden.« Zu siebt schoben wir uns durch das Gestrüpp, bis sich der Weg wieder ein wenig öffnete, wandten uns in Richtung eines in der Nähe gelegenen Hügels, auf dem ein alter verlassener »Indianer-Friedhof« liegen musste, und während es in den Büschen neben uns knackte und krachte, erinnerte ich mich an die beruhigenden Worte von Darcy: Noch nie hat ein Bär eine Gruppe angegriffen, ab drei Personen ist man so gut wie sicher.

Trotzdem hatte Gerry eine große Dose Bärenspray am Gürtel hängen. Auf dem Boot, das wusste ich, hatte er zusätzlich ein Gewehr für den Notfall, und, ganz im Gegensatz zu seiner Frau, musterte er wie Tom und ich den Wald um uns herum mit größter Aufmerksamkeit. Vielleicht lag das auch nur an unserer deutschen Mentalität und Gewohnheit, denn Darcy war nicht wie wir in einem vollständig raubtierfreien Umfeld, sondern am Rande von Fairbanks geboren, hatte also ihr ganzes Leben lang Zeit gehabt, sich an die Tierwelt des Nordens zu gewöhnen. Die Anwesenheit von Bären, Wölfen und Pumas zählte zu ihrem Alltag, und genauso entspannt wanderte sie nun zusammen mit Leo durch das wuchernde Buschwerk.

Wenigstens gab es hier keine *soapberries*, stellte ich erleichtert fest, denn selbst an den Straßen hatten die roten Leckerbissen die Schwarzbären wie Magneten angezogen, und tagtäglich hatte ich den Mut der vielen Radfahrer bewundert, die sich auf ihrem Drahtesel der Wildnis des Yukon mehr oder weniger schutzlos auslieferten. Als einziges Abwehrmittel bimmelte meist eine einsame Glocke vorne am Fahrrad, die die Bären verscheuchen sollte, aber ehrlich gesagt glaubte ich keine Sekunde daran, dass das Gebimmel irgendetwas bewirken würde. Die Bären, die wir gesehen hatten, ließen sich noch nicht einmal von unserem Schulbus aus der Ruhe bringen, und selbst die Blechwand des Busses erschien mir an manchen Tagen kaum als ausreichender Schutz.

Doch heute schienen wir von einer weiteren Begegnung verschont zu bleiben, nach und nach wurde ich ruhiger, und als wir endlich den Berg mit dem alten Friedhof erreichten, schlenderten wir alle entspannt um die verblichenen Grabstätten herum.

»Sag mal ...«, sprach ich Darcy noch einmal auf das Thema an. »Hast du wirklich keine Angst vor den Wildtieren?«

»Nein, wieso auch ... ich glaube, die meisten Tiere haben viel mehr Angst vor uns. Wenn doch mal etwas passiert, liegt es meistens daran, dass sich die Menschen falsch verhalten. Immerhin dringen wir in den Lebensraum der Tiere ein, also sollten wir Rücksicht nehmen.«

»Und was ist mit Leo? Wenn er mal älter wird und allein durch die Wälder läuft?«

»Zu Hause habe ich da keine Bedenken ... um unsere fünfzig Huskys machen alle anderen Tiere einen großen Bogen, die Einzigen, die mir Sorgen machen, sind die Rottweiler von einem Haus ein Stück die Straße runter. Die stromern überall herum und sind meines Erachtens weit gefährlicher als jeder Bär oder Wolf ... apropos Wolf ... da fällt mir doch glatt eine Geschichte für euch ein ...« Auch ihr hatten die Kinder natürlich von unserer Begegnung erzählt, und aufgeregt griff sie nach meinem Arm. »Stell dir vor, letzte Woche haben wir einen Radfahrer getroffen, der von einem Wolf angegriffen worden ist!« Sie schüttelte fassungslos den Kopf. »Mein ganzes Leben habe ich erst drei Wölfe gesehen und das mitten in Whitehorse ... doch noch nie habe ich gehört, dass jemand angegriffen wurde! Der Typ war mit dem Fahrrad unterwegs, und ein riesiger Wolf ist ihm hinterher ... er hat sein ganzes Bärenspray auf das Vieh gesprüht, hat aber alles nichts genützt ... am Ende musste er absteigen und das Fahrrad als Schutz vor sich halten. Zuerst sind die Leute vorbeigefahren, weil sie dachten, es wäre sein Hund und er machte irgendwelche Spielchen mit ihm. Zum Glück hat zu guter Letzt doch noch ein Wohnmobil angehalten, und er konnte sich ins Innere retten … wirklich eine komische Geschichte!«

Ich schluckte, während Emma und Paula begeistert an Darcys Lippen hingen, von gruseligen Geschichten konnten sie meist nicht genug kriegen, und als wir eine halbe Stunde später wieder das Boot bestiegen und der laute Außenbordmotor das Erzählen weiterer Schauermärchen unmöglich machte, waren beide fürchterlich enttäuscht. Dennoch hatten wir auf dem Weg noch einiges zu hören bekommen, zum Beispiel wie Darcy ganz in der Nähe von Fairbanks auf dem Fahrrad einem Bär davonfuhr, ihre Freunde nach einem Unfall inmitten der Einsamkeit des Top of the World Highway in einem Rudel neugieriger Wölfe aufwachten oder von der Misere des Mannes, der nach einer Schwarzbär-Attacke mit über hundert Stichen genäht werden musste. Wie gut, dass wir unseren Frankie hatten, die dicke Blechwand war allemal stabiler als ein Zelt, und schneller als ein Fahrrad war er auch. Wenn nur mit der Reparatur alles klappen würde!

Die letzte Schraube war festgedreht, die neue blitzende Pumpe saß wie ein Fremdkörper in dem ollen Motorraum und strahlte hell gegen den Rost an. Tom klopfte nervös mit den Fingern aufs Lenkrad und steckte den Schlüssel ins Zündschloss. Die letzten Tage hatte er vor und unter der Motorhaube verbracht, hatte geschraubt und Riemen gewechselt, getüftelt und gebrütet, und jetzt endlich war der bedeutende Augenblick gekommen. Langsam drehte er den Schlüssel … nichts … der Motor gab nicht das geringste Geräusch von sich. Unheimliche Stille erfüllte den Bus, während Tom frustriert gegen das Armaturenbrett boxte. Dann sprang er nach draußen und starrte finster in den Motorraum. »Ich verstehe das nicht! Es muss einfach funktionieren!«

Die letzte Woche war schnell vergangen, fast zu schnell, doch wenn wir noch länger warten müssten, würde uns die Zeit endgültig knapp werden. Selbst hier in Whitehorse waren einige Nächte schon recht kühl gewesen, und bis zu unserem ersten Wärmefeuer im Bus würde es wohl nicht mehr allzu lange dauern.

Mit einem unguten Gefühl im Magen blickte ich nach draußen … der Bus musste einfach anspringen …

Tom schien auch schon eine Idee zu haben. Er wackelte an einer Steckverbindung, rammte einen locker sitzenden Stecker fester ins Gehäuse, dann stieg er wieder in den Bus, sank zurück auf den Fahrersitz und versuchte erneut zu starten. Ein Röhren drang aus dem Motorraum, dann ein gleichmäßiges Tuckern, der Motor lief, und im ganzen Innenraum verbreitete sich ein angenehmes Vibrieren.

Ein letztes Mal holperte der Bus über die Einfahrt, noch einmal winkten wir, wie beim letzten Mal ... und Frankie fuhr ... und fuhr immer weiter. Eine Zeit lang starrte Emma aus dem Fenster. Trotz ihrer Vorfreude auf Alaska war es ihr schwergefallen, die Hunde zurückzulassen, eigentlich hatte sie ohne Husky nicht fahren wollen. Doch dann lächelte sie versöhnlich. »Wir kommen ja wieder vorbei ...«

Ich nicke zustimmend.

»Dann hat Gerry noch ein wenig mehr Zeit, die Hunde zu trainieren, und auf dem Rückweg nehmen wir einen mit!« Ihre Augen leuchteten bei der Vorstellung.

Tom setzte den rechten Blinker, das gelbe Flackern im Rückspiegel fesselte für einen Moment die Aufmerksamkeit aller, dann wanderten unsere Blicke auf das Straßenschild, das vor uns aus dem Straßengraben ragte: DAWSON CITY verkündete es verheißungsvoll unser nächstes Ziel, bevor es auch schon hinter dem Bus verschwand, kleiner und kleiner wurde und bald nicht mehr zu sehen war.

13. KAPITEL
AUF DEM TOP OF THE WORLD HIGHWAY

27. Juli 2016, USA, Alaska,
Top of the World Highway, Meilenstand: 227 793

Obwohl es draußen noch nicht dunkel war, fühlte ich mich nicht ganz wohl auf dem engen geschotterten Weg. Eine steile Kurve führte irgendwo ins Nichts, rechts und links war nichts als dichtes Buschwerk, das geisterhaft blass wirkte unter dem Staub der trockenen Straße. Äste wippten über uns, unter unseren Reifen hatten wir ausgefahrene Rillen, keine Menschenseele war weit und breit auszumachen. Zwischen all dem dichten Gestrüpp ergriff uns das Gefühl, irgendwo im tiefen unzugänglichen Dschungel gelandet zu sein.

Darcys Geschichten kribbelten mir im Hinterkopf, am Abend vor der Abfahrt hatten wir noch ein paar weitere veritable Horrorgeschichten ausgetauscht, doch vor allem ihre Erzählung von der nächtlichen Fahrt ihrer Freunde war mir besonders gut im Gedächtnis haften geblieben: »*It was getting dark ... but the moon was shining bright ...*« Ich hatte ihr Gesicht vor mir, hörte ihre leise eindringliche Stimme, wie sie von der einsetzenden Dunkelheit und dem hell leuchtenden Mond erzählte. »Sie fuhren um eine Kurve, und zu spät sahen sie, dass da etwas auf der Straße war, aber sie konnten nicht mehr rechtzeitig bremsen. Sie hatten ein Tier überfahren ...«

Ich sah die Geschehnisse wie in einem Film vor meinem inneren Auge ablaufen: das Auto, das Tier, über das ihre Freunde in der Dunkelheit hinwegrollten, den Schock in den Gesichtern. Ich sah das Auto am Straßenrand, weißes Mondlicht auf dem dunklen Dach des Wagens. Dann die Wölfe. Riesige Geschöpfe, ein ganzes Rudel, das um das Auto schlich, Die langen Schnauzen und die feinen Nasen, die das frische Blut schon von Weitem gewittert hatten.

Eine Gänsehaut kroch mir über den Rücken, und ich merkte, wie mir kalt wurde. Die langen Zweige schienen plötzlich wie Finger nach uns zu greifen, lange Schatten tanzten über die schmale Straße, und doch hatten wir die ganzen letzten Stunden und Tage außer einem Fuchs und ein paar Häschen noch kein Wildtier zu Gesicht bekommen.

Heute Morgen waren wir von Dawson City aufgebrochen, hatten die vielen Saloons und alten Holzhäuser aus der Zeit des Goldrausches hinter uns gelassen und uns über den sagenumwobenen Top of the World Highway in Richtung Alaska auf den Weg gemacht. Im Schritttempo mussten wir über die mit Schlaglöchern durchsetzte Schotterpiste kriechen, die sich Kilometer um Kilometer nach oben schraubte, bis wir endlich den Kamm einer massiven Bergkette erreicht hatten. Die Aussicht von dort auf die unendlichen Wälder gab uns das Gefühl, für immer in einem fernen Nichts gelandet zu sein, nur dichtes Grün, das sich wie Meerwasser über die Hügelketten ergoss, meilenweite unberührte Natur, dazwischen unser Schulbus, so klein wie der Kopf einer Stecknadel. Kurz nach der Grenze waren wir in das dichte Gestrüpp der Wälder getaucht, seit etwa einer halben Stunde rollten wir nun entlang eines Flusses durch die Wildnis Alaskas, begleitet nur von den handtellergroßen Spuren eines einsamen Elches am Straßenrand.

Immer wieder trafen wir jetzt auf Goldsucher, ganze Gruppen von Männern, die mit ihren Goldwaschpfannen im Wasser standen und nach den Nuggets suchten, die es hier tatsächlich noch in beeindruckender Menge geben sollte. Vereinzelt fanden sich sogar Camps entlang des Flusses, lauter Zelte zwischen durchwühlter Erde, noch viel mehr Goldwäschergerätschaften und Lagerfeuer, die ganze Landschaft wirkte wie die Kulisse eines alten Westerns, ich war fast ein bisschen traurig darüber, dass die Kinder von Karl May noch nie etwas gehört hatten. Der Geruch von gebratenem Speck und Holzfeuer lag schwer in der Luft und verbreitete die Atmosphäre eines abenteuerlichen Pfadfindercamps.

Die zwei älteren Männer jedoch, die bis zu den Knien im schlammigen Wasser standen, schienen von unserem spontanen Stopp nicht sehr viel zu halten, als wir nur wenige Meter entfernt auf einem kleinen Ausweichplatz neben der Straße zum Stehen kamen. Ohne unser Grüßen zu erwidern, wendeten sie sich ab, aber nicht ohne uns vorher noch einige vernichtende Blicke zuzuwerfen, vor allem als Emma und Paula mit unserer gusseisernen Bratpfanne bewaffnet aus dem Bus sprangen.

Da es selbst bei uns in der Oberpfalz kleine Bäche und Flüsse gab, in denen immer noch vereinzelt Gold gefunden wurde, hatten wir uns auch zu Hause schon im Goldwaschen versucht und zumindest bei einem Workshop auch einige winzige Körnchen aus einer Wanne gefischt. Hier in Alaska jedoch sollten unsere Chancen bei Weitem größer sein, so meinten zumindest die Mädchen, und hatten schon vorher beschlossen, wofür sie ihr ganzes Gold verwenden würden. Ohne sich weiter um die beiden alten Griesgrame zu kümmern, enterten sie zusammen mit Tom einen kleinen Nebenbach und tauchten die schwere Pfanne in das kühle Nass, während ich mich um das Mittagessen kümmerte. Eine halbe Stunde später, als Reis und Spargel schon auf den Tellern warteten, hatten sie bereits eine Handvoll wunderschöner glitzernder Flusskiesel gesammelt und beschlossen, es vorerst dabei zu belassen.

»Ich kaufe mir Ninetyeight und einen Schlitten!«, plante Emma aufgeregt.

»Ich will Mutter Teresa, die ist so süß.« Paula strahlte. »Vielleicht können wir dann nächstes Jahr auch schon ein Rennen fahren!«

Ich musste lachen, sagte aber nichts weiter, und auch Tom verkniff sich eine Bemerkung. Einen Husky mit nach Deutschland zu nehmen, war ein Ding der Unmöglichkeit, aber noch hoffte ich, die momentane Begeisterung für die Schlittenhunde würde sich irgendwann ganz von selbst ein wenig legen.

Was uns in dem Moment mehr Sorgen machte, waren die zunehmend unfreundlichen Blicke, die uns unsere Nachbarn immer unverblümter zuwarfen. Ununterbrochen starrten sie auf unseren Bus, spuckten ins Wasser, und auch die zwei Gewehre, die hinter ihnen an einem Felsen lehnten, waren uns nicht entgangen. Obwohl ich inzwischen durchaus Verständnis für eine Waffe zur Selbstverteidigung in der Wildnis aufbringen konnte, hatte ich bei diesen Typen ein ungutes Gefühl, und an dem Blick, den Tom mir zuwarf, konnte ich erkennen, dass es ihm ebenso erging.

»Lasst uns nach dem Essen noch ein Stückchen fahren«, sagte er zu Emma und Paula. »Vielleicht finden wir noch eine viel bessere Stelle!«

Beide sagten kein Wort, nickten aber begeistert, und eine halbe Stunde später hatten wir das Geschirr schon wieder in den Schränken verstaut. Ein letztes Mal verließen Tom und ich den Bus, um vor der Weiterfahrt noch in unmittelbarer Nähe eine kleine Runde mit Laika zu drehen. Wir sagten Emma und Paula, dass sie sich nicht aus dem Bus entfernen sollten, verriegelten die Tür und machten uns auf den Weg, behielten Frankie jedoch stets im Blickfeld.

Wir waren noch nicht weit gegangen, da fiel mir der unangenehme Geruch auf.

»Sag mal, riechst du das auch?« Fragend blickte ich Tom an.

»Mhm ...«

»Riecht nach Verwesung ... vielleicht sollten wir besser die Richtung wechseln.«

Ungute Gerüche sind immer eine Versuchung für Bären und andere Raubtiere, so viel hatte ich inzwischen aus den Ratgebern gelernt. Abstand zu halten schien also durchweg eine der besten Möglichkeiten. Doch nach dem Gestank zu urteilen, hatten wir diese Gelegenheit bereits verpasst. Gerade als ich mich umdrehen wollte, fiel mein Blick auf etwas, was mich entsetzt innehalten und erschrocken Toms Arm packen ließ.

Eine Stange war zwischen die Bäume gebunden, wie sie Jäger benutzen, um ein Tier ausbluten zu lassen, und darunter erkannte ich wild durcheinanderliegend die Quelle des Geruches. Zwei Rehköpfe blickten mir mit leblosen Augen entgegen, die Mäuler geöffnet, aus denen eine bläulich verfärbte Zunge hing. An den Stellen, an denen das Geweih gesessen hatte, waren nur noch kantige Stümpfe. Um die verwesenden Köpfe verteilten sich die abgeschlagenen Beine, wie auf einem Schlachtfeld nach dem Einschlag einer Granate, einige bereits bis auf die Knochen abgenagt.

Würgend wendete ich mich ab und stolperte in Richtung Schulbus, und erst jetzt fielen mir die zahlreichen Patronenhülsen auf, die sich über den gesamten Platz verteilten, anscheinend hatten sich die Jäger auch hier ausgetobt. Den Wilden Westen hatte ich mir eigentlich anders vorgestellt, doch anscheinend waren wir in einem der Kapitel gelandet, die ich schon als Kind immer wieder überblättert hatte, und ich war mehr als froh, dass uns die Mädchen nicht begleitet hatten. Enttäuscht über so wenig Respekt gegenüber anderen Kreaturen, kletterten wir zurück in unser gemütliches Zuhause und starteten den Motor. Die Goldsucher blickten auf, doch diesmal lächelten sie. Wenn auch nicht wirklich freundlich.

Kurz bevor die Sonne unterging, rollten wir auf die Campsite Nummer 27. Angelegt wie ein kleiner Kreis reihten sich rund fünfzehn Parkbuchten aneinander, in der Mitte ein Pavillon und ein Plumpsklo, der erste Zeltplatz auf dem Boden Alaskas. Nur ein einzelnes anderes Fahrzeug gesellte sich zu uns, trotzdem war uns nach den Erfahrungen in der Mittagspause wohler bei dem Gedanken, die erste Nacht nicht allein in der »Wildnis« zu verbringen. Zudem hatten wir während einer Pause in einem Gebüsch neben der Straße mehrere von Bären aufgebissene Konservendosen entdeckt, und nachdem ich mehrmals skeptisch die Stabilität unseres Schulbusses getestet hatte, gab mir die Anwesenheit von anderen, weniger dubiosen menschlichen Individuen doch zumindest ein vermeintliches Gefühl von Sicherheit.

Die Fahrradglocken der Mädchen läuteten Sturm, Staub wirbelte auf, und der Kies knirschte, als sie an uns vorbeirasten. Immer und immer wieder lenkten sie ihre alten Drahtesel um den kleinen Kreis, und ich hörte Emma dabei glücklich singen. Mit einem Kanister in der Hand hatten Tom und ich uns in der Zwischenzeit auf den Weg zum Trinkwasserhahn gemacht, und während Tom die erste Öffnung unter den langsam tröpfelnden Hahn drückte, studierte ich interessiert die vielen Hinweise und Plakate, die darüber angebracht waren. Das ganze Trinkwasser wurde in 500-Liter-Würfeln aus Fairbanks geliefert, las ich hier, deshalb sollte man sorgsam damit umgehen. Ein Wunder, fand ich, dass trotzdem alle 500 Liter für die Camper kostenlos blieben. Dann huschte mein Blick auf ein großes Plakat, darauf das ausdrucksstarke Bild eines Grizzlys:

ATTENTION BEARS IN AREA!

Bei 90 000 Bären im Land wohl eher nicht verwunderlich, dachte ich bei mir und musste an die aufgebissenen Konserven denken.

Auf dem Plakat stand des Weiteren: »Bären wurden gesichtet in der Walker Fork Area. Sie sind neugierig und untersuchen alles, besonders die gut riechenden Dinge.«
Dann jedoch musste ich schlucken.
»Auf der Campsite am: ...« Dahinter kam eine Liste mit mehreren Daten, unter anderem der 23. und der 25. Juli, »Grizz« stand abgekürzt dahinter, und ich brauchte nicht viel Fantasie, um mir auszumalen, was das wohl heißen mochte. Heute war der 27. Juli, und Laika, die wir beim Bus gelassen hatten, begann plötzlich zu bellen. Tom packte den inzwischen aufgefüllten Kanister, und noch während wir den letzten Satz lasen, begannen wir zu rennen: »Lassen Sie Ihr Haustier nie unbeaufsichtigt im Freien ... es könnte wilde Tiere anlocken ...«
Der Schotter knirschte unter unseren hastigen Schritten, und mein Herz begann zu rasen, Emma und Paula waren auf ihren Rädern direkt hinter uns, als sich das Bellen zu einem hysterischen Crescendo steigerte.
Endlich tauchte die Schnauze des alten Schulbusses vor uns auf. Nach Luft schnappend sprinteten wir die letzten Meter, sahen gerade noch die braune Hundeleine in den dichten Ästen eines Gebüsches verschwinden.
»Laika, Laika ...«
Panisch zerrte ich an dem ausgebleichten Riemen, der sich an einem Strunk verfangen hatte, während Tom die Äste auseinanderschlug, und da tauchte der helle Kopf unseres Hundes aus dem dichten Grün auf.
Ein Grauhörnchen packte die Gelegenheit beim Schopf und flüchtete laut keckernd aus Laikas Reichweite, was einen erneuten Schwall wütendes Gebell auslöste, dann begann unser »Wachhund«, angeregt durch die ganze Aufregung, begeistert um unsere Füße herumzuspringen.
Ein Schwall Flüche brach aus mir heraus, bevor ich erleichtert zu kichern begann.

14. KAPITEL

EIN GEBURTSTAG IN DER WILDNIS

28. Juli 2016, USA, Alaska,
Top of the World Highway, Meilenstand: 227 793

Wieder einmal hatte ich kaum geschlafen, selbst um Mitternacht schien die Sonne noch dermaßen hell, dass man ohne Probleme ein Buch lesen konnte. Und auch die Kinder waren, seit wir uns mehr und mehr in den Norden vorarbeiteten, fast keine Nacht vor elf ins Bett gekommen. Mehr als zwei Stunden Dunkelheit war nicht zu haben, und ich war ausgesprochen froh darüber, dass wir die dicken *moving blankets*, schlichte Umzugsdecken aus dem Baumarkt, als Vorhänge gewählt hatten. Die Dinger sind billig und qualitativ bescheiden, aber wunderbar blickdicht.

Dieses Mal jedoch hatten selbst die nichts mehr geholfen. Um fünf Uhr früh waren Emma und Paula aus den Betten gesprungen und erwartungsvoll an den gedeckten Tisch gehüpft. Ich hatte mit zusammengekniffenen Augen das Teewasser aufgesetzt und die Streichholzschachtel gezückt.

»Heute kann es regnen, stürmen oder schneien ...«

Verschlafen und mit noch etwas kratziger Stimme setzte ich zu singen an, Tom, der noch im warmen Bett lag, vergrub seinen Kopf zwischen den Decken und stöhnte leise, dann begann auch er zu brummen: »... denn du strahlst ja selber wie der Sonnenschein ...«

Auf dem Kuchen, der in der Mitte auf dem Tisch stand, flackerte eine Kerze, Emma und Paula strahlten. Heute, am 28. Juli, war Paulas achter Geburtstag, und auf Wunsch der Mädchen hatten wir Emmas zehnten Geburtstag, der nur zwei Tage später an der Reihe war, ausnahmsweise vorgezogen. Gestern noch hatte ich etwas Bedenken gehabt, den Geburtstagstisch schon am Abend vorzubereiten, und selbst nachts hatte ich von Bären geträumt, die durch die leicht geöffneten Fenster nach innen kletterten. Doch die Nacht war so ruhig geblieben wie schon lange nicht mehr, keine heulenden Kojoten oder Wölfe und kein Geraschel, nur das helle Mondlicht, das selbst in den wenigen Stunden ohne Tageslicht die Dunkelheit zu verdrängen suchte.

Auch jetzt krochen schon die hellen Sonnenstrahlen durch die Ritzen und zeichneten wundersame Muster an die Schulbuswände, und für einen Moment musste ich an einen Geburtstag der Kinder denken, der schon einige Jahre zurücklag. Paula war damals gerade zwei geworden, Emma vier, und wir hatten zusammen mit mehreren Freunden auf einem wunderschönen Platz im sibirischen Altaigebirge ein Lager errichtet. Damals hatte es für die Mädels ein Kasperltheater aus dem Lkw heraus gegeben, lustige Figuren, die durch das Sonnenlicht tanzten, ein Kasperl auf Reisen, an den mich für einen Moment die Schatten erinnerten, die die Sonne an unsere Wände geworfen hatte.

Diesmal allerdings waren die Handpuppen zu Hause geblieben, hatten anderen notwendigen Sachen weichen müssen, die unbedingt unter den 23 Kilos Platz finden mussten, die je Koffer von den Fluggesellschaften genehmigt wurden. Und doch sollten wir heute auf unser Theater nicht verzichten.

»Wauuuuuuuuuuuuh ...« Ein kleiner Wolf, auf die Spitze eines Schaschlikstabes geklebt, jagte vor dem Kulissenbild eines dichten Waldes, das in einer aufgeschnittenen Cornflakespackung steckte, jaulend hinter einem Radfahrer her. Die Kinder hatten sich unter einer Decke versteckt und bewegten die Figuren, die sie die letzten Tage über gebastelt hatten, fast unsichtbar.

»Wauuuuuhhhhhauuuuuuhhhhh ...« Der Radfahrer strampelte und keuchte, doch der Wolf kam immer näher.

»Hilfeeeeeeee!« Jetzt fuhr er um die Kurve, kam von der Straße ab, strauchelte, fiel, und schon war der Wolf über ihm, ein zweiter Wolf kam und ein dritter, ein ganzer Pulk wilder Raubtiere fiel über den Mann her, und einen kurzen Moment lang überlegte ich, ob ich dem Theaterstück mit einem kleinen Einwand nicht einen Schubs in eine andere Richtung geben sollte, da plötzlich drängte sich ein leises glucksendes Lachen in den Vordergrund, überdeckte bald das Knurren und Bellen, und siehe da, der Mann tauchte aus dem Pulk der Wölfe auf und lachte mittlerweile laut dröhnend. Die Tiere machten Platz, zogen einen Kreis um ihn, schienen ihm zu gehorchen, und plötzlich tanzte ein Schlitten an einem weiteren Schaschlikstab in die Cornflakesschachtel, und die vielen Wölfe sammelten sich davor in einer Reihe, wie ein Gespann Schlittenhunde.

Dann ein Kommando: »Go!« Und die Wölfe zogen den Radfahrer und seinen Schlitten aus dem Bild.

Ich war froh, dass die Mädchen gerade heute ihre Freunde nicht zu sehr vermissten, die ganzen letzten Tage hatte ich mir deswegen schon Gedanken gemacht, aber zufrieden mit sich selbst hatten sie sich bis zum späten Nachmittag mit ihren Geschenken beschäftigt, die sie sich zum Großteil im Free Store von Whitehorse selbst ausgesucht hatten. Eine großartige Einrichtung war das! Der winzige »Laden«, der aus einem einzigen Räumchen bestand, befand sich direkt neben dem Recyclinghof, und alles, was als zu gut zum Wegwerfen befunden wurde, stapelte sich hier in Kisten und Regalen, und jeder durfte nach Herzenslust tauschen, mitnehmen oder eben auch Aussortiertes zurücklassen, kostenlos und ohne jegliche Bedingungen. So hatten wir dort vor ein paar Tagen einen Berg an zu klein gewordenen Kindersachen gegen einige neue Kuscheltiere und ein paar Spiele getauscht, während Emma und Paula ihre Geburtstagsgeschenke aufgestockt hatten, zwei »Kuschelstinktiere aus der Dose« (ein Gag für Touristen – Plüschskunks, an die man nur per Dosenöffner kommt), zwei Handtaschen und ein nagelneues Schminkset zählten dabei zu ihren Favoriten. Ich musste lächeln, als ich sie damit vor dem Busrückspiegel herumtanzen sah, und zum ersten Mal seit Langem war mir wieder einmal aufgefallen, wie groß beide schon geworden waren.

»Weißt du was, Mama?«, hörte ich Paula plötzlich sagen. »Dass wir in Alaska feiern können, ist wirklich das schönste Geschenk von allen.« Begeistert sah sie aus dem Fenster, und auch Emma nickte. »Aber wenn wir wieder in Deutschland sind, machen wir trotzdem 'ne Party, dass du's nur weißt!« Und beide begannen zu kichern.

15. KAPITEL
AM ENDE DES ALASKA HIGHWAY

30. Juli 2016, USA, Alaska,
Delta Junction, Meilenstand: 228 029

Auf dem Top of the World Highway ging es durch die dichten Wälder weiter nach Chicken, einer kleinen Ortschaft mitten im Nirgendwo (Einwohnerzahl im Winter: zwei), mit einer Tankstelle und einem Souvenirshop, und allein die Vorstellung, durch unser Bleiben die Einwohnerzahl zu verdreifachen, hätte uns fast zu einem längeren Stopp verleitet. Die alten Blockhäuser und der Saloon wirkten mehr als gemütlich, und für einen kurzen Augenblick konnte ich mir durchaus vorstellen, hier einen frostigen Winter vor dem offenen Kamin zu verbringen, allein in der Einsamkeit mit nichts als Schnee, Stille und ein paar Huskys, die uns auf einem Schlitten durch die märchenhafte Landschaft ziehen würden.

Die Realität jedoch sah anders aus, so viel war uns klar. Eiseskälte, gesperrte Straßen, deprimierende Finsternis und endlose Einsamkeit, die meisten Bewohner versuchten vor dem Winter, wenn schon nicht in den Süden, dann zumindest in die nächstgrößere Stadt, wie Fairbanks oder Anchorage, zu kommen. Hier draußen in den Bergen bei bis zu minus fünfzig Grad Celsius den Winter zu verbringen, grenzte fast an Wahnsinn.

Von Chicken aus stießen wir über die schmale Schotterstraße, unter die sich inzwischen schon hin und wieder schlechter Asphalt mischte, wenige Meilen vor Tok auf den Alaska Highway und erreichten so nur wenige Stunden später Delta Junction.

»Wie kann ich Ihnen helfen?« Die blonde Frau um die fünfzig im Visitor Center von Delta Junction lächelte uns an, die Zahnspange, die in ihrem Mund aufblitzte, verlieh ihr den schüchternen Charme eines Teenagers.

»Haben Sie Karten von Wanderwegen in der Gegend?«

»Nein, tut mir leid, aber ich könnte Ihnen die Nummer eines Guides geben.«

»Oh, danke. Wir wandern lieber allein!«, erwiderte Tom mit einem entschuldigenden Lächeln.

»Mit den Kindern wissen wir nie, wie weit wir kommen, da ist es besser, jederzeit umkehren zu können!«

»Hm.« Sie sah uns etwas besorgt an und kniff dabei die Lippen zusammen. »In welche Richtung fahren Sie denn?«

»Fairbanks und weiter nach Norden«, sagten wir beide wie aus einem Mund, immerhin hatten wir uns ja »das Ende der Welt« vorgenommen.

Für einen Moment wirkte sie etwas überrascht, fast, als hätte sie uns »Greenhorns« das gar nicht zugetraut, dann, nach einem kurzen Blick auf die Karte, die vor ihr auf dem Tisch lag, sagte sie bestimmt: »Der einzige Weg, den ich da empfehlen kann, ist der kurze Wanderweg um den Harding Lake, da kommen Sie direkt dran vorbei. Alles andere ist allein nicht sicher!« Sie strich sich eine Strähne hinter das Ohr und räusperte sich. »Der ist nur wenige Meilen lang, aber wenn Sie eine Waffe dabeihaben ...«

»Wir haben keine Waffe!«

Schockiert riss sie die Augen auf. »Kein Gewehr, keinen Revolver?«

»Nein.« Die Situation kam mir nun doch etwas unwirklich vor. Mir war zwar klar, dass Waffen in Amerika zum Alltag gehörten, aber diese Dame schien es wirklich ein wenig zu übertreiben. Ich versuchte, mir das Grinsen zu verkneifen, und Tom fügte leicht ironisch hinzu: »Ich hab ein Taschenmesser, das hat bis jetzt immer gereicht!« Dabei klopfte er sich auf die Hosentasche, doch die zierliche Frau schüttelte fassungslos den Kopf.

Nachdem sie sich wieder etwas gefangen hatte, entgegnete sie, ohne weiter auf Toms Aussage einzugehen: »Im Notfall geht es vielleicht auch mit einem Bärenspray!«

Wir guckten uns nun doch etwas betreten an, sie schien es wirklich ernst zu meinen, und für einen kurzen Augenblick bereuten wir es fast, die Beretta, die Emma im Fluss gefunden hatte, zur Polizei gebracht zu haben.

»Haben wir auch nicht!«

Ihr Mund wurde zu einem dünnen Strich, der alles Teenagerhafte aus ihrem Gesicht verschwinden ließ, plötzlich wirkte sie wie eine Oberschullehrerin, die uns am liebsten mit einem gehörigen Rüffel nach Hause schicken würde. Doch bevor sie loswetterte, holte sie noch einmal tief Luft, bemühte sich sichtlich, die Ruhe zu bewahren, und riet uns schließlich mit einem resignierenden Lächeln: »Na, dann bleiben Sie am besten immer in der Nähe Ihres Fahrzeuges!«

Wenige Minuten später standen wir draußen vor dem Visitor Center und starrten noch etwas benommen auf das Denkmal, das sich vor uns erhob. »End of the Alaska Highway« stand dort in großen schwarzen Lettern, und obwohl es sich nur um das Ende einer Straße handelte, fühlten wir uns, als hätten wir gerade das Ende der Zivilisation erreicht. Allein und verlassen, ausgesetzt zwischen wilden Tieren und unglaublichen Gefahren, noch dazu ohne Bewaffnung.

Wir warfen uns einen Blick zu, und plötzlich mussten wir lachen, albern kicherten wir, bis uns die Luft ausging, und das dumpfe Gefühl verschwand aus meinem Magen.

»Die hat uns doch auf den Arm genommen«, sagte ich grinsend, und Tom nickte.

»Und sie war gut ... richtig gut!«

Fröhlich machten wir uns auf den Weg zurück zu unserem Schulbus. Quietschend schwang die Tür nach innen auf, und immer noch grinsend kletterten wir über die hohen Stufen in unser sicheres Zuhause.

Tom ließ den Motor an, und unser Vehikel zuckelte vom Parkplatz langsam zurück auf die Straße. Rechts und links krochen die Häuser an uns vorbei, kurz darauf gab es nur noch die dünnen langen Stämme der nördlichen Nadelbäume, dahinter die scharfen Umrisse der Alaska Range. Schlaglöcher hatten sich wie ein Gitternetz in die Straße gefressen, und ein leichter Nieselregen setzte ein, aber ohne uns beirren zu lassen, rumpelten wir immer weiter in Richtung Norden. In zwei Tagen würden wir in Fairbanks sein, einen Tag später auf dem Dalton Highway, ohne Bärenspray und ohne Waffe. Doch zumindest im Moment störte mich das nicht im Geringsten.

16. KAPITEL

FAIRBANKS – AM RANDE DER ZIVILISATION

2. August 2016, USA, Alaska,
Fairbanks, Meilenstand: 228 104

Grau in Grau verschmolz der Himmel mit dem Teer des Parkplatzes, auf dem sich inzwischen schon kleine Seen aus Regenwasser gebildet hatten. Unaufhörlich fielen dicke Tropfen in einem trommelnden Rhythmus auf unser Blechdach.

Tok ... tok ... tok ... toktok ... toktoktok ... schneller und schneller, bis der einsetzende Platzregen auch die letzten Menschen unter die Dächer des Walmarts trieb und das Gebäude trist und trüb im feuchten Dunst von Fairbanks verschwand.

Etwas ratlos blickten wir auf unser Handy und studierten die Straßenverhältnisse von Alaska. Zum Glück konnten wir sogar im Bus das WLAN des »Homedepots« nutzen, eines gegenüber dem Walmart gelegenen Shoppingcenters. Hier hatten wir nicht nur freies Internet auf dem Parkplatz, sondern im Notfall sogar die Möglichkeit zu übernachten.

Gleich auf der ersten Seite fanden wir eine rote Wetterwarnung: *»Weather alerts, flood advisory.«*

Das hörte sich allerdings nicht sehr vertrauenerweckend an.

»... Fairbanks and Elliott Highway ...«

Genau da mussten wir hin ... Es folgte eine Aufzählung der aktuellen Höchststände der Flüsse, mit denen wir nicht viel anfangen konnten.

Ein abschließender Ratschlag rundete die Sache ab: *»Es wird nicht empfohlen, überflutete Straßen zu befahren oder ins Middle Tanana Valley zu reisen ...«*

Na, das wird sich machen lassen, das Tanana Valley hatten wir zum Glück inzwischen bereits hinter uns gelassen. Dann scrollten wir auf die nächste Seite und klickten auf »Dalton Highway«. Straßenbedingungen, lasen wir dort: »*fair*«. ... Aha ... Etwas ratlos schauten wir uns an, und Tom zuckte mit den Schultern: »*Fair* ... hört sich doch eigentlich ganz gut an, oder was meinst du?«

Ich nickte zustimmend, während ich das benutzte Geschirr in der Spüle verstaute. »Am besten wir fahren gleich, bevor das Wetter noch schlechter wird!«

Der Regen sollte fürs Erste nicht besser werden, zumindest die nächsten Tage. Tom drehte den Zündschlüssel, und nur wenig später rollten wir an eine Kreuzung, verharrten kurz an der letzten roten Ampel, während uns gegenüber ein großer Abschlepplaster zum Stehen kam. Auf der Ladefläche leuchtete es in einem merkwürdig vertrauten Gelb, und als er Sekunden später an uns vorbeirollte, musste ich unwillkürlich schlucken. Ein alter Schulbus stand fest vertäut hinter dem Führerhaus, der Dachträger noch voll bepackt, auf der kleinen angebauten Veranda ein Fahrrad, und die Vorhänge vor den Fenstern, einst wohl bunt und fröhlich, waren zugezogen und mittlerweile leicht ausgeblichen.

Der hat es wohl nicht geschafft, dachte ich bei mir und bemerkte ein leichtes Rumoren in meinem Magen. Dann endlich rollten wir an den letzten Häusern vorbei, ließen die breite Straße, die zweispurig durch die Stadt führte, hinter uns und kamen nach Fox auf eine schmale, rissige Piste, den Beginn des Elliott Highway, der bei Livengood weiter nach Westen bis an die Manley Hot Springs führte.

Für uns jedoch ging es noch immer weiter nordwärts, knapp 800 Kilometer, etwa 500 Meilen waren es noch bis nach Prudhoe Bay an der Beaufort Sea, auch wenn mich der abgeschleppte Schulbus doch etwas skeptisch hatte werden lassen. Die Straße wurde einsam, schmal und rumpelig, immer weniger Autos kamen uns entgegen, und ab und an konnte man einen ersten Blick auf die parallel verlaufende Pipeline erhaschen, die sich wie eine graue Schlange durch die endlosen Wälder wand. Jedes Mal musste ich dabei an Ava denken und die vielen versteckten Bilder, von denen sie uns erzählt hatte, und allein der Gedanke an die geheime Welt im Inneren der monströsen Rohre ließ uns die Pipeline und die kahle Schneise, die sich durch das Grün zog, mit anderen Augen betrachten. Das metallene Ungetüm schien plötzlich von einer geheimen Aura umgeben, die die brutale Hässlichkeit neutralisierte, und zumindest für einen winzigen Augenblick schien die verborgene Welt der Ölförderrohre in die unentdeckte Wildnis der Wälder zu passen.

Die letzte Abbiegung tauchte vor uns auf, dann endlich standen wir vor dem lang ersehnten Schild: JAMES W. DALTON HIGHWAY verkündete die weiße Schrift auf grünem Hintergrund, dazwischen die vielen Aufkleber, mit denen sich Reisende hier verewigt hatten, und mit einem Mal war die geteerte Strecke zu Ende. Die Reifen des Busses gruben eine tiefe Rinne in den knöcheltiefen Schlamm, und neben der Piste begann eine Eule geisterhaft zu rufen: Schuhu...hu...hu...

»Wie lange dauert es denn noch, bis wir zu den Eisbären kommen?« Angestrengt musterte Paula die dichten Büsche um uns herum, und auch Emma, die sich sonst meist hinter einem Buch verkroch, starrte heute erwartungsvoll aus dem Fenster.

Mit einem körnigen Geräusch spritzte der Schlamm der Schotterpiste gegen unsere Bustür, Fontänen klatschten bei jeder Pfütze gegen unsere Scheiben, und schon bald waren auch die letzten Fenster derart verschmiert, dass es uns fast unmöglich wurde, noch irgendetwas außerhalb des Busses zu erkennen. Nur durch die Frontscheibe erkannten wir die sich windende, knöcheltief verschlammte Piste, die in endlosen Schleifen durch den verregneten Wald führte. Der Fahrbahnrand war kaum mehr wahrnehmbar, und der Scheibenwischer schien mittlerweile auch am Ende seiner Kräfte zu sein.

»Bei dem Wetter mit Sicherheit eine Woche!« Ich seufzte, und selbst dann würde sich der Eisbär wohl direkt vor unseren Bus stellen müssen, damit wir ihn bei diesem Mistwetter überhaupt erkennen konnten. Ununterbrochen trommelte der Regen gegen unsere Scheiben, die dicken Tropfen zogen helle Bahnen durch den bräunlichen Schlamm, ließen zumindest für Momente die Sicht etwas besser werden, und nur deswegen konnten wir die tiefen Reifenspuren vor uns erkennen, die sich in Schlangenlinien bis über die Böschung zogen. Circa drei Meter unterhalb der Straße lag zwischen den hohen Gräsern des Waldrandes ein zerknautschtes Auto, die Fenster zersprungen und das Dach eingedrückt, doch zumindest war kein Mensch mehr in der Nähe, der unsere Hilfe gebraucht hätte. Das Wrack lag einsam und verlassen, und unsere anfänglichen Späße über den »fairen« Zustand der Piste wurden allmählich immer weniger. Nach einem weiteren Kilometer wurde aus zwei Fahrspuren plötzlich eine. Jeder an uns vorbeirauschende Lastwagen drängte uns immer weiter in Richtung des schmierigen Rands, und das schmatzende Geräusch des dicken Schlammes schickte mir jedes Mal eine Gänsehaut über den Rücken.

»Das ist es nicht wert!« Tom schüttelte den Kopf und krallte sich ins Lenkrad, als der nächste Lkw eine Fontäne Dreck gegen unsere Scheiben schleuderte. »Ich kann hier kaum ausweichen!«

Während ich noch über eine Antwort nachdachte, furchte sich Toms Stirn, und er zeigte auf die erste kleine Ausweichbucht am Straßenrand. Ein Wagen, der wirkte, als wäre er gegen einen Rammbock geschmettert worden, tauchte in unserem Sichtfeld auf, ein Haufen Kleinteile lag daneben auf einen erschreckend hohen Haufen getürmt.

»Der konnte wohl auch nicht mehr ausweichen«, stellte Tom trocken fest, und fast gleichzeitig fassten wir denselben Entschluss: »Lass uns umkehren!« Nervös putzte ich meine Brille, als uns ein röhrender Pick-up überholte und dabei ein wenig ins Schlingern kam. »Du hast recht, das ist es nicht wert!«

»Selbst wenn wir bis nach Deadhorse kommen, der letzten Station vor Prudhoe Bay, müssen wir danach dieselben etwa 400 Meilen auch wieder zurück. Und es soll weiter regnen, zumindest noch einige Tage!«

Im selben Moment schlitterte der Schulbus zur Seite, rutschte bedenklich nahe an den Abgrund heran, ein weiterer Lastwagen schoss hupend vorbei, und erst im letzten Augenblick fanden die Reifen wieder Halt, und unser zentnerschweres Ungetüm glitt zurück auf die Piste. Zitternd blätterte ich in der auf meinen Knien liegenden, aufgeschlagenen »Milepost«, in der jeder Platz entlang des »Highways« verzeichnet war:

»Nach ungefähr 200 Metern muss ein kleiner Schotterplatz kommen.« Ich versuchte, durch die verschmierten Scheiben irgendetwas zu erkennen, doch nichts als schlammiger Dreck zog sich entlang des Weges, Meter um Meter kämpften wir uns weiter, bis sich die Piste endlich zur rechten Seite hin öffnete und einen vom dichten Wald umschlossenen Platz freigab, der auf der nördlichen Seite von einem Fluss begrenzt wurde. Angestrengt rollten wir in die Nähe einer alten Feuerstelle, in der einige alte Konserven vom Essen unserer Vorgänger erzählten. Noch eine Weile tuckerte der Motor, dann zog Tom den Schlüssel aus dem Schloss und sank auf seinem Sitz in sich zusammen.

»Bis hierher und keinen Meter weiter!« Eine Zeit lang sprach keiner ein Wort, und jeder für sich überlegte, was das für unsere Reise bedeuten würde. Kein Ende der Welt, kein Eismeer, keine Eisbären, Tom und ich sahen uns an, und ich fühlte, wie meine Augen zu brennen begannen.

»Zumindest nicht bei diesem Wetter!«, relativierte er dann seine Aussage.

»Wir können ja auch noch woanders hinfahren«, meinte Emma, als sie merkte, dass unsere Entschlossenheit einen gehörigen Dämpfer erlitten hatte, und sie in unsere enttäuschten Gesichter sah. »Ich wollte schon immer mal nach Brasilien!«

Und mit einem Mal mussten wir trotz der angespannten Situation alle lachen.

17. KAPITEL
GESTRANDET IN DER WILDNIS

3. August 2016, USA, Alaska,
Dalton Highway, Meilenstand: 228 117

Die Zündung leierte wie ein uraltes Kassettenband, und das Licht der Anzeige wurde dabei immer schwächer.

»Bitte, bitte spring doch an …« Meine Finger waren so fest in die Tischplatte gekrallt, dass die Knöchel weiß hervortraten.

»Komm schon, Frankie!« Tom drehte derweil zum vierten Mal den Zündschlüssel um … wieder nichts. Der Bus wollte einfach nicht starten. »Keine Chance, wenn ich's noch weiter probiere, ist die Batterie bald ganz leer.«

Nach unserem Stopp am Tag zuvor hatten wir zunächst nicht weiterfahren wollen und beschlossen, bis zum nächsten Morgen zu bleiben, aber die Nacht war einfach zu kalt gewesen, die Witterung zu feucht, alles Faktoren, die dem International auf den Motor oder besser gesagt auf die Zündung schlugen. Ohne ein bisschen Sonne und Wärme würde er nicht wieder anspringen, so viel war klar.

Ich starrte aus dem Fenster und musterte den geschotterten Platz, auf den wir gestern gerollt waren. Mehrere brachliegende Feuerstellen verteilten sich auf die kleinen Ausbuchtungen entlang des Waldrandes, hier und da lag eine leere Glasflasche, aber es gab nicht eine einzige erkennbare Spur von wilden Tieren. Für den Dalton Highway hatten wir es gar nicht so schlecht getroffen, versuchte ich mich zu beruhigen, und außerdem hatten wir zumindest für die nächsten Tage ausreichend Vorräte gebunkert. Coldfoot, das circa 150 Meilen weiter nordwärts lag, wäre eigentlich unsere nächste Versorgungsstation gewesen, und bis dorthin hatten wir mindestens drei Tage eingeplant. Selbst wenn sich niemand in unsere Richtung verirren sollte, würden wir es durchaus noch einige Zeit hier aushalten können.

Tom kroch zur Kontrolle noch einmal unter den Schulbus, während die Kinder sich auf den Weg machten, um die Feuerstellen ein wenig unter die Lupe zu nehmen, doch es dauerte nicht lange, da kam Paula aufgeregt von der anderen Seite des Schotterplatzes gelaufen und deutete hinter sich ins Gebüsch.

»Da ist ein Zelt!« Erfreut lief ich mit den Mädchen um das Brombeerdickicht am Waldrand bis zu einer kleinen Lichtung. Gegen ein wenig Gesellschaft hatte ich nichts einzuwenden, doch als ich das blaue Einmannzelt erblickte, blieb ich erstaunt stehen.

»Es ist aber keiner da!« Emma hatte das Offensichtliche ausgesprochen. Der Reißverschluss des Einganges war aufgezogen, und der dünne Stoff flatterte im Wind. Schon von hier aus konnte ich den Schlafsack und die Isomatte erkennen, die im Inneren in einer Pfütze vor sich hindümpelten. In diesem Zelt konnte schon länger keiner mehr übernachtet haben.

»Hallo?« Tom, der uns inzwischen gefolgt war, hatte die Hände als Trichter um den Mund gelegt und starrte in den finsteren Wald. »Hallo, ist da jemand?«

Nichts als ein leises Rascheln war aus den Büschen zu hören, und ein wütendes Grauhörnchen schoss keckernd an uns vorbei.

»Haaaalllloooo?«

Doch wieder keine Antwort.

»Wo ist der denn hin?« Paula starrte in den Wald und überlegte.

»Glaubst du, der musste mal pieseln?«

Wieder zuckte ich die Schultern. »Dann würde er uns doch bestimmt hören ... oder sie ...«

»Komisch«, Tom starrte auf den triefenden Schlafsack. »Der muss schon länger hier liegen, so nass wie der ist ...«

»Vielleicht ist der Camper ja auch mit einem Boot weg?« Aufgeregt zeigte Emma zum Fluss. »Und musste irgendwo eine Pause einlegen oder ist gekentert, oder vielleicht hat ihn auch ein Bär gefressen oder ein Puma ... oder vielleicht hat es ihm einfach zu viel geregnet, und er hatte keine Lust mehr auf Zelten und ist nach Hause gefahren?«

Ein Plätschern ließ uns aufhorchen. Still standen wir nebeneinander und lauschten, da, wieder ein Platschen, das sich deutlich vom Rauschen der Strömung abhob. Tom bog die Äste eines wuchernden Holunderstrauches zur Seite, und plötzlich hatten wir freie Sicht. Träge wälzten sich die Wassermassen durch das dichte Unterholz, ein ganzer Haufen Treibholz tanzte auf der Wasseroberfläche wie ein Floß, aufgehalten von einigen Felsen, die mehrere Handbreit aus dem Wasser ragten. Da, wieder das Geräusch, dann plötzlich tauchte direkt vor uns ein dunkelbrauner Kopf aus dem Fluss, von den großen runden Ohren triefte das Wasser.

»Mama, ein Bär, ein Bär!« Emma flüsterte aufgeregt und hatte sich an Toms Hosenbein gekrallt.

Der Kopf pflügte durch das Wasser, machte sich auf den Weg in Richtung Treibholzhaufen, und wir starrten auf das dunkle Nass. Immer weiter näherte sich das Tier den tanzenden Stöcken, tauchte unter, kam wieder an die Oberfläche, im Maul einen Ast, und machte sich damit auf den Weg ans andere Ufer. Jetzt sah ich auch die merkwürdigen Spuren im sandigen Boden, und lächelnd stupste ich die Kinder an und zeigte nach drüben.

Große Pfotenspuren waren in den Boden gedrückt, dazwischen eine Art Schleifspur. Nun hatte auch das Tier den Uferrand erreicht und kletterte aus dem Wasser. Emma kicherte, als sie den wuchtigen platten Schwanz entdeckte, und auch Paula lächelte erleichtert.

»Das ist ja ein Biber!«

Langsam tapste der Nager am Flussufer entlang, bog nach einigen Metern plötzlich nach links und verschwand raschelnd im Dorngestrüpp mehrerer Brombeersträucher, kam wenige Minuten später wieder hervor, tauchte erneut in die Fluten und stoppte ganz in der Nähe an einem großen Haufen mit den unterschiedlichsten Hölzern, der fast einen halben Meter aus dem Wasser ragte. Das musste der Biberbau sein. Die ganze nächste Stunde verbrachten wir am Flussufer und beobachteten den geschäftigen Nager, doch so interessant er auch sein mochte, mit dem Verschwinden des Campers konnte er definitiv nichts zu tun haben, und da uns ohnehin nichts anderes übrig blieb als zu bleiben, statteten wir dem Zelt am späten Abend einen weiteren Kontrollbesuch ab. Doch der Besitzer war immer noch nicht aufgetaucht. So spannten wir eine Leine zwischen zwei in der Nähe stehende Bäume, hängten Schlafsack und Isomatte zum Trocknen auf, wischten die Pfütze aus dem Zelt und schlossen den Reißverschluss. Vielleicht hatten wir ja morgen früh mehr Glück.

18. KAPITEL
KLEINE PLAGEGEISTER

4. August 2016, USA, Alaska,
Dalton Highway, Meilenstand: 228 117

»Au, aua, Mensch, tut das weh!« Ich schlug mir mit der Hand auf mein nacktes Bein und fluchte. Irgendetwas krabbelte da auf meiner Haut und hatte mich gebissen. Ich griff nach einer Stirnlampe und untersuchte meinen Unterschenkel. Im hellen Lichtkegel der LED konnte ich das ganze Ausmaß der Bescherung erkennen. Eine rote Pustel reihte sich an die nächste, dazwischen krabbelten winzige schwarze Fliegen. Entsetzt sprang ich aus dem Bett und schlüpfte in meine Jeans Und da sah ich sie. Der ganze Bushimmel war schwarz von Fliegen, und während Tom mich noch überrascht ansah, begann ich schon, mit dem nächstbesten Buch gegen die weißen Deckenplatten zu schlagen.

»Das gibt's doch nicht, wo kommen die bloß auf einmal alle her?« Am Abend war es langsam wärmer geworden, und auch wenn es nicht ausgereicht hatte, um den Bus zu starten, schien der Wetterumschwung die kleinen Beißfliegen aus ihrer »Kältestarre« erlöst zu haben. Inzwischen war es knapp Mitternacht, und ausnahmsweise hatten wir uns, nachdem Emma und Paula eingeschlafen waren, einen Film von unserer Festplatte angesehen, und das Licht des Laptops musste sie wohl zu uns in den Schulbus gelockt haben. Auch Tom hatte die Plagegeister jetzt im Visier und war aus dem Bett gesprungen. Um sich schlagend hüpfte er wie ich durch den schmalen Gang, schon bald war die Decke übersät mit den blutigen Spuren der vollgesaugten *black flys*, der Kriebelmücken, die ohne Probleme durch die kleinen Löcher des Fliegengitters krabbelten, und ich fühlte mich, als hätte ich ein Gemetzel veranstaltet. Um drei Uhr nachts endlich fielen wir erschöpft ins Bett, und obwohl ich die unerwartete Wärme genossen hatte, wünschte ich mir im Augenblick nichts sehnlicher als Regen und Kälte, damit uns die kleinen Plagegeister endlich wieder in Ruhe lassen würden.

Meine Wünsche wurden erhört.

Am nächsten Morgen hatte der Regen mit enormer Heftigkeit wieder eingesetzt, und jegliche Hoffnung, die Tom und ich noch gehegt hatten, sofort im Keim erstickt. Bäche von Wasser rannen über den Schlamm, gruben rutschige Rinnen und Pfützen, rechts und links vom Straßenrand war der feuchte Waldboden inzwischen zum Moor mutiert. Die einzelnen Grasbüschel, die hin und wieder an der Oberfläche trieben, schienen die Halme Hilfe suchend nach uns auszustrecken, und die keckernden Hörnchen sprangen in luftiger Höhe von Ast zu Ast und schüttelten ganze Tropfenwolken von den nassen Zweigen. Der mysteriöse Camper war nicht wieder aufgetaucht, und angesichts der Wetterverhältnisse konnte ich es ihm oder ihr kaum verübeln, inzwischen war ich davon überzeugt, dass er oder sie sich irgendwo ein trockenes Plätzchen gesucht haben musste.

Noch immer sprang der Bus nicht an. Gestern erst hatte Tom in der Hoffnung, eine Lösung gefunden zu haben, die Einspritzleitungen festgezogen, die sich nach der Holperfahrt über die unbefestigten Schlammpisten gelockert hatten, trotzdem wollte Frankie noch immer nicht laufen, und besorgt kramte ich in unseren Schränken, um mich davon zu überzeugen, dass wir bis auf unser Restchen Toastbrot noch gut bevorratet waren.

»Ich kann ja *bannock* braten, wenn das Brot alle ist, oder?« Emma stand hinter mir. Auch sie hatte den schwindenden Vorrat bemerkt und wollte mich beruhigen.

»Gute Idee!« Ich lächelte. Erst vor einer knappen Woche hatte sie von einer Schweizer Familie, die wir unterwegs getroffen hatten, im Tausch gegen einige Hörspiele ein Buch bekommen, das von zwei Kindern in der Einsamkeit handelte. Ihr Vater war verschwunden, und sie mussten allein zurechtkommen. Die ganzen ersten Wochen ernährten sie sich fast ausschließlich von *bannock*, Maisfladen, einem traditionellen Brot der Chippewa-Indianer, das einfach in der Pfanne gebraten wurde, bis es von beiden Seiten braun war.

Auch das Rezept für den Teig fand sich im Buch – *Zwei Tassen Maismehl, eine knappe Tasse Wasser, etwas Öl und je nach Geschmack etwas Ahornsirup oder Honig –*, und ich hoffte nur, dass wir nicht ebenso lange darauf angewiesen sein würden wie die zwei Hauptfiguren in dem spannenden Roman.

Gleich zum Frühstück löffelte Emma den zähen Teig in unsere gusseiserne Pfanne, während Paula mit dem Pfannenheber daneben wartete. Der Duft von frisch Gebackenem zog durch unsere kleine Küche, und nur fünf Minuten später lagen die ersten knusprigen Fladen auf unseren Tellern. Die letzten Scheiben Toastbrot hatten wir in der hintersten Ecke unseres Küchenschrankes für schlechte Zeiten deponiert, und voller Vorfreude strich ich mir einen Klecks Marmelade auf den bräunlich gebackenen Teig, während Emma schon herzhaft zubiss. Dann plötzlich erstarrte sie, hielt sich die Hand vor den Mund, und ich sah in ihre vor Schreck geweiteten Augen.

»Was ist denn los?« Ohne ein Wort zu sagen, pulte sie mit einem Finger im Mund herum und legte mir dann einen kleinen weißen Brocken vor den Teller. Einer ihrer Milchzähne war abgebrochen, und ich sah die Tränen in ihren Augen.

»Es tut so weh!« Jetzt mussten wir uns wohl oder übel etwas einfallen lassen.

Auf einmal begann Tom jedoch erleichtert zu grinsen, verständnislos sah ich ihn an. Er hielt eine kleine Stauklappe nach oben, in die er die Fahrzeugpapiere nach der Zulassung geschoben hatte, griff hinein und zog eine Spraydose daraus hervor.

»Ich wusste die ganze Zeit, dass ich etwas vergessen hatte! Damals hab ich sie gesehen und mich noch gewundert, aber jetzt ist mir klar, warum die hier deponiert war!« Noch immer ratlos begann ich, die rot gedruckte Aufschrift zu lesen: PILOT SPRAY stand dort in dicken Buchstaben geschrieben, Starthilfespray, und fünf Minuten später tuckerte Frankies Motor wie ein geölter Rennwagen.

19. KAPITEL
ZURÜCK IN FAIRBANKS

7. August 2016, USA, Alaska,
Fairbanks, Meilenstand: 228 290

»Möööp«, eine aufdringliche Autohupe riss mich aus meinen Gedanken, und fast hätte ich den heißen Espresso verschüttet, den ich gerade auf zwei Tassen aufzuteilen versuchte. Gleich als wir Fairbanks wieder erreicht hatten, waren wir mit Emma in die erstbeste Zahnarztpraxis gegangen. Während vor uns die selbst geschossenen Fotos von den drei Golden Retrievern des Arztes in den verschiedensten Verkleidungen – eine Privatshow für die Patienten – über einen Bildschirm flimmerten, wurde Emma von ihren Schmerzen und einem gebrochenen Milchzahn erlöst.

»Möööp ...« Wer zum Teufel musste so einen Krawall veranstalten? Nach dem Arztbesuch hatten wir erneut vor dem Walmart geparkt, um uns wieder mit den nötigen Vorräten einzudecken, für die nächsten Tage sollte Emma auf das knusprige *bannock* lieber verzichten.

»Mama, guck mal, da hupt einer!«

»Ich hab's gehört, so ein Radaubruder.«

»Nein, schau doch mal raus ... ich glaube, der meint uns!« Abschätzig sah sie nach draußen, die Backe wegen der Spritze noch immer ganz schief verzogen, und ich folgte ihrem Blick. »Sieht irgendwie komisch aus!«, stellte sie kurz darauf fachmännisch fest.

»Möööööööp!«

Und tatsächlich, da stand ein Wagen frontal vor unserer Schulbustür, hupte wie wild, und der Fahrer starrte mich böse an.

»Kennst du den?« Emma schaute mich verwundert an.

»Nein, noch nie gesehen ...« Einen Moment überlegte ich, was ich tun sollte. Nachdem unser Getriebe wieder extrem zu tropfen begonnen hatte, war Tom gerade im Supermarkt verschwunden, um das passende Öl für Frankie zu besorgen, außerdem brauchten wir dringend Fett zum Abschmieren. Mir blieb also nichts anderes übrig, als selbst nach meiner Jacke zu greifen und nach draußen zu steigen, wenn ich weiteren Ärger vermeiden wollte. Der Fahrer des alten Chevys, der hauptsächlich von Rost zusammengehalten wurde, machte weiterhin keinerlei Anstalten auszusteigen. Er trug eine dunkle Baseballkappe, unter der einige Strähnen fettigen Haares hervorlugten, tief ins Gesicht gezogen. Das helle T-Shirt unter dem offenen Hemd war schmutzig und verknittert, und nur weil ich keine Lust auf weiteres nervenaufreibendes Hupen verspürte, näherte ich mich widerwillig dem inzwischen heruntergekurbelten Fahrerfenster.

»Ist Ted da?«

Ich blickte in seine Augen, unter denen sich auffallend dunkle Schatten gebildet hatten, der Mann sah definitiv krank aus. »Ted? Ich kenne keinen Ted.«

Sein Mund verzog sich zu einem bösartigen Grinsen, und einige braune Stummel tauchten zwischen den Lippen auf. Erst jetzt sah ich das Mädchen, das auf dem Beifahrersitz lümmelte. Es mochte vielleicht siebzehn oder achtzehn Jahre alt sein und sah gelangweilt in die Gegend, als würde sie all das überhaupt nichts angehen.

»Jetzt stell dich nicht blöd«, nuschelte er weiter. »Ted hat gesagt, wir finden ihn jederzeit im Schulbus auf dem Walmart-Parkplatz.«

»Hier gibt es keinen Ted!«

»Ist das ein Schulbus ... oder was? Er wohnt hier, das weiß ich!«

Langsam wurde es mir zu bunt. Ich spürte die Blicke von Emma und Paula im Rücken und versuchte, trotzdem freundlich zu bleiben.

»Es tut mir leid. Da muss ein Irrtum vorliegen. Wir sind nur Touristen und kaufen ein, weiter nichts!«

Damit war das Gespräch für mich beendet. Eigentlich hatten wir seit unserer letzten Reise davon Abstand genommen, länger als nötig auf einem Walmart-Parkplatz zu bleiben, da wir dort immer wieder Probleme mit unangenehmen Menschen gehabt hatten. Nur heute hatten wir keine andere Möglichkeit gefunden, und trotz seiner Hässlichkeit hatte uns dieser kahle Ort inmitten der zweitgrößten Metropole Alaskas schon seit unserem ersten

Besuch in den Bann geschlagen. Ein ganz eigener Flair lag über dem dreckigen Asphalt des Parkplatzes, was daran liegen mochte, dass er, am wichtigsten Verkehrsknotenpunkt des Nordens gelegen, die unterschiedlichsten Menschen auf engstem Raum zusammenbrachte. Da war zum Beispiel der kleine VW-Bus neben uns mit dem jungen Pärchen, das, dem vollgepackten Dachträger nach zu urteilen, auch schon eine Zeit lang unterwegs sein musste, oder die obdachlose Frau, die in ihrem alten Wagen hauste, den sie mit der kostenlosen Stromversorgung des Supermarktes verkabelt hatte, und ausgelassen wegen irgendetwas kicherte, das über ihr Handy flimmerte, während ein älteres Trapper-Pärchen, das ganz so wirkte, als wäre es direkt einem Film über die Wildnis entsprungen, zwei Wagen voller Lebensmittel in Großpackungen zu seinem Jeep schob.

Einige Meter entfernt kletterte ein zierliches Mädchen aus seinem Pick-up, der große Revolver, den es sich an sein dünnes Bein geschnallt hatte, wirkte fast schon lächerlich. Trotzdem schien das hupende Pärchen nach einem kurzen Seitenblick endlich einzusehen, dass unser kleiner Disput nun zu Ende war. Ich hörte das Knacken, als der Rückwärtsgang einrastete, sah, wie sich die alte Karre in einer dichten Rauchwolke langsam entfernte. Das zierliche Mädchen aus dem Pick-up dagegen schien von alldem nichts bemerkt zu haben und widmete sich, ohne etwas von der Außenwelt mitzukriegen, ganz ihrem Mountainbike, das sie von der Ladefläche hievte. Einige Huskys begannen zu jaulen. Etwas weiter entfernt hatte eine Frau, die in ihren Fünfzigern sein mochte, ihren rostigen Ford geparkt, im Heck ihre drei Hunde auf einem Strohbett, während ihre nasse Kleidung über den offenen Türen trocknete, halb verdeckt durch ein monströses Schweizer Expeditionsmobil. Und dahinter, unscheinbar und kaum sichtbar, ein abgemeldeter Schulbus mit verhängten Fenstern, vor dem inzwischen der nervige Chevy-Fahrer hupte, dem ich für dieses Mal weit bessere Chancen ausrechnete.

20. KAPITEL
REIFENÄRGER

17. August 2016, USA, Alaska,
kurz vor der kanadischen Grenze,
Meilenstand: 228 796

Dunkle Wolken brauten sich über uns zusammen, eine tiefe Schwärze lag über den gewaltigen Seen, die sich vor uns ausbreiteten, ansonsten sah man nur das dichte Grün der undurchdringlichen Wälder. Röhrend erhob sich ein Wasserflugzeug aus den Fluten, drehte einen kleinen Kreis über unserem Camp, um dann in den undurchdringlichen Weiten Alaskas zu verschwinden.

Wir krochen derweil unter unseren Schulbus, lagen Seite an Seite auf dem kühlen Asphalt und betrachteten mit gerunzelter Stirn einen unserer Hinterreifen. Ein etwa zwanzig Zentimeter langer Riss zog sich durch den Mantel, der zwar sehr dick war, aber die Kanten klafften besorgniserregend auseinander. Trotzdem ließ sich die Tiefe kaum abschätzen. Eigentlich hatten wir uns wieder auf den Weg zurück nach Kanada machen wollen, doch jetzt war ich fast froh um den Aufschub, unsere abgebrochene Fahrt nach Prudhoe Bay hatte mich noch immer nicht ganz losgelassen.

Ich spürte Toms warme Schulter neben meiner, während sich einige Steinchen in meinen Rücken bohrten und über uns der erste Donner über den Himmel rollte.

»Wir sollten umkehren, zurück nach Fairbanks!«, nannte Tom seine Befürchtungen beim Namen.

»Mit dem Reifen kommen wir tatsächlich nie bis nach Whitehorse!«, stimmte ich ihm sofort zu, und ich hatte das Gefühl, dass Tom insgeheim dieselben Gedanken umtrieben wie mich. Dass wir nach so wenigen Kilometern auf dem Dalton Highway schon das Handtuch geschmissen hatten, konnten weder er noch ich vergessen, doch jetzt hatten wir die Chance, noch mal von vorne anzufangen, auch wenn noch keiner von uns wagte, dies auszusprechen.

Die ersten Regentropfen fielen neben uns auf den Boden, hinterließen dunkle Flecken auf dem trockenen Straßenbelag, und ein kleines Bächlein schlängelte sich unangenehm feucht unter meinen Rücken. Wir robbten aus unserer Deckung und kletterten zu den tobenden Mädchen ins Innere, versuchten dabei, einen Plan für die nächsten Tage zu entwerfen.

»Erst mal brauchen wir einen Händler, der die passenden Reifen hat!«

Auf den Hinterachsen hatten wir eine nicht ganz gängige Größe mit Geländeprofil, jetzt blieb nur noch zu hoffen, dass sich so etwas in Fairbanks auch auftreiben ließ.

Tom griff nach seinem Handy, um eine Nachricht an Darcy zu schreiben, deren Bruder in Fairbanks lebte. »Vielleicht kann er uns ein paar Nummern raussuchen!«

Es klappte, und während der Regen auf uns niederprasselte, tippten wir schon bald die erste Nummer in unser Handy.

»Hallo, wir suchen gebrauchte Reifen ...«, brachten wir unser Anliegen vor.

Einer nach dem anderen sagte ab, doch dann endlich: »Giant Tire« in Fairbanks hatte angeblich genau den richtigen Reifen für uns vorrätig, gebraucht und nicht zu teuer. Dem Himmel sei Dank!

Nur knappe zwei Tage später allerdings bekam unsere Vorfreude einen satten Dämpfer. Etwas ratlos standen wir vor einem Verkäufer von »Giant Tire« in Fairbanks und versuchten zum wiederholten Male, auf die versprochenen Reifen zu verweisen. Der untersetzte Mann jedoch zeigte uns die kalte Schulter.

»Wir hatten Sie wegen der Reifen angerufen«, versuchte Tom zum letzten Mal, an das Telefongespräch anzuknüpfen.

»Tut mir leid.« Der Mann schüttelte ungerührt den Kopf. Er habe seine Bestände im Laden noch einmal geprüft. Gebrauchte Reifen in der gewünschten Größe habe er nicht, nur neue. Für 500 Dollar pro Stück seien wir dabei.

Ungläubig starrten wir ihn an und versuchten, ihm klarzumachen, dass wir die letzten Tage ganze 300 Meilen zurückgelegt hatten, nur um an die versprochenen Reifen zu gelangen. Der ursprünglich zwanzig Zentimeter lange Riss war inzwischen fast um den kompletten Reifen gewandert, jetzt würden wir damit sicher nicht mehr weit kommen.

Der Verkäufer allerdings ließ sich nicht erweichen. »Nehmen Sie doch die Neuen«, war alles, was er dazu zu sagen hatte.

Wieder hingen wir am Telefon. Anstatt unsere Zeit mit weiteren Diskussionen zu verschwenden, konzentrierten wir uns lieber noch einmal auf die Suche rund um Fairbanks. »Phelps Tires«, ein anderer, etwas außerhalb gelegener Reifenshop, hörte sich ganz vielversprechend an, und nach einer erneuten Zusage machten wir uns auf den Weg ins Industriegebiet. Am Ende einer Schotterstraße fanden wir nach einer weiteren halben Stunde die kleine Werkstatt.

Einige Reifen türmten sich davor im hohen Gras, die dichten Büsche, die neben der Straße wucherten, schienen die Gebäude fast zu verschlucken, und ohne viel Zuversicht verschwand Tom im offenen Schlund der düsteren Werkstatt. Doch diesmal hatten wir Glück: »Phelps« hatte die gesuchten Reifen. Samt Montieren auf die alten Felgen und Wechseln zahlten wir insgesamt nur 350 Dollar für zwei Stück, dazu gab es noch zwei riesige Tassen Kaffee gratis als Zugabe.

Am nächsten Morgen standen wir vor derselben Kreuzung in Fairbanks, von der aus wir vor wenigen Tagen in Richtung Prudhoe Bay aufgebrochen waren. Südwärts ging es nach Delta Junction, nordwärts Richtung Polarkreis – dem Arctic Circle – weiter nach Coldfoot und Deadhorse. Tom setzte den linken Blinker, während noch immer der feine Nieselregen auf die Frontscheibe sprühte, der auch die letzten Tage nicht nachgelassen hatte, und lenkte den Bus nach Norden.

»Diesmal schaffen wir das, wär doch gelacht. Auf nach Prudhoe Bay!«, rief er begeistert, und die Mädchen jubelten. Unsere Reifen waren überholt, wir hatten das Starthilfespray, und Emmas Zahnschmerz war auch behoben ... diesmal konnte gar nichts mehr schiefgehen.

21. KAPITEL
AUF DEM WEG ZUM ARCTIC CIRCLE

21. August 2016, USA, Alaska,
irgendwo in Richtung Coldfoot, Meilenstand: 229 476

Der Dreck spritzte, und die Sicht war schlecht, der Regen prasselte gegen unsere Frontscheibe, und irgendwie hatte ich das Gefühl, ich hätte die Repeat-Taste gedrückt: Dalton Highway, Regen, Schlamm …

Ein Lastwagen kam uns entgegen, mit einem Klatschen landete eine braune Fontäne auf den Küchenfenstern, und im Inneren wurde es sofort noch eine Spur dunkler, denn durch die verklebten Fenster ließ sich kaum noch etwas erkennen. Trotzdem schien dieses Mal alles um eine Kleinigkeit besser: die Straße ein wenig trockener, die Fahrspur um einige Zentimeter breiter, der graue Himmel eine Nuance heller und unsere Laune um mindestens eine Oktave gestiegen. Sogar der Regen, der bis jetzt geradezu wie ein Wasserfall gerauscht hatte, schien langsam zu versiegen. Aus Sturzbächen wurden Rinnsale, dann Bindfäden, dann ein stetiges Tropfen. Endlich, als wir es schon kaum mehr für möglich gehalten hätten, bekam das dichte Grau über uns plötzlich die ersten Risse, und die Sonne warf helle Strahlen auf die nasse Piste. Die bisher im Nebel verborgenen Wälder tauchten auf, ergossen sich über die Hügel, grün in grün über Hunderte von Meilen, dazwischen wieder einmal nichts als die unverwüstliche Pipeline. Am Tatalina River, an dem wir das letzte Mal nach unserer Umkehr gestrandet waren, legten wir eine kurze Pause ein, um nach dem verlassenen Zelt zu sehen, doch einzig ein platt gedrücktes Quadrat in der feuchten Wiese erinnerte noch an dessen Anwesenheit. Und auch Isomatte und Schlafsack, die wir über die Leine gehängt hatten, waren inzwischen verschwunden.

Der Biber dagegen platschte noch immer geschäftig durchs Wasser, sammelte Ast um Ast, und mit einem Mal sah ich Gerda vor mir, eine resolute Mutter, die wir zu Beginn unserer Reise in Kanada getroffen hatten. Zusammen mit ihren zwei Kindern war sie wochenlang in einem gemieteten Wohnmobil durch den hohen Norden des Yukon-Territoriums gekurvt, nur um sich dort auf die Suche nach dem größten Biberdamm der Welt zu machen, der angeblich, so verkündeten zumindest die Prospekte, sogar aus dem Weltall zu sehen war.

»Weltall hin oder her«, hatte sie uns kurz darauf erzählt, »vielleicht auch aus der Luft ... aber solange du dich auf dem Boden bewegst, hast du wohl Pech gehabt!«

Gerade hatte der Biber wieder einen dicken Ast ergattert, wanderte zum Wasser, stürzte sich damit in die Fluten, und obwohl der Damm nur einem kleinen Hügel glich, war ich fast ein bisschen traurig, dass Gerda das Bauwerk nicht sehen konnte.

Auf einem verlassenen Schotterplatz bei einer kleinen einsamen Kneipe verbrachten wir unsere erste Nacht. Inzwischen konnte ich mich wieder fast angstfrei im Freien bewegen. Das Zusammentreffen mit der Bärenmutter lag zwei Monate zurück, und außer ein paar Elchkühen war uns unterwegs nichts weiter Bedrohliches begegnet. Auch wenn Emma und Paula darüber etwas enttäuscht schienen, hatten Tom und ich nichts gegen ein bisschen Entspannung für unsere Nerven.

In hohen Gummistiefeln und mit meinem neuen Messer in der Tasche, das mir Tom auf dem Weg durch Fairbanks »der Sicherheit halber« besorgt hatte, stiefelten wir durch die schmatzenden Pfützen und bahnten uns einen Weg durch das unwegsame Gestrüpp, liefen durch den feuchten Wald und dichtes Buschwerk. Dünne Zirbelkiefern ragten um uns in den grauen Himmel, die dürren Stämme zum Teil schief und verbogen, was ihnen den Beinamen »betrunkene Wälder« beschert hatte, dazwischen immer wieder hohe Gräser und die fast kniehohen Heidelbeerbüsche.

Schon bald darauf öffnete sich die Ebene, und die Weite der arktischen Steppe breitete sich um uns aus. Bunte Moose verteilten sich über die vielen Steine, zum Teil in merkwürdigen Formationen, lustige kleine Pilze und Flechten, die den kargen Boden in eine bunte Farbpalette verwandelten, die von leuchtenden Gelb- und Grüntönen bis hin zu Rot und Lila fast alles zu bieten hatte. Weit in der Ferne reckten sich die ersten Ausläufer eines Gebirges aus dem flachen Boden, die Füße in dichte Nebelschwaden gehüllt und die Gipfel wie die Köpfe heller Sonnenblumen in den Kegel der trüben Sonne gerückt.

Dann, mit einem Schlag, setzte der Regen wieder ein. Eine dunkle Wolkenkette war an den Bergen gestrandet und aufgeplatzt wie mit Wasser gefüllte Luftballons, der Boden verwandelte sich innerhalb von Minuten in eine einzige große Pfütze, und fast augenblicklich waren wir durchnässt bis auf die Knochen. Als Nächstes kam der Wind und mit ihm die Kälte, und obwohl kurz darauf in unserem Holzofen ein lustiges Feuer knisterte, hatte ich das Gefühl, gar nicht mehr warm zu werden.

Ernüchtert kämpften wir uns bis zum nächsten Stopp, parkten unseren Schulbus vor einer Tafel, auf der eine blaue Erde und der Schriftzug ARCTIC CIRCLE prangten, schlürften heiße Hühnerbrühe aus der Dose und blickten nach draußen. Wir hatten also den Nördlichen Polarkreis erreicht! Momentan war ich mir allerdings gar nicht mehr so sicher, ob ich wirklich noch weiter in den Norden wollte, und ich begann unschlüssig an einer Haarsträhne zu zwirbeln. Auch Tom und die Kinder sahen nicht gerade begeistert aus, inzwischen waren fast all unsere Sachen durchnässt und schlammig, selbst die Bettwäsche kam mir klamm und ungemütlich vor.

»Und jetzt?« Ich schaute fragend in die Runde. »Was sollen wir tun? Ehrlich gesagt kann ich den Regen nicht mehr sehen, und ich weiß gar nicht, ob ich noch bis ganz in den Norden fahren will!«

Für einen Moment sagte keiner ein Wort, dann plötzlich platzte Paula los: »Eigentlich wollte ich schon die Eisbären sehen, aber ich will auch gerne wieder draußen spielen können, mit weniger Regen und Matsch. Außerdem will ich noch mal Leo besuchen!«

»Und ich will überall hinfahren, am liebsten ans Meer und in die Sonne, aber Prudhoe Bay ist auch okay«, brachte sich Emma ein.

Ich musste lachen.

»Also gut ... wenn wir in den Norden fahren ...«, überlegte Tom laut, »brauchen wir eine knappe Woche bis an die Beaufort Sea und auch eine wieder zurück.«

»Und jetzt haben wir schon Ende August.« Ich ging noch einmal meine Gedanken durch. Warum hatte ich bisher unbedingt nach Prudhoe Bay gewollt? War es »Das Ende der Welt«, das mich reizte, die angeblich so zahlreichen Tiere? Die Natur? Oder die Notwendigkeit, ein Ziel zu haben? Vielleicht auch das Gefühl, nicht aufgeben zu wollen? Das Wetter sollte vorerst nicht besser werden, und ich wusste, was das hieß, tagelang im Bus bleiben, bei Regen und Schlamm, dazu ein endloses Schlittern über die Matschpiste des Dalton Highway.

»Ich für meinen Teil habe genug vom Norden!«, ließ ich meine Familie wissen. In dem Punkt war ich mir ziemlich sicher.

Tom grinste. »Na, Gott sei Dank! Und ich dachte, du kommst gar nicht mehr zur Vernunft!« Er boxte mich spielerisch in die Seite und lachte, Emma und Paula kicherten. Doch dann begann Tom noch einmal zu überlegen. »Vielleicht sollten wir ja doch noch ein paar Meilen fahren, zumindest bis Coldfoot, oder so, und gucken, wie es uns gefällt?« Coldfoot lag in etwa auf der Hälfte der Fahrtstrecke bis nach Prudhoe Bay und schien einen ganz passablen Campingplatz zu haben. »Das ist auf jeden Fall für dieses Mal unsere letzte Chance ... denn noch einmal fahre ich nicht hier hoch, zumindest nicht bei diesem Wetter. Was haltet ihr davon?«

Die Mädchen nickten, und ich zuckte die Schultern. »Na, ich weiß nicht ...« Skeptisch starrte ich auf die Karte, die vor mir auf dem Tisch lag, da plötzlich klingelte unser Handy. Das Briefchen-Symbol leuchtete, Tom klickte auf den Betreff der neuen E-Mail: »*Bus insurance*«. Überrascht begannen wir zu lesen. Bisher hatte sich die Versicherung noch nie bei uns gemeldet.

»Sehr geehrter Thomas Praschel, wir wollten Sie nur noch einmal daran erinnern, dass Ihr Versicherungsschutz, wie wir Ihnen schon im Schreiben vom 30. Juni 2017 mitgeteilt hatten, am 1. September abläuft. Vielen Dank für Ihr Vertrauen, mit freundlichen Grüßen ...«

Verblüfft starrten wir uns an. Das war ja schon in ein paar Tagen!

»Die können uns doch nicht einfach die Versicherung kündigen!« Ärgerlich starrte ich noch immer auf die Nachricht.

»Und das bei der Strecke ...!«

Wir richteten unsere Blicke auf die verlassene Linie, die sich auf der Karte von Fairbanks bis nach Prudhoe Bay zog. Der Dalton

Highway sollte ab dem Atigun Pass noch schlechter werden, und das, obwohl er die einzig fahrbare Verbindung zum hohen Norden darstellte. Was, wenn dort doch etwas passierte?

»Okay, jetzt bin ich überzeugt.« Tom faltete die Karte zusammen und legte sie zurück auf das schmale Regalbrett, das wir über die Sitzecke gezimmert hatten.

»Morgen früh fahren wir wieder zurück.«

22. KAPITEL

VERSICHERUNGSKUMMER

27. August 2016, USA, Alaska,
Delta Junction, Meilenstand: 229 665

»... *can you repeat your question, please?*«

Im Telefon rauschte es, und die grelle Stimme einer jungen Frau ratterte erneut Wörter mit der Geschwindigkeit einer Maschinengewehrsalve herunter.

»*I'm sorry, I did not understand ...*«, versuchte ich es noch mal. Seit über zwei Stunden parkten wir jetzt schon vor der Bücherei in Delta Junction, und während die Mädchen über das öffentliche Internet einen Film guckten, versuchte ich zum x-ten Mal, mit einer der unzähligen Versicherungen zu telefonieren.

»*If you are not able to speak English, I cannot help you!*«

Ich hörte ein Klicken, und wieder einmal war die Leitung tot. Ich begann zu fluchen. Bisher hatte ich kein Glück gehabt. Vom Polarkreis aus waren wir zum zweiten Mal umgekehrt und hatten innerhalb von vier Tagen die knapp 250 Meilen, also etwa 400 Kilometer bis Delta Junction zurückgelegt. Dass uns unsere Versicherung so plötzlich gekündigt hatte, grenzte an Unverschämtheit, vor allem, da sie sich auf ein Schreiben berief, das wir nie erhalten hatten. Heute hatten wir den 27. August, also blieben noch vier Tage bis zum Ende unserer Police.

Ich wählte die nächste Nummer. Es klingelte, und eine Computerstimme säuselte aus dem Lautsprecher: »Wenn Sie Informationen zu Ihrer persönlichen Police wollen, drücken Sie bitte die Nummer eins, bei Fragen zu unseren Konditionen bitte Nummer zwei, in einem Schadensfall die Nummer drei und für einen Neuabschluss wählen Sie bitte die Nummer vier.«

Ich drückte die Nummer vier, hing in der nächsten Warteschleife, während ich vor dem Schulbus auf und ab tigerte wie ein Raubtier in Gefangenschaft.

»Ja, bitte?«
»Guten Tag, wir suchen eine Versicherung für unseren Schulbus, einen International Baujahr 1986 ...«
Im Hintergrund konnte ich das Geklapper einer Tastatur vernehmen.
»Kein Problem.«
Na, das hörte sich doch schon mal vielversprechend an.
»Wir sind deutsche Fahrzeughalter mit einem internationalen Führerschein ...«
»Einen Moment bitte, ich sehe nach ...«
Vor lauter Aufregung knabberte ich an meinem Fingernagel, während ich dem leisen Tippen lauschte.
»Okay, auch kein Problem!«
Diesmal schienen wir wirklich Glück zu haben.
Zehn Minuten später leierte ich zum hundertsten Mal unsere Daten herunter: »Marke: Blue Bird International, Baujahr: 1986, Zulassung: Chewelah, Washington State ...«
»Oh, einen Moment bitte ... der Bus ist in Washington State zugelassen?«
Überrascht hielt ich inne. »Ja ...?«, fragte ich skeptisch.
»Oh, es tut mir sehr leid, aber wir versichern grundsätzlich keine Fahrzeuge mit einer Zulassung aus Washington State. Auf Wiedersehen.« Und bevor ich überhaupt die Möglichkeit hatte zu reagieren, hatte die Versicherungslady auch schon aufgelegt.
Wütend stieß ich einen Schwall Flüche aus, doch Tom, der ganz in der Nähe an einem Apfel knabberte, ließ sich nicht aus der Ruhe bringen. »Wir finden schon noch eine, mach dir keinen Kopf.«
Ich seufzte, wahrscheinlich hatte er recht, der International war ein gängiges Modell, und zum Wohnmobil umgebaute Fahrzeuge gehörten in Nordamerika schon lange zur Normalität. Trotzdem hatte meine gute Laune fürs Erste einen leichten Dämpfer erhalten, und zumindest für heute hatte ich genug von unergiebigen Telefonaten.
Wenig später traten wir durch die hölzerne Tür ins Visitor Center nur ein paar Straßen weiter und gossen uns einen Becher voll Kaffee ein. Insgeheim hatte ich gehofft, mich ein wenig über die gut gemeinten Ratschläge amüsieren zu können, die die blonde

Frau in ihren Fünfzigern, die mir gerade wegen ihrer Zahnspange so gut im Gedächtnis geblieben war, an die »Touristen-Frischlinge« verteilte. Das Mädchen jedoch, das heute hinter der Theke stand, schien von alledem nichts zu wissen, sondern verteilte einzig einen Stapel Prospekte und Werbepostkarten. Farbenfrohe Bilder entführten die Betrachter darauf in ganze Bisonherden, man sah Spaziergänger bei einer Begegnung mit mehreren Grizzlys und Schwarzbären, die von Bäumen herablugten, dazwischen immer wieder ein einsamer Elchbulle mit mächtigem Geweih oder Karibus auf saftigen Wiesen, und zum ersten Mal wurde mir bewusst, wie wenig Tiere wir eigentlich in Alaska gesehen hatten. Gut, da waren zwei Elchkühe gewesen mit ihrem Nachwuchs, eine Eule, ich begann zu überlegen ... der Biber und der kleine Hase am Dalton Highway. Emma und Paula, die auf einen ausgestopften Bisonbullen starrten, schienen denselben Gedanken zu haben.

»Wo sind eigentlich die ganzen Tiere?«

Ich zuckte mit den Schultern. Immerhin sollten sich hier an die 170 000 Elche, 950 000 Karibus, 70 000 Dall-Schafe (auch Alaska-Schneeschaf genannt), 50 000 Braun- und 50 000 Schwarzbären, knapp 10 000 Wölfe, 2200 Moschusochsen, 14 000 Schneeziegen und knapp 400 000 Schwarzwedelhirsche aufhalten. Mal ganz abgesehen von den Bisons oder Luchsen, den Eis- und Kodiakbären, den Kleinsäugern, Meeresbewohnern und den über 400 Vogelarten, das hatten wir zumindest in den ganzen Berichten, die wir auf dem Weg nach Alaska verschlungen hatten, gelesen.

»Die werden sich irgendwo in den Wäldern versteckt haben.«

»Ihr habt bestimmt viele Tiere gesehen?«, mischte sich jetzt das Mädchen ein, das Emma und Paula vor dem Bullen entdeckt hatte. Doch beide schüttelten den Kopf,

»Keinen einzigen Bison! Nur in Kanada haben wir eine Menge Tiere gesehen ... aber in Alaska ... nur zwei Elche!«

Das Mädchen verstummte. Dann jedoch hörte ich aus dem Hinterzimmer eine Stimme, die mir mehr als bekannt vorkam, und ich begann zu grinsen.

»Das wundert mich kein bisschen!« Unsere »alte Bekannte« streckte ihren Kopf durch den Türspalt. »In Kanada bekommt man viele Tiere zu Gesicht, aber hier ... Ich habe allen Reisenden gesagt, nicht ohne Waffe loszuziehen – und was ist das Resultat? All die Bären und das andere Viehzeug enden in der Gefriertruhe!«

Doch diesmal lachte sie, als sie uns sah. »Keine Angst, ich mache nur Spaß.« Dann kratzte sie sich nachdenklich am Kinn und sah mit einem Mal wieder ganz ernst aus. »Na ja, ich hoffe jedenfalls, dass es nur Spaß ist ...!«

Und mit einem Mal war meine gute Laune wiederhergestellt.

23. KAPITEL
ZURÜCK IM YUKON-TERRITORIUM – HILFE, EIN PUMA!

1. September 2016, Kanada,
Yukon-Territorium, an der Grenze nach Alaska,
Meilenstand: 229 988

»Können wir nicht endlich mal allein gehen?«

»Ja, Mama, bitte, wir bleiben auch auf dem Campingplatz!«

Emma und Paula sahen mich flehend an, und um Verstärkung heischend zog ich Tom am Ärmel. »Was meinst du denn dazu?«

Vor einer knappen Stunde hatten wir die Grenze zurück nach Kanada überquert und uns entschlossen, die Nacht auf einem Campingplatz zu verbringen, denn selbst hier konnte man die Einsamkeit des hohen Nordens genießen. Keine Menschenseele hatte sich auf den Platz verirrt, seit wir neben einem hölzernen Pavillon geparkt hatten und den wuchtigen Ofen darin zum Glühen brachten.

»Wenn ihr in der Nähe bleibt ...«

Beide nickten begeistert.

»Das heißt, ihr bleibt in Rufweite!«, schränkte ich die Bewegungsfreiheit meiner Töchter noch etwas ein. Zwar hatte ich meine Ängste gut unter Kontrolle gebracht, aber die Kinder allein durch die Wälder stromern zu lassen, war doch etwas ganz anderes.

»Okay, dann mal los!«

Wie auf Kommando stürmten beide davon, und eine Zeit lang sah ich sie noch durch die Büsche kriechen und über die kleinen Felsen klettern, die die einzelnen Campsites begrenzten. Der Ofen knisterte, und die Kanne Tee, die wir aus dem Bus geholt hatten, dampfte vor sich hin, der Schrei eines einsamen Eistauchers hallte vom See zu uns herüber und jagte mir wie immer eine leichte Gänsehaut über den Rücken. Wir hatten uns eine Decke auf die hölzerne Bank, die wir im Pavillon vorgefunden hatten, gelegt und sie näher ans Feuer gerückt, und langsam, aber sicher begannen meine Haare, die ich vorhin im See gewaschen hatte, trotz der Kälte zu trocknen. Heute hatte ich zum ersten Mal den Bus gefahren, hatte ihn rückwärts in der schmalen Parkbucht abgestellt, und jetzt fühlte ich mich stark wie eine Amazone, nichts und niemand würde mich heute noch aus der Ruhe bringen.

»MAAAMAAAA!«

Alarmiert sprang ich von der Decke, als ich Paulas Stimme hörte.

»MAAAMAAAA!«

»Was ist denn?« Ich versuchte, mich zu orientieren, und blickte suchend über den Platz. Wohin nur waren die beiden verschwunden?

»DA IST EIN TIER!«

Jetzt war auch Tom aufgesprungen. Wir verließen den Pavillon, konnten die Mädchen aber noch immer nicht entdecken. »Wo seid ihr denn?«

»Beim Klohäuschen ... ich hab Angst!« Und kurz darauf: »EMMA, MACH DIE TÜR AUF!«

Lautes Wummern dröhnte durch die dunklen Bäume, dann ein Türenknallen. Keuchend rannten wir durch das kleine Waldstück, das das Klohäuschen von unserem Pavillon und dem Bus trennte, Dornenranken rissen an unseren Hosen, und Äste knackten.

»Wir sind gleich da!« Japsend versuchte ich, meine Panik unter Kontrolle zu bringen, als ich plötzlich die Tür des Plumpsklos aufschwingen sah, und Emma und Paula auftauchten, die sich kurz nach allen Seiten umblickten und uns dann entgegensprinteten. Nur zwei Sekunden später landete Paula in meinen Armen, Emma klammerte sich derweil an Tom.

»Da oben, auf dem Feuerholz ...« Paula hatte plötzlich zu flüstern begonnen. »Da war ein riesiges Tier ...« Sie schluckte und versteckte sich hinter meinem Rücken, nachdem ich sie wieder auf den Boden gesetzt hatte.

»Es hat mich die ganze Zeit angesehen, und Emma war auf dem Klo, und die Tür war zu ...«

Beruhigend nahm ich sie noch einmal in den Arm.
»Es war riesig, aber der Kopf war klein.«
»Kein Bär?« Tom sah sie fragend an, aber Emma schüttelte nun an ihrer Stelle den Kopf.
»Nein, etwas ganz anderes ... oben ... auf dem Brennholzhaufen ...«
»Vielleicht ein Kojote? Oder ein Wolf?«
Langsam liefen wir rückwärts, ohne das aufgeschichtete Holz aus den Augen zu lassen, aber wieder schüttelten beide den Kopf.
»Nein, ganz sicher nicht. Es sah aus wie eine Katze, nur riesengroß und gelb!«
Endlich hatten wir den Bus erreicht und kletterten erleichtert ins Innere, Laika hatte sich unter dem Tisch zusammengerollt und schlief tief und fest, so schnell konnte sie inzwischen nichts mehr aus der Ruhe bringen. Gemeinsam starrten wir durch die Küchenfenster nach draußen, aber außer der Rauchsäule, die kerzengerade aus dem Kamin unseres Pavillons stieg, konnten wir nichts Ungewöhnliches entdecken.

Emma hatte inzwischen ein Buch über die Tiere Nordamerikas aus dem Regal gekramt, und zusammen mit Paula blätterte sie Seite um Seite durch, studierte Tier um Tier, dann ein Jauchzer: »Ich hab's gefunden!« Paula klopfte mit dem Zeigefinger auf eine Abbildung. Ein Puma stand lauernd auf einem Baumstumpf, den kleinen Kopf zwischen die hohen Schultern gezogen.

Laut begann Emma zu lesen: »*Der Puma, Körperlänge: 100–160 cm, Schwanzlänge: 70–80 cm, Körperhöhe: 65–75 cm, Lebensraum: Der Puma ist von Alaska bis weit nach Südamerika zu finden, in Nordamerika hauptsächlich westlich der Prärieebenen. Gewicht: 30–100 kg. Pumas, die in nördlichen und kälteren Gebieten leben, sind im Allgemeinen größer, begründet dadurch, dass in nördlichen Regionen größere Beutetiere vorhanden sind. Die Hauptbeute der Pumas ist Rehwild, sie sind in dieser Hinsicht allerdings sehr flexibel und jagen von Stachelschweinen, Waschbären bis hin zu Pekaris und Affen so ziemlich alles und haben ausreichend Kraft, sogar erwachsene Elche zu reißen.*«

Wie gebannt starrte sie eine Zeit lang auf die Abbildung, während Paula ungeduldig mit einem Finger auf die Schrift tippte. »Jetzt lies schon weiter!«

»Am aktivsten sind die Tiere in der Dämmerung, antreffen kann man sie aber zu jeder Tages- und Jahreszeit. Im Spätfrühling und im Sommer sind Begegnungen mit dem Menschen am wahrscheinlichsten. Das ist die Zeit, in der sich Jungtiere von der Mutter trennen und eigenes, unmarkiertes Territorium für sich suchen.«
Das hörte sich ja alles ganz plausibel an, und nachdem der erste Schock überwunden war, konnte ich die wachsende Begeisterung in den Augen der Mädchen erkennen.
»Bestimmt war das ein Baby ... ein großes Baby ... auf der Suche nach einem neuen Wohnplatz.« Paula lächelte leise in sich hinein. »Eigentlich hat er ganz süß ausgesehen!«
»Ja, wirklich!« Emma nickte zustimmend. »Können wir nicht noch mal hingehen und gucken, ob er noch da ist?«
»Oh ja, bitte!« Auch Paula hatte sich sogleich mit der Idee angefreundet, und erwartungsvoll standen beide in Gummistiefeln vor der Eingangstür. Skeptisch blickte ich noch einmal auf das Bild der Raubkatze, viel Lust hatte ich nicht, ihr im wahren Leben zu begegnen, andererseits würde ich mich um einiges wohler fühlen, wenn ich wüsste, dass sie wieder in den Wäldern verschwunden war und nicht im Gebüsch dem nächsten Klobesucher auflauerte.
»Nur wenn Papa mitkommt!«
Hoffnungsvoll blickte ich ihn an, und schließlich begann er zu nicken. »Okay, ich gehe mit Laika voraus.«
Tom griff sich die Leine, und nur Minuten später schlichen wir im Gänsemarsch durch die Büsche. Laika hatte ihre Nase auf den Boden gedrückt und witterte nervös, Schritt für Schritt näherten wir uns dem verlassen wirkenden Brennholzstapel. Plötzlich spürte ich Paulas Hand in meiner, ihre Fingernägel bohrten sich in meine Haut, Emma hatte sich an meinen Pullover geklammert, und instinktiv wurden unsere Schritte immer langsamer. Noch fünf Meter, noch vier ... von der einen Ecke des kleinen Daches tropfte Wasser auf das gespaltene Holz, und das regelmäßige Plopp ... Plopp ... Plopp ... dröhnte mir in den Ohren, drei Meter ... ein Rascheln hinter uns im Busch ließ mich zur Salzsäule erstarren, doch nur eine Maus sprang aus dem hohen Gras und verschwand unter den Scheiten ... zwei Meter ... meine Finger wurden kalt ... ein Meter, und plötzlich begann Laika zu bellen und

zu kläffen, laut und immer lauter hallte ihre hysterische Stimme durch den Wald, dann sah ich das Auto. Der weiße Pick-up eines Parkrangers kam um die Ecke gebogen, und Laika knurrte wütend. Ein letzter schneller Schritt, und endlich konnten wir ganz hinter den Holzhaufen blicken, doch ein Puma war nirgends zu sehen.

»Kann ich Ihnen helfen? Ist alles okay?« Der Ranger hatte neben uns gehalten und lächelte uns durch das heruntergekurbelte Fenster freundlich an.

»Ähm ..., haben Sie hier jemals einen Puma gesehen?« Tom schaute ihn fragend an, und der Mann schüttelte seinen Kopf, doch das Lächeln, das gerade noch sein Gesicht geziert hatte, war einem besorgten Ausdruck gewichen.

»Warum fragen Sie?«

»Die Kinder haben einen gesehen, hier auf dem Brennholz.«

»Alles okay?« Er blickte zu den Mädchen, die beide nickten, stellte den Motor ab und stieg aus seinem Wagen. Dann machte er ein paar halbherzige Schritte um das Brennholz, musterte besorgt die Büsche in unserer Nähe.

»Da habt ihr aber wirklich Glück gehabt! Auf einen Puma zu treffen, ist eine Seltenheit und wirklich sehr gefährlich! Bisher hat sich noch nie einer hierher verirrt, aber möglich ist es durchaus ... ihre Reviere sind riesig. Außerdem hat im Frühjahr eine Arbeiterin an einer Baustelle hier ganz in der Nähe einen weiblichen Puma mit Nachwuchs über die Straße laufen sehen.«

»Sag ich doch!«, nickte Paula, als ob sie eine Bestätigung erhalten hätte. »Es war ein Baby!«

Der Ranger holte einen Arm voll Klopapierrollen aus dem Wagen und trug sie ins Klohäuschen. Bevor er wieder in den Pick-up stieg, rief er uns zu: »Passen Sie auf sich auf und lassen Sie die Kinder nicht allein nach draußen ... dann sollte nichts weiter passieren!« Er tippte zum Gruß noch einmal an seinen Hut, und schon rollte der Wagen wieder zurück zur Straße.

Der Eistaucher schrie erneut, sein klagender Laut erhob sich über das stille Wasser, wanderte hinaus bis in die undurchdringlichen Wälder, ich spürte erneut die Gänsehaut und hoffte, dass der Mann damit Recht behalten würde.

24. KAPITEL

EIN ABSTECHER AN DIE KÜSTE NACH HAINES

11. September 2016, USA, Alaska,
Haines, Meilenstand: 230 580

Schon nach dem Frühstück hatten wir uns wieder auf den Weg gemacht, waren durch die vom Herbst in Rot und Gelb getauchten Wälder gerollt und hatten gegen Mittag den auf kanadischem Staatsgebiet liegenden Kluane-Nationalpark erreicht. 2000 Gletscher verteilten sich hier über die Bergregionen mit einer Dicke von bis zu tausend Metern, und wir fuhren auf dem Alaska Highway durch den winzigen Teil des Parks, der mit dem Auto zugänglich war. Einige der Gletscher wuchsen noch immer, hatte ich gelesen, bewegten sich pro Monat um bis zu einen Kilometer, viele andere jedoch schrumpften und verschwanden irgendwann ganz von der Bildfläche. Wir musterten die schneebedeckten Bergzüge in der Ferne, die dichten Wälder, die auch dort in leuchtenden roten und gelben Wellen um die Gipfel flossen, und konnten ganz in der Nähe einige Bergziegen über die kantigen Felsen springen sehen.

Die Begegnung mit dem Puma steckte uns noch immer in den Gliedern, trotzdem hoffte ich, dass es sich um einen seltenen Ausnahmefall handelte. Immerhin hatten wir den ganzen Nachmittag und Abend nichts mehr von dem Tier gesehen, was vielleicht auch daran lag, dass wir die Gegend um das Plumpsklo gemieden hatten wie Vampire das Tageslicht, und ich dankte Gott für unsere in den Bus eingebaute Toilette.

In Haines Junction, wo der Alaska Highway auf den Haines Highway traf, machten wir uns auf den Weg nach Haines, lenkten unseren International in die kleine Sackgasse, die uns über einige der Bergkuppen bis an den Pazifik bringen würde, überquerten zum zweiten Mal die Grenze Alaskas, um auf den schmalen Küstenstreifen zu gelangen, der sich bis etwa zur Mitte von British Columbia an Kanadas Westgrenze entlang erstreckte. Wenigstens ein einziges Mal wollten wir den nördlichen Pazifik begrüßen und den Ausgangspunkt der Grauwale kennenlernen, bevor wir uns wie sie auf den Weg nach Süden machen würden.

Langsam rollten wir durch die hohen Bergtäler, und einsame Schutzhütten, mit einem Stapel Brennholz vor der Tür, ließen uns schon jetzt die extremen Minusgrade des nahenden Winters erahnen. Die Temperaturen konnten hier bis ins Bodenlose sinken, und viele der kanadischen Bergstraßen, unter anderem die Strecke nach Haines, würden in ein paar Wochen nicht mehr passierbar sein. Doch noch schien die Sonne, wenn die Strahlen auch schon sehr an Wärme eingebüßt hatten, und die Temperatur hielt sich noch über zehn Grad, als wir die ersten Häuser von Haines erreichten. Das Örtchen wirkte verschlafen, als wir unseren Bus in Richtung Visitor Center lenkten. Nur wenige Hundert Einwohner verteilten sich zwischen Bergwald und Strand, der einzige Weg, der von Kanada bis hierher führte, endete als Sackgasse, irgendwo zwischen rauschenden Wellen und dichten Wäldern.

Die schmale Straße zum State Park wand sich wie eine Schlange entlang des kleinen Flusses, und der Asphalt, der früher in einem satten Schwarz durch die Sträucher geführt haben musste, war inzwischen porös geworden und von Schlaglöchern durchzogen wie ein Gitternetz. Langsam war unser Bus über den unebenen Boden gerumpelt, immer nah am Wasser des Chilkoot entlang, der sich hier nur wenige Meilen vom Pazifik entfernt wieder in einem großen Becken, dem Chilkoot Lake, staute. Die vielen Felsen am Ufer ließen den See sich an seinen Rändern kräuseln, und der Geruch von Fisch lag satt in der Luft. Bunt schimmernde Körper schnellten entgegen der Strömung aus den Wellen, Seeadler und Möwen kreisten über uns am Himmel, stürzten sich abwechselnd auf die leicht zu fangende Beute, und Fischreste verteilten sich über die gesamte Fahrbahn. Der *salmon run* hatte begonnen.

Doch nicht nur wir hatten staunend dieses besondere Schauspiel beobachtet. Eine Ausflugsladung Touristen hatte sich mit

Kameras und Stativen bewaffnet hinter einem Tour-Bus verschanzt und wartete auf *das* Naturspektakel Alaskas: den Fisch fangenden Grizzly.

Im Schritttempo manövrierten wir unser gelbes Ungetüm an den geparkten Fahrzeugen vorbei und machten uns etwas enttäuscht auf den Weg zum Campingplatz. Haines schien anscheinend doch nicht ganz so verschlafen zu sein, wie das Örtchen anfangs auf uns gewirkt hatte. Unberührte Natur würden wir hier sicher nicht finden, von Wildtieren ganz zu schweigen, aber immerhin musste ich mir so um die Kinder keine Sorgen machen.

Zwischen den dichten Bäumen des Campingplatzes herrschte ein angenehmes Dämmerlicht, als wir uns früh am Morgen auf den Weg ans Wasser machten. Heute stand Angeln auf der Wunschliste der Mädchen, und obwohl ein dichter Wolkenschleier den Himmel bedeckte, sprangen beide voller Vorfreude in Richtung Bootsanlegestelle. Über dem Pfad hing noch feiner Nebel, und das feuchte Moos rechts und links vom Weg verströmte einen leicht modrigen Geruch. Obwohl es für nördliche Verhältnisse schon reichlich spät am Morgen war, ließ sich die Sonne noch nicht blicken. Hohe Bäume säumten den Weg, nur ein leises Rauschen ließ die Nähe eines Flusses vermuten, und hätte ich nicht tags zuvor die Bucht gesehen, so hätte ich es wohl eher für das Säuseln des Windes gehalten.

Warnschilder flankierten uns zu beiden Seiten, von GRIZZLY AREA bis hin zu BEAR SAFETY ZONE, was ich hier jedoch mehr für einen Touristengag hielt als für gefährliche Realität.

Während Emma und Paula voller Vorfreude über den Weg hüpften und sangen, rieb ich mir verschlafen die Augen. Tom neben mir gähnte. Aus der Ferne konnte man den hellen Schrei eines Seeadlers vernehmen, neben uns das Keckern eines aufgeregten Braunhörnchens, das laut schimpfend über den grünlichen Stamm eines Baumes huschte. Ansonsten herrschte eine angenehme Stille im Wald, als würde das viele Moos einen Großteil der Geräusche schlucken.

Plötzlich ließ ein lautes Knacken uns jäh zusammenzucken. Erschrocken fuhr ich herum, starrte in das dichte Gebüsch, und mein Magen sackte mir augenblicklich bis in die Kniekehlen. Was, wenn es nun doch ein Wildtier war? Ein Bär oder ein Puma?

Nein, bestimmt kein Raubtier, versuchte ich mir Mut zuzusprechen ... wahrscheinlich ein Reh, oder noch wahrscheinlicher ein anderer Camper, der auf einen Ast getreten war. Ich hole tief Luft, doch gerade als ich weitergehen wollte, wieder ein Krachen. Ängstlich packte ich Tom am Arm, diesmal war es ganz in der Nähe gewesen.

Angespannt lauschten wir ins Buschwerk, auch Emma und Paula waren stehen geblieben. Ich legte meine Hände auf ihre Schultern und versuchte, die verschiedenen Geräusche zu sortieren. Das Meißeln und Trommeln eines Spechtes, mein keuchender Atem und weit entfernt die leisen Stimmen einiger Camper. War da nicht gerade ein Schnaufen gewesen? Da, die Zweige des Busches direkt neben uns begannen zu wackeln und zu beben, gehetzt sahen wir uns nach einem Fluchtort um. Der schwere und stechende Geruch von wildem Tier lag plötzlich in der Luft.

Da fielen auf einmal Äste zu Boden, Blätter segelten nach allen Seiten, und ein geradezu monströser Kopf schoss aus dem dichten Grün, gefolgt von dem massigen Körper eines ausgewachsenen Grizzlys. Ich schnappte nach Luft, sah die kleinen dunklen Knopfaugen vor mir, das zottige braune Fell, und innerhalb des Bruchteils einer Sekunde rauschten Hunderte von Gedanken durch meinen Kopf: Was, wenn er uns angreift? Wie lange brauchen wir zum Bus? Wie kann ich die Mädchen schützen?

Selbst damals in Kanada war mir der Bär nicht so nahe gewesen, doch in diesem Augenblick hätte ich wahrhaftig nur die Hand ausstrecken müssen, um das dicke Fell zu berühren. Wir blieben wie angewurzelt stehen und hielten die Luft an. Der Bär stutzte bei unserem Anblick, streckte die lange Schnauze in die Luft, seine Nasenflügel blähten sich. Doch dann wendete er im nächsten Moment den Kopf und verschwand mit einem Satz zwischen den hohen Stämmen des dunklen Waldes und war Sekunden später schon nicht mehr zu sehen.

Stille umfing uns. Nur die leisen Geräusche des Waldes waren zu hören. Mein Puls raste, und meine Hände, die ich unwillkürlich in die Schultern der Mädchen gegraben hatte, zitterten.

»Noch nicht bewegen!«, flüsterte ich den Mädchen zu.

Doch Emma begann zu kichern »Ha ... ein Bär ... und das in Alaska!«, stellte sie trocken fest. Dann jedoch klammerte sie sich an meine Hand. »Er kommt zurück!«, flüsterte sie erschrocken.

Dann passierte alles Schlag auf Schlag. Wie erstarrt blickten wir auf das Dickicht, das erneut zu beben begonnen hatte, und im selben Moment, als Tom Paula auf seinen Arm riss, tauchte wieder ein riesiger Schädel zwischen den Blättern auf. Mit einem lauten Schnaufen drängte ein weiterer Bär, etwas kleiner als der erste, die Zweige auseinander, schaute sich gehetzt nach beiden Seiten um und trabte in einem leichten Galopp auf die andere Seite, fast im selben Augenblick stand auch schon der dritte Grizzly vor uns auf dem Weg. Etwas Langes, Unförmiges baumelte aus seinem Maul, lange Speichelfäden rannen von seinen Lefzen, irgendwelche Fetzen schleifte er zwischen den riesigen Krallen seiner Pranken über den Boden mit. Kurz wandte er den Kopf in unsere Richtung, und die Lefzen über den weißen spitzen Zähnen, die sich in die Beute gegraben hatten, schienen zu grinsen, dann verschwand auch dieses Exemplar im grünen Dämmerlicht des dichten Waldes.

»Hast du gesehen, was der im Maul hatte?« Noch immer steif vor Schreck sah Tom mich fragend an, während die Mädchen weiterhin in die Richtung starrten, in der die Bären soeben erst verschwunden waren,

»Eine Schwimmweste!«

Emma und Paula begannen leise und ein wenig nervös zu kichern.

25. KAPITEL
NOCH MEHR BÄREN

12. September 2016, USA, Alaska,
Haines, Meilenstand: 230 580

Nachdem wir uns am Bus ein wenig von dem Schreck erholt hatten, versuchten wir es zwanzig Minuten später mit einem zweiten Spaziergang und gelangten ohne weitere Gefahren bis zur Bootsanlegestelle. Dort standen die Angler, die wie wir ihr Lager im State Park aufgeschlagen hatten, in einem Grüppchen zusammen und sahen uns erwartungsvoll entgegen.
»Habt ihr Bären auf dem Campingplatz gesehen?«
Wir nickten und mussten trotz der Aufregung grinsen. »Sogar welche mit Schwimmweste!«
Ein Angler zeigte auf das hölzerne Gestell an der Böschung, an dem die Schwimmwesten normalerweise angebracht waren. Es sah schwer verwüstet aus, zerrissene Stoffteile, aufgefetzte Nähte und herausquellende Füllungen waren über den ganzen Boden verteilt. Keine Frage, die Bären hatten sich hier zu schaffen gemacht.
Die Männer nickten uns noch einmal zu, und dann begann sich das Grüppchen langsam aufzulösen. Die Männer holten ihre Angeln wieder hervor, die sie wahrscheinlich in Sicherheit gebracht hatten, als die Bären aufgetaucht waren. Angelschnüre wurden aufgewickelt, neue Haken montiert, und gleich darauf schwirrten die bunten Köder um uns durch die Luft. Jetzt, wo die Grizzlys erst einmal verschwunden waren, musste die Zeit genutzt werden, denn niemand wusste, wie lange die Ruhe anhalten würde.
Emma und Paula gesellten sich zu den Anglern, und wieder einmal mussten wir über ihren erlernten Wortschatz staunen. Ohne Probleme plauderten sie auf Englisch mit den Umstehenden über Fischfang, ließen sich Tricks und Kniffe verraten und erzählten von ihren Erlebnissen.

»Wir haben viele Bären in Kanada gesehen ...«, hörte ich Emma berichten, »und so viele Elche!«

Paula nickte bestätigend, und etwas schüchtern fügte sie mit leiser Stimme hinzu: »Und meine Schwester und ich, wir haben einen Puma gesehen!«

Schon immer waren Tiere für unsere Kinder das Thema Nummer eins gewesen, und mit Kescher, Lupenbecher und Bestimmungsbuch konnten sie komplette Tage verbringen, und jedes gefangene Tier, das handlich genug war, wurde zum Bus geschleppt und sollte am liebsten mit uns mit reisen. Inzwischen hatten uns schon Flusskrebse, Hirschkäfer, Kellerasseln und Regenwürmer begleitet, doch nur eine Handvoll Hausfliegen und eine Nacktschnecke waren uns bisher geblieben, und ich hoffte, dass sich das auch weiterhin nicht ändern würde. Vor allem seit sich das Augenmerk der Kinder auf deutlich größere Tiere verschoben hatte.

Während Emma und Paula beim Angeln ihren Spaß hatten, beobachteten Tom und ich weiterhin den Waldrand mit seinem dichten Gebüsch hinter uns. Bisher hatten wir einen üppigen Bewuchs immer als Schutz empfunden, doch heute hätte ich viel dafür gegeben, eine bessere Sicht auf die Umgebung zu haben. So nah am Wasser, zwischen den springenden Lachsen und dem Waldrand, fühlte ich mich doch etwas unwohl, weil ich das Gefühl nicht loswurde, zwischen Beute und Bär zu stehen.

Doch es blieb alles ruhig. Nur das leise Säuseln der Stimmen mischte sich unter das Rauschen des Flusses, wie eine leise Melodie, die schon seit Urzeiten an den Ufern der Flüsse gespielt wurde. Menschen beim Fischfang, Jäger in ihrem Element.

Gedankenverloren spielte ich an einem Grashalm, ließ die glatte Oberfläche durch meine Finger gleiten und musste an zu Hause denken. Wie anders war dort alles ... der kleine Wald hinter dem Haus, in dem man sich geborgen und sicher fühlen konnte. Keine wilden Tiere, die einem Angst einjagten, keine unwegsame Natur, in der man sich verirren konnte. Doch trotz aller Aufregung würde ich momentan nicht tauschen wollen. Selbst in der kurzen Zeit, die wir bis jetzt hier verbracht hatten, war mir gerade diese Wildheit ans Herz gewachsen. Hier, in der unendlichen Weite der Wälder, zwischen Wölfen, Bären und Kojoten, musste man sich an die Gegebenheiten anpassen, sich mit der Tierwelt arrangieren.

Plötzlich wurde meine Aufmerksamkeit wieder gefesselt, drüben, auf der anderen Flussseite, bewegte sich etwas, und automatisch griff ich nach Toms Hand.

Ein braunes Fellknäuel, kaum größer als ein Hund, reckte selbstsicher seine Nase aus den Zweigen, torkelte und rutschte, von zwei Geschwistern geschubst, über den abfallenden Uferrand ins Flusswasser. Das laute Platschen riss auch die Angler aus ihrer Versunkenheit, zum Rückzug bereit lagen alle Blicke auf den planschenden Tierjungen. Nur vage ließ sich der massige Körper der Mutter hinter den Zweigen der dichten Büsche erahnen. Und hätten wir nicht erst heute Morgen die drei ausgewachsenen Grizzlys getroffen, hätte ich mir darüber sicher keine weiteren Gedanken gemacht. So jedoch ließ uns selbst die süße Tollpatschigkeit des Bärennachwuchses nicht die Gefahr vergessen, und wir hielten genügend Abstand, um die Bärin nicht zu reizen.

Übermütig stieg der Kleine, der ins Wasser gefallen war, wieder ins hohe Gras und schüttelte die nassen Tropfen aus dem zottigen Fell, während die anderen Bärenkinder in den Ästen eines Busches turnten. Bis jetzt schien keines davon Interesse daran zu haben, das Ufer zu wechseln. Eines der Jungen hatte gerade einen Fisch gepackt und versuchte, ihn aus dem Wasser zu zerren, doch aufgeschreckt durch ein plötzliches Gerumpel aus unserer Nähe hielt es inne, und der riesige Lachs rutschte mit einem lauten Klatschen zurück ins Wasser. Alle Bären starrten wie gebannt in unsere Richtung.

Hinter uns schwankte ein alter rostiger Pick-up mit quietschenden Federn durch die Schlaglöcher, aus dem offenen Fenster schwappte ein Schwall Country-Musik zu uns herüber »*I'm a lonely guy* ...«. Der Fahrer hob die Hand zum Gruß, als er sich der Aufmerksamkeit aller Umstehenden bewusst wurde. Nachdem er in der Einfahrt des Zeltplatzes verschwunden war, hatten auch die Bären längst das Weite gesucht, und mit einer Mischung aus Enttäuschung und Erleichterung verließen auch wir unseren Beobachtungsposten.

26. KAPITEL
EIN NETTES TREFFEN UND GEFRORENER LACHS

13. September 2016, USA, Alaska,
Haines, Meilenstand: 230 580

Am nächsten Morgen weckte uns wieder strahlender Sonnenschein, und das mystische Dämmerlicht des letzten Tages war einem satten sommerlichen Grün gewichen.

Während auf dem alten Gasofen die Espressokanne fröhlich vor sich hin blubberte, beugten wir uns gemeinsam über die ausgefranste Landkarte und studierten die Umgebung von Haines. Als wir vor zwei Tagen angekommen waren, hatten wir gleich an der ersten Tankstelle, an der wir für wenig Geld unsere Gasflaschen gefüllt hatten, eine nette ortsansässige Familie kennengelernt und uns mit ihnen für den nächsten Abend auf dem Campingplatz verabredet. Helen, eine kleine dunkelhaarige Frau, ihr Mann Philipp, lang, schlaksig und immer lächelnd, und ihre beiden Buben waren auf dem Weg in die Berge und hatten ihren alten Pick-up kurz neben uns gestoppt. Sie wollten in den Bergen Feuerholz schneiden, Beeren sammeln und dann dort übernachten. Danach hätten sie jede Menge Zeit, ließen sie uns wissen. Sie erzählten uns, dass sie direkt neben dem State Park wohnten, den wir uns für eine Übernachtung ausgesucht hatten, nur ein Katzensprung entfernt von ihrem kleinen Häuschen. So wäre es für sie überhaupt kein Problem, am nächsten Tag, wenn sie aus den Bergen zurück waren, einen Spaziergang zu uns herüber zu machen.

Doch waren sie nicht gekommen, und unser Versuch, vom Campingplatz in die kleine Stadt zu laufen, war nach nur wenigen Metern gescheitert. Zu viele Bären hatten das schmale Sträßchen neben dem Fluss zumindest für Fußgänger unpassierbar gemacht, und so hatten wir den restlichen Tag und Abend weitgehend in der Nähe des Busses verbracht.

Ein erster Blick auf die Karte hatte einen weiteren State Park in der Nähe offenbart, und um ein Missverständnis auszuschließen, wollten wir uns dort ein wenig umsehen, vielleicht hatten unsere neuen Bekannten uns ja an dem anderen Ort vermutet. Jetzt suchten wir nach der passenden Verbindungsstraße, und nach einem Schluck heißem Kaffee machten wir uns, diesmal in der schützenden Hülle unseres gelben Schulbusses, auf den Weg in die Stadt.

Noch immer waren die Bären nicht verschwunden. Neben der Straße planschten einige im seichten Wasser, grapschten nach Fischen oder vertrieben die Möwen von ihrer angenagten Beute. Selbst das laute Tuckern unseres Dieselmotors schien sie kaum zu stören, und wie schon so oft musste ich mich unwillkürlich fragen, wie die Kinder hier in der Gegend ohne Gefahr aufwachsen sollten. Allein im Wald spielen, wie das Emma und Paula bei uns zu Hause mit Vorliebe machten, schien mir hier auf den ersten Blick unmöglich zu sein. Mit Fragen über Fragen im Kopf zu den vielen Ängsten, die mich immer wieder beeinträchtigten, den Gefahren, die überall lauerten, und der damit verbundenen Einschränkung der Freiheit der Mädchen, blickte ich aus dem Fenster und hätte gern gewusst, wie Helen damit umging. Schon bald rauschten die ersten Häuser vorüber, darunter die Brandung des Pazifiks, die sanft über das Ufer rollte, abgemildert durch die Landzunge, die die Stadt von der offenen Küste trennte.

Vereinzelte Boote lagen auf dem spiegelglatten Wasser, auf dem Bug einer blau-weiß gestrichenen Schönheit prangte der Name Bavaria, dahinter sah ich die schneebedeckten Gipfel eines Höhenzuges, der das Hafenbecken gen Westen begrenzte. Einige Fischer hatten begonnen, ihren morgendlichen Fang zu entladen, und das laute Gekreische der Möwen begleitete uns noch lange, nachdem wir den Hafen hinter uns gelassen hatten.

Zum zweiten State Park waren es nur einige Meilen. Schon bald erreichten wir das andere Ende der Gemeinde und lenkten den Schulbus langsam durch die engen Gassen der angrenzenden Wohnsiedlung. Falls wir uns nicht im Park geirrt hatten, mussten Helen und Philipp hier irgendwo wohnen.

Wie Detektive musterten wir die einzelnen Häuser und überlegten, welches wohl zu unseren neuen Bekannten passen würde. Die zierliche, resolute Frau war mir auf Anhieb sympathisch gewesen. Zusammen mit ihrem Mann, der als Pfleger arbeitete, unterrichtete sie ihre halbwüchsigen Söhne zu Hause – in einem kleinen, selbst gebauten Holzhäuschen mit nur zwei Zimmern, das zwischen die sanft wiegenden Stämme alter Douglasien geschmiegt dastand.

Tom wies auf eine Reihe hoher Bäume, und kurz darauf entdeckten wir auch schon ihr Auto. Der hellblaue Pick-up mit dem selbst gebauten Dachträger aus Holz leuchtete von Weitem aus dem dichten Grün der Büsche. Dahinter blockierten mehrere zum Teil zerlegte Fahrzeuge die Einfahrt, zwischen denen ein schmaler Weg in den hinteren Teil des Gartens führte. Einige alte Fahrräder und ein Skateboard lagen versteckt im hohen Gras. Aus einem hölzernen Verschlag zwischen zwei Bäumen war deutlich das laute Geschnatter einiger Gänse zu hören, außerdem passierten wir einen Hühnerstall und einige abgeerntete Gemüsebeete.

Philipp, der uns gehört haben musste, kam uns auf einem engen Trampelpfad entgegen, grinste wie bei der ersten Begegnung von einem Ohr zum anderen und bugsierte uns in Richtung Holzhütte. Von der Straße aus war das Häuschen kaum zu sehen gewesen, jetzt, nach einem kurzen Weg durch dichtes Gestrüpp, konnten wir einen ersten Blick darauf werfen. Eingerahmt von einer überdachten Veranda ragte das zweistöckige Gebäude wie ein schmaler Turm aus der Wildnis, große unterschiedliche Fenster lugten wie Augen aus der gedoppelten Bretterwand.

Zwei Hunde kamen schwanzwedelnd auf uns zu und begleiteten uns aufgeregt bis zu der hölzernen Treppe. Vorsichtig bahnten wir uns einen Weg durch die Stapel von Kisten, Mänteln und Schuhen, die sich kreuz und quer unter dem Vorbau verteilten und den Eindruck erweckten, als stünde in Kürze ein Umzug bevor. Die Haustür war einladend geöffnet, und trotz der sommerlichen Wärme erwartete uns im Inneren ein gemütlich knisterndes Holzfeuer. Der Teekessel, der auf dem großen Küchenherd stand, dampfte verlockend.

Helen kam uns strahlend entgegen und schloss uns begeistert in die Arme: »Wir haben euch gestern gesucht!« Sie deutete aus dem Haus auf den nahe gelegenen State Park. »Aber wir konnten euch nirgendwo finden!«

Dann begann sie mit ausladender Gestik von ihrem Ausflug in die Berge zu erzählen: dem vielen Feuerholz, das jetzt gesägt und gestapelt nur noch auf den Abtransport wartete, der ausgiebigen Beerenernte und den vielen wilden Tieren. Neben ihr, auf einer aus dicken Bohlen gezimmerten Bank, standen mehrere Körbe voller praller Blaubeeren, die sie und ihr Mann während des Erzählens in einzelne Päckchen für die Gefriertruhe abfüllten.

»Wir verdienen nicht sehr viel, da ist es gut, die Natur zu haben. Im Sommer gibt es immer frische Beeren, Pilze, Gemüse aus dem Garten und Fisch. Im Winter dann Eingemachtes und Geflügel. Viel Arbeit, aber das ist es uns wert!« Das Lächeln, das um Helens Lippen spielte, wirkte tatsächlich zufrieden. »Auch wenn der Winter lang ist und der Sommer kurz, wir packen alle mit an und können viel Zeit miteinander verbringen, das ist uns das Wichtigste.«

Philipp nickte. »Eric«, er deutete auf seinen dreizehnjährigen Sohn, »ist fürs Fischen zuständig, und Toby«, er wies auf den Jüngeren, »hilft im Garten und beim Geflügel.«

Und schon waren die beiden Jungs mit Emma und Paula im Nebenzimmer verschwunden. Sie hatten ihr gemeinsames Interesse für Insekten entdeckt und rannten bald darauf in den Garten, um nach den hier ansässigen Gottesanbeterinnen zu suchen. Unter dem wütenden Zischen eines alten Gänserichs zwängten sie sich durchs Buschwerk, jagten sich gegenseitig um die Gehege, und ihr aufgeregtes Gekicher war bis in die Wohnküche zu hören. Unterdessen hatten wir es uns auf dem großen Sofa bequem gemacht und schlürften mit Philipp und Helen heißen Yogi-Tee, dessen würziger Duft sich im ganzen Zimmer verteilte. Auf dem Tisch warteten Räucherlachs, Ziegenkäse und selbst gebackenes Brot, das mich verdächtig an Deutschland erinnerte. Philipp, dessen Eltern noch immer in der Nähe von Hamburg wohnten, war erst vor fünfzehn Jahren nach Nordamerika gekommen und hatte sich, als er damals Helen kennenlernte, ganz für Alaska als seine neue Heimat entschieden.

»Habt ihr keine Probleme mit den vielen Bären?« Nach unseren Erlebnissen im State Park musste ich die Frage einfach stellen, auch wenn ich mich dabei wie eine naive Touristin fühlte.

Doch Philipp schüttelte den Kopf. »Nein, bis jetzt nicht. Zwar haben uns erst letzte Woche zwei kleine Bären ein paar Äpfel aus dem Hausgang stibitzt, aber das war alles.«

»Und was ist mit den Kindern? Können die Jungs überhaupt allein draußen spielen?« Ich blickte ängstlich durch das große Panoramafenster in den Garten, wo alle vier Kinder noch immer quietschvergnügt über die Wiese tobten.

»Natürlich. Es ist eigentlich eher selten, dass man im Wald auf Bären oder andere Wildtiere trifft, die hören einen sofort und machen sich in aller Regel aus dem Staub. Außerdem halten sich die meisten sowieso am Wasser auf, und da passen die Kinder auf. Es ist gar nicht so gefährlich, wie man sich das vielleicht vorstellen mag. Und wenn man doch mal auf einen Bären trifft, ist es meist nur riskant, wenn Junge im Spiel sind.« Philipp zuckte nachsichtig mit den Achseln. »Und selbst da will die Mutter sich auch nur verteidigen. Im schlimmsten Fall haut sie mal drauf und macht sich dann aus dem Staub.«

Ich musste schlucken und wollte lieber nicht gründlicher darüber nachdenken, was das »mal draufhauen« wohl für Folgen haben würde, von den langen Klauen ganz zu schweigen.

Da fuhr Philipp auch schon fort: »Außer du triffst einen verhaltensgestörten Bären ... die gibt es schon auch hin und wieder ... zuletzt in Kanada, kannst du dich erinnern, Helen?« Unter dem zustimmenden Nicken seiner Frau berichtete er: »Zwei Schweizer hatten dort eine kleine Blockhütte, und ein Bär ist direkt durchs Fenster ins Haus eingestiegen. Das Pärchen ist nach draußen geflüchtet und hat sich im Auto in Sicherheit gebracht.«

Ich schaltete auf Durchzug, zu viele Horrorgeschichten hatten wir schon gehört, bei denen ich mich fragte, wie viele wohl den Zweck hatten, den Touristen einen zusätzlichen Abenteuer-Kick zu verpassen. Nur die letzten Worte drangen wieder in mein Bewusstsein: »... erschoss er nicht nur den Bären, sondern verletzte auch seine Frau tödlich.« Na bravo, das war genau das Ende, das ich hören wollte, aber Philipp hatte meine Verstörung bemerkt und lächelte entschuldigend. »Ich weiß, solche Geschichten sollte man nicht erzählen. Passiert auch wirklich eher selten!«

Dann deutete er auf den Lachs vor uns auf dem Tisch, um das Thema zu wechseln. »Solltet ihr wirklich probieren, unser Nachbar räuchert selbst, das ist der beste Lachs weit und breit!« Appetitlich angerichtet lag er auf dem Teller, und sein Duft ließ uns das Wasser im Mund zusammenlaufen. Nur die Mädchen, die inzwischen wieder ins Haus gekommen waren, musterten etwas skeptisch die sich ablösende weißliche Haut.

»Schmeckt nach Schinken!«, sagte Emma, als sie schließlich beherzt probierte. »Ist der alt?« Ich verschluckte mich fast, aber Emma redete auch schon weiter: »Die Angler haben gesagt, die Alten kann man zwar mit der Hand fangen, aber nicht mehr essen, die sehen auch schon ganz schimmelig aus.« Dabei deutete sie auf die helle Haut.

Philipp fing lauthals an zu lachen. »Der ist frisch geangelt und frisch geräuchert.« Er grinste, doch dann fügte er mit ernsterer Miene hinzu: »Und ganz recht hatten deine Angler nicht! Die alten Lachse kann man schon essen, sie schmecken bloß nicht mehr ganz so gut, und das Fleisch ist weicher. Die Indianer zum Beispiel haben alle Fische gegessen, die sie gefangen haben, egal, wie alt sie waren.«

Immer noch kritisch, nahm Emma ein weiteres winziges Stückchen und steckte es sich in den Mund. Paula dagegen schien mutiger und hungriger zu sein, und innerhalb weniger Minuten verschwand ein Riesenstück Räucherlachs in ihrem Mund, zurück blieben nur die fettigen Finger.

Erst am späten Nachmittag verschwendeten wir die ersten Gedanken an einen Aufbruch. Helen brachte ein großes Paket aus dem Nebenzimmer und drückte es mir zum Abschied in die Hände.

»Der ist für euch, unser bester Lachs. Den hat Eric erst letzte Woche gefangen. Ihr müsst ihn nur ausnehmen und filetieren, das ist kinderleicht.« Philipp legte den Arm um seine Frau und lächelte schief, als er unsere Unsicherheit sah. Dann nahm er den gefrorenen Lachs an der Schwanzflosse und deutete auf den Ansatz des Rückens. »Einfach hier einschneiden und an den Rippen entlang nach unten schaben.«

Einen Tag später und hundert Meilen entfernt, wieder im Yukon-Territorium und zurück in der Nähe von Haines Junction, wohin wir über die Sackgasse, die nach Haines führte, zurückgekehrt waren, hielt Tom ratlos das Messer in der Hand. »Wo soll ich noch mal entlangschneiden?« Er sah mich fragend an, und auch ich betrachtete skeptisch den glitschigen Fisch. Die Gedärme hatten wir mit einem lauten Platschen in den See geworfen, doch mit dem Filetieren kamen wir nicht weiter.

»Von der Schwanzflosse in Richtung Kopf an den Rippen entlang«, wiederholte ich die Worte von Philipp und war gleichzeitig froh, es nicht selbst machen zu müssen. Toms Hände trieften von schleimiger Haut, Fischschuppen und Blut.

Etwas unruhig musterte ich immer wieder die Umgebung. Der Zeltplatz, auf dem wir uns gerade häuslich niedergelassen hatten, lag am Rande des Kluane-Nationalparks, einer der bärenreichsten Gegenden Kanadas. Schon an der Einfahrt hatten wir ein großes Schild entdeckt: CAUTION BEARS IN AREA, und auch wenn ich solche Warnungen bis vor Kurzem noch mit einem Schulterzucken in den Wind geschlagen hatte, so war ich nach unseren Erfahrungen in Haines doch wieder etwas nervöser geworden.

Immerhin sollte sich die größte Grizzly-Population des ganzen Yukon hier im Kluane-Nationalpark aufhalten, und schon allein die Vorstellung machte mir zu schaffen. Die Spuren im sandigen Ufer des Sees ließen darüber auch keinen Zweifel aufkommen. Überall waren Kratzspuren zu finden, selbst an den Stämmen der unmittelbar umstehenden Bäume, noch dazu frische Losung, wohin das Auge blickte, und wir standen hier am Wasser, mit einem frischen Fisch in der Hand, und veranstalteten ein blutiges Gemetzel.

Langsam zog Tom jetzt das Messer nach unten. Gräten krachten, ein erstes unförmiges Stück Fischfleisch fiel auf den bereitgestellten Teller. Wieder setzte er das Messer an.

»Wie lange brauchst du noch?« Nervös begann ich mit einem Stöckchen in den Händen zu spielen.

Der Geruch des zerlegten Fisches musste inzwischen bis in die hinterste Ecke des Waldes gedrungen sein, wahrscheinlich war es nur noch eine Frage der Zeit, bis das erste Wildtier auftauchen würde.

»Keine Ahnung.« Tom schnaubte. »Ist nicht so einfach, wie du siehst!«

Ein zweites, handtellergroßes Stück landete auf dem Teller, dann noch ein drittes, und nachdem auch der klägliche Rest des Fisches im Wasser des Sees verschwunden war, hasteten wir erleichtert in Richtung Schulbus. Nur Minuten später brutzelte das erste Stück Lachs in heißer Butter, und die Stimmung entspannte sich.

Die Tür des Busses war fest verrammelt, und der Duft gebratenen Fisches verbreitete sich im Inneren, während die gekochten Kartoffeln schon auf den Tellern dampften. Auch wenn die Filets nicht perfekt aussahen, so erfüllte uns ihr Anblick doch mit Stolz. Selbst ausgenommen und zerlegt, unsere erste Beute, auch wenn wir sie nicht persönlich gefangen hatten. Mit ein bisschen Glück wären wir in der Wildnis fast schon überlebensfähig. Auch Emma und Paula, noch am ersten Bissen kauend, begannen mit glühenden Augen zu planen.

»Wir machen das ab jetzt so wie Helen und Philipp. In Zukunft fangen wir die Fische, und ihr macht alles andere!«

Ich musste lachen und auch Tom grinste. »Okay«, stimmte er zu, »wir machen den Rest, aber nur, wenn ihr uns vor den Bären beschützt!«

27. KAPITEL
HUSKYGEHEUL UND POLARLICHTER

16. September 2016, Kanada,
Yukon-Territorium, Boyleville, Meilenstand: 230 876

Leises Hecheln erfüllte die Luft, der Kies knirschte unter den rollenden Reifen, ansonsten herrschte Stille. Stille, nur kurz unterbrochen durch die trompetenartigen Laute einer großen Schar Kanadagänse auf dem Weg in den Süden. Die ersten Strahlen der Sonne spitzten langsam über den Horizont, und das Leuchten der letzten Sterne verblasste zu einem angenehmen Dämmerlicht.

»*Gee!*« Ich hörte Gerry ein Kommando rufen, und die achtzehn Schlittenhunde, die vor uns über den Boden hasteten, bogen nach rechts, dann plötzlich bremste er das Quad, das bei Schneemangel zum Training genutzt wurde, auf Schrittgeschwindigkeit herunter. »*Whoa, stopp!*«, und die Huskys blieben stehen.

»Es ist noch zu warm, in solchen lauen Luftzügen müssen wir eine Pause einlegen, sonst überhitzen die Hunde«, erklärte er Emma und Paula, und tatsächlich spürte ich einen beinahe warmen Lufthauch an meiner gefrosteten Nase, während die dampfenden Fellknäuel Wasser aus einer Pfütze schlabberten. Doch nur wenige Minuten später ging es schon wieder weiter, und in einer angenehmen Geschwindigkeit flogen wir zwischen den dichten Büschen des Yukon hindurch, immer weiter, ein Stück entlang der Straße, bevor wir durch die Bäume eines Birkenwäldchens rollten.

»*Haw!*« Und schon ging es links um die Kurve. Die Kommandos in der Eskimosprache, hatte uns unser Freund erklärt, konnten die Hundeohren leichter unterscheiden, weit besser als deren deutsche Synonyme, noch eine letzte Kurve und viel zu früh für unseren Geschmack erreichten wir Boyleville, sahen die hohen Zäune des *dogyards* vor uns zwischen den Büschen auftauchen.

Welcome!: Frankie, unser neues Zuhause für das nächste Jahr

Frankies Stellplatz während des Ausbaus, der ganze neun Wochen gedauert hat, in der Garageneinfahrt von James und Mia

Laika, geschmückt mit einer Löwenzahnkrone

Zwanzig Quadratmeter Gemütlichkeit oder jede Menge harte Arbeit

Paula, Christine (das Nachbarsmädchen) und Emma – eine wunderbare Freundschaft, die bis heute anhält

Von der Schule befreit macht das Lernen erst richtig Spaß. Paula und Emma arbeiten konzentriert an den mitgebrachten Schulaufgaben.

Eindrücke im Minutentakt: Paula beobachtet die vorbeiziehende Natur vor dem Busfenster, fasziniert von der ihr unbekannten Weite und Vielfalt.

Unterwegs auf dem Alaska Highway: Bunt verfärbte Wälder im Spätherbst leuchten in den schönsten Farben.

Gemeinsam in der Einsamkeit: Emma und Paula erkunden einen Campingplatz im wilden Yukon-Territorium.

Trotz vieler Pannen unverwüstlich: Hier wartet Frankie, schon teilweise zerlegt, auf den Einbau einer neuen Wasserpumpe.

Auf dem Rücken der Pferde einer einsam gelegenen Farm wagen wir uns mehrere Stunden in die Wildnis um Whitehorse/Yukon-Territorium.

Leo (der Sohn von Gerry und Darcy) übt das »Mushing« mit Emma und Paula.

Paula und die Huskywelpen: gemeinsames Training in einem frisch ausgehobenen Graben

Achtzehn Huskys ziehen Gerry und die Mädels auf einem Quad durch die noch schneefreie Natur um Boyleville.

Mit dem Motorboot auf dem Yukon River und zu Hause bei Gerry und Darcy

Gerry und Darcy, kurz vor unserer Weiterfahrt nach Alaska

Über schmale Schotterpisten durch unwegsame Wälder: Ausblick auf den nur im Sommer befahrbaren Top of the World Highway

Ein letzter Einkauf vor der Einsamkeit im General Store von Dawson City, einer Goldgräberstadt mit ganz speziellem Charme

Endlich Alaska: weite Flusstäler, Berggipfel und unberührte Natur

Schlammbad Dalton Highway – eine gefährliche Rutschpartie bis hoch in den Norden Alaskas

Ein Lagerfeuer im breiten Flusstal des Gerstle River/Alaska: Emma und Paula sorgen für das passende Brennholz.

Die unglaubliche Tierwelt Alaskas: Bisons, keckernde Braunhörnchen, Weißkopfseeadler oder Elche – unerwartete Begegnungen überraschen uns tagtäglich.

Eine Grizzlymutter und ihr Nachwuchs verlassen den schmalen Fluss Chilkoot, nachdem sie nicht weit von uns einige Lachse verspeist haben.

Into the Wild: In Alaska fährt uns Frankie durch kilometerweite Einsamkeit, in der man kaum eine Menschenseele trifft.

Bei Sherri in Kamloops: beim Kraulen ihrer Schweine, auf dem Rücken der Pferde und am Flussufer hinter ihrem Haus

Eine einsame Blockhütte in den Wäldern Kanadas – fast so gut wie Frankie

Besuch in der Küche: Sherri, Gary und Emma werden von zwei Pferden überrascht.

Auf unserem Weg zurück nach Süden landen wir kurz vor einem herbstlichen Schlechtwettereinbruch an diesem einsamen Flussufer.

Auf dem Weg durch hohes Gras und dichtes Gebüsch: eine Wanderung durch Bärengebiet zu Liz und Roger, unseren neuen Freunden

Bester Ausblick auf den Columbia River von Liz' und Rogers Terrasse

Liz und Roger, die wir so ins Herz geschlossen haben, und ihre fünf Hunde

Camping am Columbia River: Paula und Tom sorgen für genug Brennholz, damit wir die kalten Novembertage überstehen.

Ein Regenbogen zum Abschied über Frankie. Marcus Island, wir werden dich vermissen.

Frankie wirkt wie ein Spielzeug zwischen den monströsen Felsen des Valley of Fire in der Nähe von Las Vegas/Nevada.

Ein Bighorn-Bock beobachtet uns und unseren Bus aufmerksam.

Kostenloses Campen zu Silvester auf Bureau-of-Land-Management-Gelände bei Las Vegas

Emma auf der Suche nach versteckten Tieren

Die Kälte kommt wieder näher – kurze Pause im Piute State Park/Utah.

Eine Höhle zum Spielen, National Forest, Leeds/Utah

Emma und Paula sammeln trockene Blütenstängel.

Salt Lake Desert: Auch Wüsten können eisig sein.

Weihnachtlicher Frankie nach einem Schneesturm in Leeds

Endlich Wärme! Emma und Paula toben in den Sanddünen der Mojave-Wüste/Kalifornien.

Auf dem Weg nach Süden: ein Abstecher zum Joshua-Tree-Nationalpark

Frankie und Tom in der einsamen Weite der Mojave-Wüste

Joshua trees, wohin das Auge blickt

Der Sommer hat uns wieder – Sandstrand und Palmen in Baja California/ Mexiko.

Emma und Paula sammeln Datteln.

Fidel, unser Lieblings-Campingplatzbesitzer, zusammen mit Tom

Was braucht es schon zum Glücklichsein? Emma und Paula suchen im Sonnenuntergang nach Muscheln vor Fidels El Pabellón.

Bei einem Spaziergang in Loreto sonnt sich eine Echse auf Paulas Schulter.

Farbenfrohe Waren in den Straßen von Loreto

Ojo de Liebre: Frankie am mystischsten Ort unserer Reise, der Bucht der Wale

Abschied vom Süden: goldene Gipfel über den dunklen Dächern der Stadt. Loreto, wir kommen wieder!

Vor zwei Tagen hatten wir zum zweiten Mal das Zuhause von Gerry, Darcy und Leo erreicht, unseren letzten Zwischenstopp, bevor wir uns auf den Weg nach Süden machen wollten, und zum zweiten Mal würde es uns schwerfallen zu gehen. Vor allem die Kinder widmeten sich noch immer voller Begeisterung den knapp fünfzig Hunden und ließen sich trotz unserer Weigerung, einen Schlittenhund mitzunehmen, nicht in ihrer Planung beirren.

»Was meinst du, wie weit kann man sich von nur einem Hund ziehen lassen?« Selbst nach dem Abspannen der Zughunde wich Emma Gerry nicht von der Seite.

»Hm ...« Er überlegte und zeigte dann auf das kleine Gästeblockhaus, das circa hundert Meter entfernt lag und das vor einer Woche seine Eltern aus Deutschland bezogen hatten. »Vielleicht bis dort hinten?«

»So wenig nur?« Überrascht schüttelte Emma den Kopf. »Dann brauche ich ja mindestens drei bis vier Hunde! Welche verkaufst du denn?«

Ich schüttelte den Kopf und seufzte, Tom legte seine Hand auf Emmas Schulter. »Wir können keine Huskys mitnehmen, wir fahren jetzt doch erst einmal in den Süden ...«

»Macht doch nichts, Fred hat die Hitze auch gut ausgehalten!«

Das Bild unseres vor zwei Jahren gestorbenen Huskymischlings tauchte vor meinen Augen auf. Fred hatte uns durch die ganze Welt begleitet, und obwohl er zu Beginn extrem wasserscheu gewesen war, hatte er schnell gelernt, seine Temperatur in den kalten Flüssen und Seen zu regulieren.

»Ja, da hast du recht, aber wir können unmöglich hier Huskys kaufen und dann auch noch den Flug für alle bezahlen, immerhin müssen wir demnächst zurück nach Deutschland!«

»Dann bleiben wir halt hier, dann kann ich ja gleich *handler* werden!«

Gerry hatte uns erzählt, dass er einen neuen Helfer für seine Huskys suche und dafür eine Annonce geschaltet hatte. Bis jetzt hatte sich nur eine junge Frau gemeldet, und Emma rechnete sich gute Chancen aus. Ich holte tief Luft. Dass es leicht werden würde, hatte ich nie gedacht, aber dass sie so verbissen an ihren

Vorstellungen festhalten würde, damit hatten wir alle nicht gerechnet, und wir hatten nicht vor, ihren Traum auf einen Schlag zu zerstören.

»Ein paar Tage können wir auf jeden Fall noch bleiben, dann sehen wir weiter!«

Auch Gerry nickte grinsend, und Emma schnappte sich jubelnd eine Schaufel, um die vielen Kothaufen der Hunde aus dem Gehege zu sammeln, während sich Paula mit Leo im Bus verschanzte. Sollten die Kinder doch ihren Spaß haben.

Einige Stunden später jedoch schien die Stimmung schon zu schwanken. Emma saß bibbernd vor unserem kleinen Ofen und starrte in die rot glühenden Scheite. Heute hatte die Temperatur zum ersten Mal die Null-Grad-Marke unterschritten, und draußen herrschte leichter Frost.

»Wie kalt wird es hier denn im Winter?« Paula hatte sich ein Kissen vom Bett gezogen und kuschelte sich neben ihre Schwester.

»Na ja, so minus dreißig oder vierzig Grad.«

»Und wie kalt ist es jetzt?«

»Minus ein Grad.«

Es war still im Bus, keiner sagte ein Wort, nur das leise Knacken des brennenden Holzes und der Duft nach heißer Schokolade erfüllte den Raum.

»Und in Mexiko?« Nach fast zehn Minuten sah mich Emma fragend an.

»Da bleibt es warm, teilweise bis über zwanzig Grad.«

Wieder Stille, und als ich schon davon überzeugt war, beide wären eingeschlafen, kam ein Flüstern aus dem Kissenberg. »Gibt es in Deutschland auch Huskys?«

»Klar.«

»Okay ... dann kaufen wir uns eben da einen Husky und fahren jetzt nach Mexiko!«

»Na, wir werden sehen!« Ich lächelte.

»... wenigstens ans Meer ...«

»Das ganz bestimmt!«

Erschöpft krochen beide kurz darauf ins Bett, während Tom und ich noch einmal nach draußen kletterten und in den eisigen Himmel starrten. Ein grünes Leuchten wanderte wellenförmig über den Horizont, tanzende Polarlichter tauchten die Nacht in ein gespenstisches Licht, und die Huskys begannen wild zu heulen.

28. KAPITEL
AB IN DEN SÜDEN

20. September 2016, Kanada, British Columbia,
Cassiar Highway, Meilenstand: 231 256

»Habt ihr das gesehen?« Fassungslos starrte Tom auf sein Frühstücksbrot, von dem ein ganzes Stück fehlte, Emma und Paula kicherten, und auch ich begann zu lachen.

»Unglaublich!« Zusammen starrten wir in den Baum, in den sich der Räuber verzogen hatte, der dicke Vogel jedoch ließ sich nicht aus der Ruhe bringen. Genüsslich verschlang er das Stück Brot mitsamt Salami, musterte uns eine Zeit lang, bevor er zurück auf den Tisch flog und gierig auf Toms Frühstück starrte.

»Nichts da ...« Schützend hielt Tom seine Hand davor, während der dicke Grey Jay, ein Meisenhäher, immer näher kam und ihn mit schief gelegtem Kopf ansah.

»Erinnert ihr euch noch an Peaches?« Tom hatte zu grinsen begonnen, und wir nickten, ebenfalls belustigt. Schon auf unserer letzten Reise hatte er sich einen Vogel zum Feind gemacht. Damals hatte er eine Schüssel über unseren Kuchen gestülpt, als der dreiste Dieb davon fressen wollte, und damit das Kriegsbeil ausgegraben. Peaches, ein bunter Wellensittich, der sich zusammen mit seinem Besitzer von Kanada aus auf die Suche nach dem Sinn des Lebens gemacht hatte, verstand in puncto Fressen absolut keinen Spaß, und jedes Mal, wenn Tom danach in seine Nähe kam, stürzte er sich unter Kampfgeschrei auf ihn und begann, ihn zu zwicken.

Mit einem resignierenden Lächeln zerkrümelte Tom das Brot für unseren Gast auf dem Tisch, anscheinend hatte die Erinnerung ihn umgestimmt. »Bitte, bedien dich, aber die Salami kriegst du nicht!«

Von Whitehorse aus waren wir die letzten Tage in Richtung Osten aufgebrochen und hatten in der Nähe von Watson Lake fast schon die Grenzen des Yukon-Territoriums erreicht. Morgen würden wir, zurück auf dem Cassiar Highway, direkt in Richtung Süden aufbrechen und wären somit wieder zurück in British Columbia.

Nach der ersten frostigen Nacht bei Gerry und Darcy waren die Temperaturen kaum mehr gestiegen und hatten sich tagsüber auf unter zehn Grad eingependelt, inzwischen konnten wir es kaum noch erwarten, wieder in etwas wärmere Gebiete zu gelangen. Bis dahin besserten wir tagtäglich unseren Holzvorrat auf und heizten von früh bis spät unseren kleinen Ofen, aßen heiße Suppe und tranken Tee.

Emma und Paula waren zurück in den Bus gestürmt und hatten sich jede eine Scheibe Toastbrot stibitzt, das sie jetzt voller Begeisterung an den Vogel verfütterten, zu dem sich inzwischen schon ein zweiter gesellt hatte. Tom und ich studierten derweil die Straßenkarte Kanadas. Eine Weile hatten wir überlegt, ob wir diesmal den Alaska Highway über die Rockys nehmen sollten, waren dann aber wieder zu unserer alten Strecke zurückgekehrt. Immerhin war es höchst wahrscheinlich, in den Bergen auf Schnee zu stoßen, und unser Bus war ausschließlich mit Sommerreifen ausgestattet, die dazu noch ziemlich abgefahren waren. Eine Rutschtour auf glatten Straßen schien uns nicht sehr erstrebenswert, also war uns nichts anderes übrig geblieben, als denselben Weg nach Süden zu nehmen, über den wir erst vor ein paar Monaten gekommen waren. Trotzdem freuten wir uns auf das einsame Stück Strecke, auf die schönen Plätze und die letzte Ruheperiode vor den großen Städten.

Am nächsten Morgen jedoch hielten wir erstaunt inne. GAME CONTROL stand auf einem riesigen Schild zu lesen, das den Beginn des Cassiar Highways markierte, daneben die Fahrzeuge mehrerer Ranger, die unseren Schulbus skeptisch musterten.

»Was für Spiele wollen die denn kontrollieren?«

Paula hatte die Aufschrift übersetzt und sah mich fragend an, doch Tom, der nach vorne aus dem Fenster starrte und den Bus um die Kontrollstelle lenkte, war mit seiner Antwort schneller: »*Game* heißt hier nicht Spiel, sondern das Wort benutzen die Amerikaner auch als Bezeichnung für Großwild ... soviel ich weiß, wurde die Jagdsaison für Elche eröffnet, und hier an dieser Stelle werden wohl die erlegten Tiere kontrolliert.«

»Find ich blöd!« Paula hatte die Arme vor dem Bauch verschränkt, und auch Emma schaute finster nach draußen. Ich konnte es ihnen nicht verübeln. Auch mir lagen die Jagdcamps nicht, die wie Unkraut aus dem Nichts gewachsen waren. Auf nahezu jeder freien Fläche neben der Fahrbahn fanden sich Zelte, Wohnmobile oder Quads, daneben die frisch aufgestellten Wegweiser für die zahlreichen Jäger, die mir fast mehr Angst machten als jedes Raubtier. Gerade in Kanada hatte ich einen derartigen Massenauflauf nicht erwartet, erst vor ein paar Tagen hatte ich gehört, wie eine ganze Gruppe Einheimischer über die schießwütigen Amerikaner schimpfte, die selbst auf dem Beifahrersitz immer ein geladenes Gewehr dabeihätten, um sich im Notfall verteidigen zu können. Doch auch hier konnte man nicht gerade über einen Mangel an Waffen klagen.

Unser alter Lieblingsplatz am Fluss, in dem wir vor einigen Wochen die Beretta gefunden hatten, war ebenfalls den Jägern zum Opfer gefallen, mehrere Wohnmobile hatten sich dort versammelt, und auf den Pick-ups, die daneben geparkt waren, stapelten sich die Kühlboxen für das frische Fleisch. Enttäuscht krochen wir an der Einfahrt vorbei, doch weit wollten wir eigentlich nicht mehr fahren. Immerhin waren wir schon mehrere Stunden unterwegs gewesen, und jetzt war es eindeutig Zeit für einen kleinen Spaziergang, einen Kaffee in der spärlichen Sonne und ein knisterndes Lagerfeuer. Beinahe trotzig lenkten wir Frankie in den nächsten Waldweg, folgten den ausgefahrenen Spurrillen und landeten auf einem kleinen Platz auf der anderen Seite des Flusses, nur wenige Hundert Meter Luftlinie entfernt von den campierenden Jägern – und hofften das Beste. Für die letzten Stunden des Tages und eine Nacht würde es wohl gehen.

Der erste Schuss knallte, als ich gerade meine Kaffeetasse nach draußen tragen wollte. Eine Kugel pfiff durchs Unterholz, dann noch eine, begleitet vom Scheppern einiger Dosen und klirrendem Glas. Laika, die gerade um den Platz schnüffelte, verschwand mit einem Satz im Inneren unseres Busses und verkroch sich unter dem Küchentisch, während mir der restliche Kaffee von der Hose tropfte, den ich vor Schreck verschüttet hatte. Emma und

Paula, die gerade aus abgebrochenen Ästen die ersten Pfosten für eine kleine Hütte in den Sand gruben, hielten sich wütend die Ohren zu, und auch Tom sah sich missmutig um. Wir kannten die Strecke, wussten, dass eine ganze Weile erst einmal kein Platz zum Halten kommen würde, und trotzdem brachen wir nur zehn Minuten später wieder auf.

Kilometer um Kilometer rollten wir über den Asphalt, Stunde um Stunde krochen wir entlang der dichten Büsche des Cassiars, bis wir endlich einen Parkplatz erreichten. Ein einsames Zelt versteckte sich in der hintersten Ecke, doch keine Quads, Kühlboxen oder Jagdgeräte weit und breit. Eine Zeit lang lauschten wir in die vermeintliche Stille des tiefen Waldes, doch außer dem leisen Plätschern eines kleinen Bächleins, das sich entlang der Parkbucht schlängelte, war kein Geräusch zu hören. Wir parkten hinter einer Reihe knorriger Bäume. Morgen würden wir in andere Gebiete kommen, mehrere kleine Städtchen warteten die nächsten Tage auf uns, und auch wenn ich die Einsamkeit in den Wäldern sicher schon sehr bald vermissen würde, war ich doch erleichtert, den Jagdgebieten fürs Erste den Rücken zu kehren. Zufrieden kuschelten wir uns in unsere Betten, und selbst das riesige Schild, das direkt vor unserer Windschutzscheibe prangte und dessen rote Buchstaben weithin leuchteten – NO OVERNIGHT CAMPING –, konnte uns heute nicht mehr aus der Ruhe bringen.

29. KAPITEL

IM WILDLIFE PARK

30. September 2016, Kanada, British Columbia,
Kamloops, Meilenstand: 232 288

»Ich kann normalerweise Zoos nicht ausstehen!« Ohne den Satz an jemand Bestimmten gerichtet zu haben, stand Tom mit gerunzelter Stirn vor der Kasse, während Emma und Paula vor dem gegenüberliegenden Terrarium knieten und begeistert die dicke Tarantel betrachteten, die ihre Zangen drohend gegen die Scheibe hob. Schon auf den Weg in den Norden hatten wir die riesigen Reklameschilder des Wildlife Parks von Kamloops gesehen, und in einer schwachen Minute hatten wir den Mädels versprochen, hier auf dem Rückweg einen Stopp einzulegen.

Abwartend starrte uns die Kassiererin entgegen, eine junge Frau Anfang dreißig, die, ganz in Grün gekleidet, wie eine bereits ein wenig gealterte Pfadfinderin wirkte.

»Hm ... kann man sich das hier wie einen ... Zoo vorstellen?«, erkundigte sich Tom skeptisch.

»Nein, nein, nein ... auf keinen Fall!« Ein gewinnendes Lächeln, das wirkte, als hätte sie es schon als Kind erprobt, machte sich auf dem Gesicht der jungen Frau breit, bevor sie fast schon entrüstet den Kopf schüttelte. »Wir haben hier einen einmaligen Wildlife Park ...«, ihre schneeweißen Zähne blitzten, »... einen der schönsten von ganz Kanada. Hier werden vor allem kranke Tiere aufgenommen und gesund gepflegt, und die Gehege sind ausgesprochen weitläufig, sodass sich jedes Tier so fühlt, als wäre es in der freien Natur!«

»Mhm ...« Tom sah noch immer etwas skeptisch drein, aber jetzt noch einen Rückzieher zu machen, konnten wir unseren Kindern kaum antun. »Na gut, wir nehmen vier Karten!«

»Eine wunderbare Entscheidung, Sie werden es nicht bereuen. Das macht dann 65 Dollar!«

Wir drückten ihr die Scheine in die Hand und schritten durch eine doppelflügelige Tür ins Freie, betrachteten kurz den kleinen Greifvogel, den uns eine Parkangestellte auf dem Arm entgegenstreckte, und machten uns auf den von kleinen Holztafeln ausgewiesenen Weg zum Gehege der *porcupines*, auch *porkys* genannt, der Stachelschweine.

Die letzte Woche waren wir in einem Rekordtempo südwärts gefahren, hatten den Cassiar Highway und die von Jägern gestörte Einsamkeit hinter uns gelassen, und zum ersten Mal, seit wir aus Whitehorse aufgebrochen waren, hatten wir strahlenden Sonnenschein.

Die feinen Kiesel knirschten unter unseren Schritten, neben uns stöberten zwei gelangweilte Grizzlys unter einem Haufen Steine nach verirrten Insekten, und enttäuscht musste ich feststellen, dass ihr Gehege kaum größer war als die knappe Eingangshalle, in der wir gerade noch gestanden waren.

Nur wenige Meter daneben kamen die Wölfe, die sich scheu unter den einzelnen Baumstamm duckten, der in ihrer kahlen Wiese lag. Daneben waren die Kojoten untergebracht und ein verschreckter Puma, der sich in die hinterste Ecke seines Käfigs geduckt hatte. Das Gehege war gerade mal so groß, dass er ihn mit einem einzigen Satz durchqueren konnte. Nur eine alte Elchkuh schien mit ihrem Los zufrieden und kaute genüsslich an einem Berg frischer Zweige, die ihr ein Tierpfleger gerade über den Zaun gekippt hatte.

Nach knapp zwanzig Minuten kamen wir endlich zu dem kleinen Rondell, das an einen winzigen Schuppen gebaut war und als das Zuhause eines Stachelschweines ausgezeichnet war. Mehrere Äste und Zweige ragten aus dem Gitter, mit einigen Steinen und Blättern hatte man zumindest versucht, den Boden etwas natürlich zu gestalten, auch wenn der gesamte Stall wohl kaum die Hälfte unseres Wohnzimmers zu Hause gefüllt hätte. An einigen Stellen war die Rinde von den Zweigen geschält, erst in Alaska hatten wir erfahren, dass die Stachelschweine sich davon ernähren, und so endlich die Erklärung für die vielen kahlen Ringe an den Bäumen bekommen, über die wir uns schon von Beginn an gewundert hatten. Das Stachelschwein jedoch war nicht zu sehen, sosehr wir auch danach suchten. Erst als wir uns gerade umdrehen wollten, kam ein kleines braunes Köpfchen aus einem Loch zum Vorschein, das den Schuppen mit dem runden Käfig verband, dann der wie aufgeplustert wirkende stachelige Körper, die breiten bärentatzenartigen Pfoten.

Mit seinen ernsten dunklen Augen hatte uns das Stachelschwein ins Visier genommen, hielt uns mit seinen Blicken fest, kam langsam Schritt für Schritt näher, bis uns nur noch das dichte Drahtgeflecht des Käfigs trennte. Es hielt das kleine zuckende Näschen in die Luft, ließ uns keine Sekunde aus den Augen. Dann drückte es sich gegen das Gitter, streckte die Pfoten in unsere Richtung, gab ein hohes Geräusch von sich, ein Wimmern, lauter und immer lauter werdend, dann ein drängendes Jammern und Jaulen.

»Mama, es weint.« Paula wischte sich die Tränen von den Backen.

»Wir müssen es mitnehmen und in den Wald bringen!«, mischte sich jetzt auch Emma ein, und ich schluckte, während Tom den beiden die Arme um die Schultern legte.

»Bitte ... bitte, Papa, wir können es doch nicht hierlassen!«

»Ihr wisst, dass das nicht geht. Es gehört hier in den Park. Wahrscheinlich kann es sich noch nicht einmal selbst ernähren.«

»Aber schau doch, die Rinde.« Auch Emma hatte die abgefressene Rinde entdeckt. »Wenn es hier die Äste schälen kann, kann es das doch bestimmt auch im Wald!«

»Ja, du hast recht ... ich würde es ja am liebsten auch mitnehmen!« Er seufzte. »Du bist schon ein armer kleiner Teufel!« Er streckte die Hand aus, um die kleinen Pfoten zu streicheln, und hielt erst im letzten Augenblick inne. Es war trotz seiner bedauerlichen Lage ein wildes Tier.

»Wir könnten einen Tunnel graben oder das Gitter aufschneiden!« Paula begann begeistert zu planen.

»Vielleicht ist der Schuppen ja auch gar nicht abgesperrt?«, überlegte Emma.

»Und dann nehmen wir es mit und bringen es in den Wald!«

Das Wimmern des Stachelschweines war inzwischen leiser geworden, fast so, als könnte es unsere Worte verstehen. Es hatte sich ein Stück hinter das Gitter gesetzt und wühlte in der grünen Wiese. Abwartend sah es uns hin und wieder an, aber die Abstände zwischen den kurzen Klagelauten wurden größer, und es schien sich etwas zu beruhigen.

»Schön wäre es.«

Die Minuten vergingen, Emma scharrte mit den Füßen im Kies, und auch ihr Blick hatte die traurige Resignation angenommen, wie ich sie hier schon bei so vielen Tieren gesehen hatte.

»Kommt, lasst uns gehen!«

»Und dann?« Nur Paula wollte noch immer nicht von ihren Plänen ablassen.

Doch Emma sagte kein Wort.

»Es wird nicht funktionieren!« Ich zog Paula in meine Arme, sah die wartenden Tränen in ihren Augen, und obwohl sie nichts mehr sagte, merkte ich, dass auch ihr die Antwort schon klar gewesen war.

Als wir am Ausgang ankamen, wartete dort, wie am Eingang, eine junge Dame ganz in Grün gekleidet, hinter ihr ein Regal voller Kuscheltiere und Andenken.

»Haben Sie den Besuch in unserem Park genossen?«

Noch immer hörte ich die verzweifelten Klagelaute des Stachelschweines und rieb mir die brennenden Augen. Ich wollte die Mitarbeiterin am liebsten anschreien, wollte das strahlende Gesicht der Frau vor die Gitter der jammernden Tiere zerren, doch wütend schluckte ich an dem Kloß, der sich in meinem Hals gebildet hatte. Noch einmal blickte ich der Parkangestellten ins Gesicht, während Tom und die Mädchen sich schon auf den Weg zum Bus gemacht hatten. Beherrscht und langsam würgte ich die Worte hervor, beobachtete dabei, wie ihr das Lächeln im Gesicht gefror.

»Das war der schlimmste Park, den ich in meinem ganzen Leben gesehen habe!«

Doch anstatt Genugtuung zu spüren, fühlte ich mich nur traurig und leer, und noch bevor die doppelflügelige Tür hinter mir wieder ins Schloss fiel, hörte ich den einstudierten Singsang, den jeder mit auf den Weg bekam: »Haben Sie noch einen schönen Tag und kommen Sie bald wieder!«

30. KAPITEL
SHERRI ODER DIE RETTUNG DER GUTEN LAUNE

1. Oktober 2016, Kanada, British Columbia,
Kamloops, Meilenstand: 232 288

Eine warme Schnauze drückte sich in mein Genick, knabberte an meinen Haaren, dann hörte ich ein leises Meckern, und die Mädchen begannen zu lachen. Auch Tom, der sich neben mich auf die Doppelsitzbank des alten Pick-ups gequetscht hatte, grinste ausgesprochen breit, während Sherri über den Rücken ihrer Ziege streichelte und zwischen ihrem aufgeregten Gemecker und dem Kichern der Kinder unsere Bestellung in den Lautsprecher zwitscherte.

»Einen Blizzard, bitte ... und was wollt ihr?«, wendete sie sich an uns. Doch wir zuckten nur grinsend die Schultern, von den Drivethroughs der vielen Imbissketten hatten wir uns bisher immer ferngehalten und deshalb nicht die geringste Ahnung von den verschiedenen Eissorten, die dort im Angebot waren.

»Okay ...« Sherri überlegte nur kurz. »Dann nehmen wir dreimal Cookie Dough, zwei zusätzliche Blizzards und eine Waffel mit einer Kugel Vanille ...« Sie tätschelte der Ziege den Hals. »Du sollst ja schließlich auch nicht leer ausgehen, nicht wahr, Milly ...?« Gary gab vorsichtig Gas, und wir rollten langsam vor das geöffnete Fenster des Ausgabeschalters.

»Eine Kugel Vanille ...« Die Stimme des jungen Mannes drang an unser Ohr, noch bevor wir sein Gesicht sahen, und Milly streckte interessiert ihren Kopf durch das heruntergekurbelte Fenster.

»Hier, bitte sehr, wem ...« Ein Kopf tauchte auf, darüber ein adretter Seitenscheitel, darunter eine eng geknotete Krawatte und ein Namensschild: Dave. Dave hielt mitten im Satz inne und starrte wie hypnotisiert auf den Kopf der Ziege, die wiederum wie bei einem Grinsen die Zähne bleckte.

»Oh, das Eis ist für sie ...« Sherri klopfte das gescheckte Fell, und Milly, die sich gerade auf ihrem Schoß niedergelassen hatte, begann zu zappeln.

»... Also, wer bitte bekommt das Eis ...« Noch immer verdattert starrte Dave auf den gehörnten Kopf.

»Milly, unsere gescheckte Freundin hier!« Sherri hatte ein Pokerface aufgesetzt, während wir wieder zu kichern begannen, und der junge Dave schien zu keiner Bewegung fähig, bis Sherri durch das Fenster langte, nach der Waffel griff und sie vor die zuckende Nase der Ziege hielt. Sein Mund stand noch immer offen, als er Gary, der seine Hand aus dem Fahrerfenster streckte, die restliche Bestellung reichte. Selbst als wir wenige Minuten später aus der engen Fahrspur des Drive-throughs rollten, konnte ich ihn noch immer im Rückspiegel sehen, steif und starr wie eine Statue, während der nächste Gast schon ungeduldig zu hupen begann.

Vor zwei Tagen hatten wir Sherri auf einem Parkplatz kennengelernt, auf dem wir nach dem Besuch des Wildlife Parks unser Lager aufgeschlagen hatten. Zusammen mit einem schwarzen Pferd war sie über die kleine Wiese spaziert, klein und drahtig wie Pippi Langstrumpf, anstatt der roten Zöpfe allerdings umrahmten strubbelige schwarze Haare ihr Gesicht. Ein schelmisches Lächeln gab ihrem Aussehen etwas leicht Koboldhaftes, was in einem reizvollen Kontrast zu den Cowboystiefeln und der Westernjeans stand.

Schon nach fünf Minuten hatte sie die Herzen der Kinder gewonnen und uns auf ihre Ranch eingeladen. Um wieder auf andere Gedanken zu kommen und ohne lang zu überlegen, waren wir ihr nur eine halbe Stunde später bis vor die Haustür gefolgt, an der uns ihr Freund Gary schon erwartete.

Am nächsten Morgen waren wir gemeinsam aufgebrochen, um ihr freches Zicklein Milly zu einer Freundin zu fahren, und waren auf dem Weg dorthin in dem Drive-through gelandet.

Noch immer kichernd bogen wir wieder auf die Hauptstraße und machten uns auf den Weg in die Berge, die das fast mediterrane Kamloops auf allen Seiten einschlossen, Milly hatte ihre Hörner gegen den Fahrersitz gedrückt und ihre warmen braunen

Augen entspannt geschlossen. Plötzlich jedoch begann Paula, die sich zwischen Emma und Sherri auf die Rückbank gequetscht hatte, entzückt zu quietschen: »Guck mal, jetzt köttelt sie!«

Ohne mit der Wimper zu zucken, nahm Sherri ihren Eisbecher (der zum Glück schon fast fertig ausgelöffelt war) und hielt ihn der Ziege unter den Hintern, ein Kügelchen nach dem anderen landete mit einem Plopp auf dem restlichen Vanilleeis.

»Sieht fast aus wie Schokostückchen ...« Fachmännisch warf unsere neue Freundin einen Blick in den nun wieder gefüllten Becher. »Hat noch jemand Hunger?«

Die Mädchen begannen lauthals zu lachen und hatten bald Tränen der Begeisterung in den Augen, während endlich die letzten Häuser der Stadt hinter uns im Rückspiegel verschwanden. Die Ziege hatte bei einer Freundin vorübergehend ein neues Zuhause gefunden, nachdem sie sich angewöhnt hatte, wieder und immer wieder über die Autos der vielen Reitschüler und deren Eltern zu springen und auf dem Blech des Öfteren hässliche Spuren zu hinterlassen. Für die nächsten Tage oder Wochen würde sie hier in den Bergen Zeit haben sich auszutoben, und vielleicht würde sie danach noch einmal eine Chance bekommen.

Doch selbst ohne Milly gab es auf Sherris Farm kaum eine ruhige Minute. Da war zum Beispiel Hausschwein Rosie, die Sherri wie ein Hündchen folgte, Rosies Partner Beast und deren gemeinsamer Nachwuchs Walther, dazu zwei Schäferhunde und ein Border Collie, unzählige Hühner, jede Menge Katzen, zehn Pferde und natürlich der kleine Ziegenbock, der aufgeregt nach Milly meckerte.

Eigentlich arbeitete Sherri als Sozialarbeiterin und kümmerte sich immer wieder um *High-risk*-Jugendliche, die sie als Pflegekinder zu sich auf die Ranch holte. Die vielen unterschiedlichen Tiere waren unersetzlich, hatte sie uns auf dem Heimweg erzählt, wenn es darum ging, für eine gelöste Stimmung zu sorgen.

Jetzt hatte sich Rosie auf den Weg zur Koppel gemacht. Auf dem Reitplatz hatte sie nämlich Sherri entdeckt, die kurz nach unserer Rückkehr einer neuen Reitschülerin den Umgang mit ihren Pferden demonstrieren wollte und dabei einen gescheckten Wallach allein mit Gesten und Blicken leitete. Sherri pflegte einen ganz eigenen, ungewöhnlichen Umgang mit ihren Tieren. Nichts lief über Gewalt und Zwang, sondern alles über eine gute Bindung und Freundlichkeit. Sherri legte ihren Pferden beim Reiten zum Beispiel nie eine Trense an, sondern ließ es bei einem Halfter bewenden. »Mehr braucht man nicht, wenn man eine Bindung zu einem Tier hat. Freunde verstehen sich«, erklärte sie.

Rosie wollte ihren fülligen Bauch zwischen den Querbalken des Tores hindurchschieben, blieb dort jedoch stecken und begann laut quiekend zu zappeln. Panisch versuchte sie zu rennen und zog dabei das unverriegelte Koppeltor mit sich, das kurz darauf in die Halterung knallte und das Schwein durch die Erschütterung und den plötzlichen Stopp wie vom Katapult geschossen auf den Reitplatz verfrachtete. Direkt neben dem gescheckten Wallach, der wie ein junger Welpe vor Sherri auf dem Boden hockte, landete Rosie auf ihrem ausladenden Hinterteil, blickte erstaunt in die Runde, und alle begannen zu lachen.

Über uns hatte sich der Himmel inzwischen verdunkelt. Der Wind hatte ein wenig zugelegt und kämmte mit einem leichten Säuseln durch das hohe, strohig wirkende Gras der Weide. Das Mädchen verabschiedete sich, nachdem ihr Vater die nächsten Termine vereinbart hatte, und kletterte noch immer lächelnd zurück in das wartende Auto, während wir gemeinsam mit Sherri in Richtung Farmhaus schlenderten. Auch hier hatten die Bäume begonnen, sich langsam zu verfärben, in der Luft lag der erste Hauch des nahenden Herbsts, und als wir endlich die Stufen der ausladenden Veranda erreichten, fielen die ersten dicken Tropfen auf die hölzernen Dielen.

Sherri hatte uns noch einmal zum Abendessen eingeladen, denn morgen früh schon wollten wir wieder in Richtung Mexiko aufbrechen. Jetzt, da sich selbst hier im Süden Kanadas der Winter ankündigte, wurde es höchste Zeit, sich langsam über die Bergpässe, die uns vor der amerikanischen Grenze erwarten würden, Gedanken zu machen. Unsere Reifen wurden von Tag zu Tag abgefahrener, und auf manchen Straßen herrschte schon ab Oktober Schneekettenpflicht.

Doch heute Abend schoben wir unsere Sorgen noch einmal beiseite. Emma und Paula strahlten begeistert und suchten sich allerlei Schmackhaftes vom Büfett, aber nicht, ohne vorher jedes Stückchen genau unter die Lupe zu nehmen. Erst gestern hatte sie Sherri mit einem Stück Torte aus Plastik veräppelt, und beide schienen, ihren skeptischen Gesichtern nach zu urteilen, nur darauf zu warten, wieder etwas Unerwartetes zwischen den vielen Leckereien zu entdecken.

Sherri beobachtete die beiden und lächelte, so viel Spaß wie an den letzten Tagen hatten wir schon lange nicht mehr gehabt. Die Mädchen kauten mit vollen Backen und spießten zwischen Käse, Weintrauben und zartem Fleisch immer wieder kleine Stückchen von Pasteten und Gemüsekuchen auf ihre Gabeln, während draußen die Sonne immer weiter Richtung Horizont wanderte und es auch drinnen langsam dunkler wurde. Ein einsamer Kojote begann in der Ferne zu heulen, als plötzlich laute Schritte auf der Veranda zu hören waren. Leise quietschte die Eingangstür in den Angeln, ein kleiner Kopf mit Hörnern tauchte durch den schmalen Spalt zwischen Tür und Rahmen, und Millys kleiner Bruder trippelte kaum hörbar über den Holzboden zur Küchenzeile, schnupperte ein wenig an der Arbeitsplatte und zog sich eine schrumpelige Karotte aus der Kompostschüssel. Wieder quietschte die Tür, und alle Blicke richteten sich auf den schmalen Gang, der von dort zu uns in die Wohnküche führte. Hufe klackerten über den Boden, und ein lautes ungeduldiges Schnauben ertönte, bevor plötzlich ein Rappe zwischen den Schränken der Einbauküche stand und ungeduldig mit den Hufen scharrte. Seine Nasenhaare zitterten, und seine Nüstern blähten sich, und noch bevor Sherri nach seinem Halfter greifen konnte, schnappte er sich einen Apfel aus der Obstschale, umrundete den separaten Küchenblock und verschwand zusammen mit dem Ziegenbock genüsslich kauend im Abendrot.

31. KAPITEL

PAT UND ERIN

4. Oktober 2016, Kanada, British Columbia,
Nelson, Meilenstand: 232 531

»Das war der riesigste Schwarzbär, den ich in meinem Leben je gesehen habe!« Zum ungefähr zehnten Mal las ich Emma und Paula die Nachricht vor, die uns Pat geschickt hatte. »Er hat sich den ganzen Truthahn geschnappt und ihn gleich hier in den Büschen gefressen!«

Vor ungefähr fünf Jahren hatten wir Pat und seine Freundin Erin auf unserer Reise durch Kanada beim Angeln kennengelernt und uns auf Anhieb gut verstanden. Schon damals hatte Pat die Mädchen mit seinen Geschichten begeistert, und noch immer konnten sie nicht genug davon kriegen. Vor ein paar Tagen hatte er uns eine Nachricht geschickt, und da wir sowieso durch Nelson mussten, hatte er uns eingeladen. Jetzt konnten es Emma und Paula kaum noch erwarten, und bereits in der Morgendämmerung waren wir aufgebrochen.

Der erste Reif lag glitzernd auf den langen Gräsern, und die Nacht war unerwartet kalt geworden, trotzdem blieb uns die Hoffnung, dass es sich hierbei um einen frühen Ausrutscher handelte. Inzwischen hatten wir zwar Anfang Oktober, aber der Wetterbericht hatte eigentlich von warmen Temperaturen gesprochen. Bis auf die Höhenlagen einiger Pässe sollte hier der Winter noch auf sich warten lassen. Ganz in der Nähe von Nelson, der kleinen Stadt, in der Pat und Erin einen Partyservice betrieben, hatten wir unser Lager genau an dem See aufgeschlagen, an dem wir die beiden damals kennengelernt hatten.

»Lies weiter!« Emma deutete auf das Handy, und ich beugte mich wieder über seine Nachricht.

»Am nächsten Abend war er wieder da, stand vor unserer Terrassentür, und wir haben ihn eine Zeit lang beobachtet ... der Bursche hat kurz am Kompost geschnüffelt, was ihm anscheinend aber nicht gefallen hat, denn mit einem schnellen Prankenhieb hat er das ganze Ding durch den Garten geschleudert. Und mit einem Mal haben wir uns gefragt, was er wohl tut, wenn er uns hinter der Glastür sieht ... noch nie kam mir unsere Terrassentür so dünn und zerbrechlich vor ...«

Schon öfter hatte Pat uns von den Problemen mit Bären in der Stadt erzählt, aber in diesem Jahr schien es besonders schlimm zu sein. Durch den frühen und warmen Frühling waren all die Beeren einige Wochen vor der Zeit gereift, und die vielen Sträucher in den Bergen, die den Tieren normalerweise bis spät in den Herbst hinein reichten, waren zu früh leer gefressen. So blieb den Bären nichts weiter übrig, als immer weiter ins Tal zu kommen, auf der Suche nach etwas Essbarem, bis hinein in das kleine Städtchen, in dem so viele Lebenskünstler, Alternative, Selbstversorger, Schriftsteller, Maler, Bildhauer und Aussteiger in ihren lustig und liebevoll gestalteten Häusern leben.

Neben dem Erzählen wunderbarer Geschichten hatte Pat allerdings ein weiteres Hobby, an dem Tom und ich derzeit weit mehr interessiert waren und an das wir die letzten Tage unsere ganzen Hoffnungen gehängt hatten. In seiner Freizeit restaurierte Pat nämlich Oldtimer, vornehmlich alte Schlitten aus den Fünfzigerjahren, motzte sie zum Teil für Rennen auf, und durch seine guten Verbindungen zu den Ersatzteil- und Reifenlieferanten erhofften wir uns eine letzte winzige Chance auf ein paar passende Winterreifen für die bergige Strecke in die USA. Wir wussten, dass unsere Größe schwer zu beschaffen war, zumindest hier in Kanada, doch mit ungewöhnlichen Bestellungen hatte Pat durch seine Restaurationsarbeiten sicher längst seine Erfahrungen gemacht.

Zu Fuß machten wir uns kurz darauf auf den Weg zu seinem Haus, und skeptisch musterten die Kinder die vielen Obstgärten, an denen wir vorbeischlenderten. Enorm viele braun gewordene Äpfel, verfaulte Birnen und sogar überreife Zwetschgen verteilten sich über die Wiesen vereinzelter Gärten, deren Besitzer die Ernte anscheinend verpasst hatten. Kein Wunder, sagte ich mir, dass die Wildtiere bei solch einem Nahrungsangebot bis in die Wohnsiedlungen kamen. Doch noch war es früher Nachmittag, und auch wenn die Uhrzeit für Bären und auch viele andere Tiere in Nordamerika angeblich keine Rolle spielte, rechnete ich kaum damit, dass uns eines über den Weg laufen würde. Nach einem knapp zwanzigminütigen steilen Anstieg tauchte endlich auch das Haus von Pat und Erin zwischen den Bäumen auf, und ein Wasserfall direkt neben der Straße rauschte leise, als wir über die schmale Stiege bis zur rot lackierten Wohnungstür kletterten.

»Hey!« Pat hatte uns schon erwartet und grinste von einem Ohr bis zum anderen. »Und ich dachte schon, das seltsame junge Mädchen kommt zurück!«

Er hatte unsere Schritte gehört und aus dem Fenster gesehen, und nachdem wir ihn jetzt so fragend ansahen, ließ seine Geschichte keine Sekunde auf sich warten. Während er uns in die Küche schob, in der es wunderbar nach frisch gebackenem Brot duftete, begann er zu erzählen: »Gestern Abend hat plötzlich ein fremdes Mädchen an meiner Tür geklingelt, wollte, dass ich sie heimfahre ... anscheinend hatte sie den Schwarzbären getroffen und traute sich nicht weiter ...« Er lachte. »Klar hab ich sie gefahren, obwohl ich mich schon wunderte, dass sie vor dem Bären Angst hat, aber ohne Bedenken zu einem wie mir ins Auto steigt!« Er zwinkerte Emma und Paula schelmisch zu.

»Und ...?« Emma sah ihn begeistert an. »Ist der Bär noch mal da gewesen?«

»Nein, bis jetzt nicht!«

Auch Erin war inzwischen zu uns in die Küche gekommen, hatte sich neben uns auf die hohen Barhocker gesetzt und schob einen Teller Gebäck in unsere Richtung. »Wir haben gebacken, hoffe, es schmeckt ... das Sauerteigbrot ist von Pat!«

Doch Emma war noch keineswegs von dem Bären-Thema abzubringen. »Sind hier gerade viele Bären unterwegs?«

»Die letzten Wochen über war es schlimm, aber jetzt scheinen sie sich in die Berge zurückzuziehen. Es wird langsam kalt ... Obwohl ... selbst im Winter kann man hin und wieder auf einen treffen.«

Gespannt hingen die Mädchen an seinen Lippen.

»Ihr wisst ja, dass Bären nicht sehr tief schlafen?«

Beide sahen ihn fragend an und schüttelten den Kopf.

»Auch die Körpertemperatur sinkt bei Weitem nicht so stark wie bei anderen Tieren, die einen Winterschlaf halten, das heißt, man kann sie sehr leicht aufwecken.«

»Mhm, die Pumas aber, die schlafen nicht! Im Yukon-Territorium haben wir nämlich einen getroffen!«

»Ja, genau, Emma und ich ganz alleine!«

Ich sah den Stolz in ihren Augen, eine eigene Abenteuergeschichte zum Besten geben zu können, abwechselnd sprudelten sie los und warteten gespannt auf die Reaktion unserer Freunde.

»Sicher ein Puma?«

Sie nickten strahlend, Pat wirkte sehr beeindruckt. »Wow, das kommt nicht oft vor ... da habt ihr wirklich Glück gehabt, dass euch nichts passiert ist. Erst letztes Jahr mussten wir hier direkt in Nelson einige Pumas erschießen ... Die kamen in die Stadt, wie dieses Jahr die Bären. Zuerst haben sie die Haustiere gefressen, dann haben sie begonnen, den Kindern aufzulauern.« Seine Stimme wurde immer tiefer und leiser, bis sie nur noch ein tiefes Flüstern war, doch die Kinder grinsten nur und ließen sich keine Angst machen.

»Pumas ernähren sich von Jungtieren, werden also immer von höheren Stimmlagen angelockt ... aber euch ist ja nichts passiert!« Jetzt grinste auch Pat.

»Wir hatten auch nur ein bisschen Angst ...« Betont lässig lehnten sich die Mädchen nach vorne, und Paula griff erneut nach einem Stück Brot. »Außerdem mögen wir Katzen, egal ob große oder kleine ...«

In dem Moment schob sich eine der drei Katzen, die die Wohnung mit Pat und Erin teilten, durch die Tür, und alle Gruselgeschichten waren fürs Erste vergessen. Mit einem dicken Wollfaden bewaffnet rannten beide Mädchen quer durch die Zimmer, immer gefolgt von mindestens einer der Miezen, während wir noch unseren Kaffee schlürften und Butterbrote aßen.

»Und wie sieht's mit den Reifen aus?« Tom nippte an seiner Tasse und sah Pat gespannt an.

»Die Größe, die ihr habt, gibt es nur neu, die muss bestellt werden, und das dauert! Wenn für euch eine Woche okay ist, kein Problem, ansonsten sieht's schlecht aus, zumindest bei meinen Bekannten.«

Wir nickten wenig überrascht, so etwas hatten wir schon vermutet, auch wenn wir bis gerade eben noch ein winziges Quäntchen Hoffnung gehabt hatten.

»Das dachten wir uns fast, aber so lange können wir nicht warten.«

»Bis jetzt liegt noch kaum Schnee, da müsstet ihr eigentlich gut durchkommen!« Erin hatte auf ihrem Handy die Zustände der Pässe gegoogelt. »In ein paar Tagen soll es aber bereits schlechter werden.«

Wir nickten, auch das hatten wir schon gehört. »Morgen früh wollen wir los ... wird schon alles gut gehen!«

32. KAPITEL

EIN LACHSBABY
FÜR DEN COLUMBIA RIVER

9. Oktober 2016, Kanada, British Columbia,
in der Nähe der amerikanischen Grenze, Meilenstand: 232 700

»Die sind durch ... glatt wie ein Babypopo!« Nachdenklich strich Tom ein paar Tage später über die abgefahrenen Vorderreifen. »Ich hoffe nur, dass wir damit wirklich noch über die Pässe kommen!« Von Nelson aus waren wir erneut ein kurzes Stück nordwärts gefahren und hatten alle Reifenhändler abgeklappert, die uns Pat und Erin auf eine Liste geschrieben hatten. Die passende Reifengröße hatten wir bis jetzt allerdings nicht auftreiben können, und in den wenigen kleinen Ortschaften, die uns noch von der Grenze trennten, würden wir die auch mit Sicherheit nicht mehr finden.

»Meinst du, ich kann die selbst nachschneiden?«

»Wie, *nachschneiden*?« Irritiert blickte ich auf das Taschenmesser, mit dem Tom im Gummi herumbohrte.

»Das Profil, meine ich. Hier steht *regroovable* ... das heißt ›nachschneidbar‹ ... kann man auch machen lassen, aber bis zu den Pässen werden wir sicher keinen Reifenshop mehr finden!«

Langsam fuhr er mit der Messerspitze die kaum noch sichtbaren Rillen der Vertiefungen nach, übte Druck aus und hebelte ein Stückchen schwarzen Gummi heraus.

»Ich weiß ja nicht!« Zweifelnd sah ich ihn an. »Meinst du wirklich, das ist eine gute Idee?«

»Klar, schlechter kann's ja nicht werden!« Und mit offensichtlich wachsender Begeisterung bohrte er sein Messer in den abgefahrenen Reifen.

Drei Tage waren wir unterwegs gewesen, bis wir gezwungen waren, eine Pause einzulegen, nachdem ein wackeliger Milchzahn von Paula sich entzündet hatte und gezogen werden musste. Seitdem standen wir auf dem fast leeren Campingplatz an einem kleinen Flüsschen, hatten die vielen Fischer beobachtet, die hier den ganzen Tag auf ihren Motorbooten unterwegs waren, und darauf gewartet, dass Paulas Schmerzen vergehen würden. Heute endlich war die Schwellung des Zahnfleisches abgeklungen.

Während Tom weiter die Reifen bearbeitete, hatten wir uns zu dritt in das doppelstöckige Hochbett im Heck des Busses gekuschelt und lauschten der knarzenden Stimme des Sprechers, die aus unserem Handy krächzte. »Harry Potter und die Kammer des Schreckens« war unsere neueste Hörbuch-Errungenschaft und fast so beliebt wie die vielen »Löwenzahn«-Filmchen, die wir schon seit Jahren immer im Gepäck hatten.

»Hagrids Fingerzeig auf die Spinnen war viel leichter zu verstehen – das Problem war nur, dass im Schloss offenbar keine einzige Spinne mehr übrig geblieben war, der sie hätten folgen können.«

Als Rons Unwohlsein hinsichtlich der Krabbeltiere geschildert wurde, machte sich Entrüstung auf Emmas Gesicht breit. »Aber Spinnen sind doch süß!« Sie schüttelte den Kopf über Ron, lauschte dann aber wieder angestrengt.

»Harry deutete auf den Boden ein paar Meter vor ihnen. Mehrere große Spinnen krabbelten über die Erde ...«

Gerade als Ron und Harry sich gemeinsam mit Fang, dem Saurüden Hagrids, auf den Weg machten, um den Spinnen zu folgen, womöglich in den Verbotenen Wald, drangen Stimmen von draußen herein, und ich spähte aus dem Fenster. Ein mit verspiegelter Sonnenbrille ausgestatteter Fischer, dessen Motorboot am Wasserrand schaukelte, stand neben Tom und begutachtete die nachgeschnittene Furche, die sich inzwischen durch den gesamten Reifen zog, dann deutete er auf das nahe gelegene Fischereizentrum. Er schien etwas zu erzählen, doch wegen Rons panischen Schreien – ihn hatte gerade eine Riesenspinne gepackt – konnte ich nur undeutliches Gemurmel verstehen. Neugierig geworden überließ ich die Kinder Aragog und seinen unheimlichen achtbeinigen Monstern, schlüpfte in meine schwarzen Gummistiefel und sprang über die Stufen nach draußen.

Lächelnd reichte mir unser Besucher die Hand und stellte sich als Kenneth vor, und auch wenn ich grundsätzlich keine verspiegelten Sonnenbrillen mochte, wurde dieses Manko durch den sympathischen Gesamteindruck des Mannes wieder wettgemacht. Die ruhige und bedächtige Art, mit der er redete, und sein einnehmendes Lachen machten seine Gesellschaft angenehm, und mit einem Mal überkam mich das Gefühl, ihn schon einmal irgendwo getroffen zu haben.

»Kenneth kann sich noch an uns erinnern, hat unseren roten Mercedes noch immer nicht vergessen!« Tom grinste. »War schon ein klasse Fahrzeug ... aber der Bus ist auch nicht schlecht!«

Und plötzlich konnte ich mich wieder erinnern. Vor etwa fünf Jahren hatten wir hier im Hochsommer die Fischer nach einem ruhigen Platz ohne Menschen gefragt und damals nur schallendes Gelächter geerntet. Im Sommer in British Columbia einen Ort ohne Menschen zu finden sei ein Ding der Unmöglichkeit, meinten alle, nur Kenneth und ein paar seiner Kumpel hatten uns einen See weit oben in den Bergen empfohlen, zu dem wir über eine Stunde durch dichtes Gestrüpp gerollt waren. Dass genau an diesem Wochenende dort einige einheimische Jugendliche eine Party feierten und mit ihren Gewehren auf dem Quad durch die Gegend bretterten, hatten sie nicht wissen können.

»Sucht ihr immer noch einen Platz in der Natur?«

»Nein, diesmal nicht. Wir waren beim Zahnarzt ... und jetzt kümmere ich mich erst einmal um die Reifen, dann geht's in die USA und immer weiter südwärts, bis die Sonne brennt!«

»Wenn ihr Lust habt, könnt ihr rüberkommen zur Fischzucht ... zu Thanksgiving gibt es dort jedes Jahr eine Riesenaktion. Wir fangen die Lachse, holen uns die Fischeier und die Milch der Männchen, befruchten sie extern und packen die Eier dann in den Brutkasten. So können wir die Lachsanzahl zumindest auf demselben Level halten ... war die letzten Jahre wirklich ein Problem. Außerdem kommen immer jede Menge Kinder zum Helfen, macht sicher auch euren Mädels Spaß!«

»Gute Idee, machen wir!« Tom drückte Kenneths Hand zum Abschied, und unser Besucher machte sich auf den Weg zum Flussufer, an dem das Boot noch immer im seichten Wasser schaukelte. Bevor er jedoch den Motor startete, drehte er sich noch einmal in unsere Richtung und rief: »Um zwei Uhr geht's los.« Der Motor heulte auf, und mit einem letzten Winken verschwand er in Richtung Horizont.

Um zehn nach zwei standen wir in hüfthohe Fischerstiefel gekleidet neben einem Professor und seiner Studentengruppe im seichten Wasser und betrachteten den durch einen gezielten Messerstich getöteten Fisch, den er zu Anschauungszwecken in den Händen hielt. Mehrere bereits geschlachtete Lachse dümpelten an Schnüre gebunden um unsere Beine im Wasser, und der Geruch nach Blut und Fisch hing schwer in der Luft.

»Der Lachs hat ausgezeichnete Sinnesorgane, durch die er selbst nach vielen Jahren den Platz seiner Geburt fast auf den Zentimeter genau wiedererkennen kann. Er hört gut, er spürt selbst die kleinste Bewegung unter Wasser, er hat einen ausgeprägten Geruchssinn, und er kann ausgezeichnet sehen, im Gegensatz zu vielen anderen Tieren sogar in Farbe, vergleichbar mit dem Menschen.« Interessiert konzentrierten sich die jungen Studenten auf das Auge des Fisches.

»Hier, sehen Sie die Linse?« Der Wissenschaftler zückte ein kleines Taschenmesser, das er ohne Vorwarnung in den Augapfel bohrte. Und ganz im Gegensatz zu mir, die ich mit meiner aufsteigenden Übelkeit zu kämpfen hatte, schienen die Studenten nur darauf gewartet zu haben. In einem Pulk drängten sie sich um die sezierten Einzelteile in der Hand des alten Mannes und beobachteten jeden noch so kleinen Schnitt.

»Hier, wer möchte die Linse einmal halten?«

Emma streckte sofort die Hand aus, und ein durchsichtiges flaches Scheibchen flutschte auf ihre Finger.

»Unterscheidet sich kaum von unserem Auge ...«

Vorsichtig strich Emma über die leicht glibberige Oberfläche und sah den Professor skeptisch an. »Damit kann man sehen?«

Er lächelte und nickte. »Natürlich braucht es dazu noch einiges mehr, aber die Linse ist sehr wichtig ... sie bündelt das Licht und stellt das Bild scharf, fast wie bei einer Kamera!«

Einer nach dem anderen griff nun nach dem winzigen Häutchen. Von Hand zu Hand wanderte die Linse einmal im Kreis, bis sie wieder beim Professor landete, der sie auf einem Stückchen Holz deponierte und mit seinen Erklärungen fortfuhr. »Als Nächstes möchte ich Ihnen den Magen zeigen.«

Mit einem gezielten Schnitt öffnete er den Bauch, griff beherzt in das Innere des Fisches, räumte einen Berg rosafarbener Fischeier in eine Schüssel, bis er schließlich ein winziges Häuflein Gedärme auf seinem Handteller hielt. »Sie wundern sich über die Größe?« Zustimmendes Gemurmel erhob sich um uns.

»Der Lachs ist ein Raubfisch und frisst sein Leben lang Unmengen an Makrelen, Heringen und so weiter. Hätten wir ihn irgendwo im Pazifik gefangen, wäre sein Magen und auch der Darm wohl riesig gewesen. Aber die ganzen letzten Wochen, die Zeit, die das Lachsweibchen braucht, um zum Laichplatz zu gelangen, hat es gefastet und Platz für die vielen Fischeier geschaffen, der Magen und der Darm verkümmern ...«

Während die Studenten noch immer fasziniert auf den winzigen Haufen blickten, warf der Professor einer jungen Frau, die etwas abseits gestanden hatte, einen auffordernden Blick zu, und sie machte sich auf den Weg zum Wasserrand. Ihre langen dunklen Haare hatte sie zu einem engen Pferdeschwanz gebunden, der unter einer Baseballkappe hervorlugte und bei jedem Schritt hin und her wippte. Die Füße, die aus der dunkelgrünen Fischerhose herausragten, steckten in klobigen Wanderstiefeln, und in der Hand schwang lässig ein hölzerner Baseballschläger.

Sie griff in den großen Sammelbehälter, zog mit einer Hand einen beachtlichen Lachs aus dem Wasser und ließ mit einem trockenen »Wupp« den Baseballschläger auf seinen Kopf krachen. Ein letztes Zucken, schon landete der sterbende Fisch in den Händen des Professors, der mit einigen schnellen Schnitten das Herz aus dessen Körper entfernte und noch zuckend in die Hände des ersten Studenten legte.

Am späten Nachmittag dann rührten Emma und Paula mit den Händen durch die Berge von rosa Fischeiern, während der Professor die von den Lachsmännchen gewonnene Milch darüberkippte und die Eier befruchtete. In etwa hundert Tagen würden bei konstanter Temperatur die ersten Fischbabys schlüpfen, und behutsam füllten wir die gerade gezeugten Fischlein in den wartenden Brutbehälter.

»Schade!« Emma und Paula warfen einen letzten Blick auf die rosafarbenen Perlen, die in mehreren bewässerten Schüben verschwanden. »Wirklich schade!«

Ich sah Paula fragend an, die noch immer ihre Schüssel mit beiden Händen umklammerte.

»Es sind so viele ... am liebsten würde ich welche mit nach Kettle Falls nehmen, für den Columbia River. Dann hätten die Natives auch endlich wieder ein paar Lachse!«

Bilder von Lydia und ihrem Mann Ethan tauchten vor meinen Augen auf, ich hörte die klackenden und klopfenden Flusssteine der Indianer, den Ruf nach den Lachsen, und ich musste lächeln. »Das wäre klasse, da hast du recht!«

Dann schüttete sie mit Schwung all die restlichen Eier in den Kasten und zuckte die Schultern. »Aber hier sind sie bei ihrer Familie!« Dann lachte sie auf und zupfte Emma grinsend am Ärmel. »Und wir, wir werden jetzt bald Mamas!«

33. KAPITEL

DER LETZTE PASS

15. Oktober 2016, Kanada, British Columbia,
Castlegar, Meilenstand: 232 870

»In den Bergen liegen Tonnen von Schnee!«
»Auf jedem Pass?«
Endlich hatten wir Castlegar erreicht, die letzte Ortschaft vor der Grenze, und im Visitor Center, in dem wir einen letzten Stopp eingelegt hatten, herrschte gähnende Leere. Der einzige zusätzliche Gast schien zu der Angestellten am Schalter zu gehören, die genervt die Augen verdreht hatte, als ich sie aus ihrem angeregten Gespräch riss.

»Hey Leute, wir sind hier in Kanada, nicht in Europa! Habt ihr die Schilder nicht gelesen? Schneekettenpflicht ab Oktober!«

Nur mit Mühe konnte ich mich beherrschen »Haben wir gelesen. Aber solange gar kein Schnee liegt ... wir haben gehört, der Pass zum Grenzübergang Laurier ist noch frei!«

Mit einem Lächeln, das eher einem Zähnefletschen glich, schüttelte die ältliche Blondine den Kopf, ließ sich jedoch zu einer letzten Bemerkung herab, bevor sie sich wieder ganz ihrem wartenden Freund widmete. »Schaut halt einfach im Internet!«

»Und unter welcher Adresse?« Doch die Frau schien mich gar nicht mehr wahrzunehmen, ganz auf ihr kokettes Lächeln konzentriert, strich sie sich eine strohige Strähne hinter ihr mit verschiedensten Goldsteckern verziertes Ohr und nippte geziert an einer Tasse dampfenden Kaffees, bis ich resigniert die Tür hinter mir ins Schloss warf.

Zwei Wege hatten wir zur Auswahl, wir konnten entweder über den Nancy Greene Provincial Park fahren, ein Skigebiet in gut 1500 Meter Höhe, oder über den Bonanza Pass in ebenfalls etwas über 1500 Meter Höhe, nach Laurier. Der erste, so viel hatten wir gehört, war bereits seit zwei Tagen dicht, doch der Pass nach Laurier war laut unseren Informationen immer noch schneefrei und gut befahrbar, für die nächsten Tage allerdings wurde auch dort einiges an Niederschlag erwartet.

Wir hatten die Karte vor uns ausgebreitet und begutachteten die Strecke, ungefähr 26 Kilometer bis zur Bergkette, vielleicht zehn über den Pass, dann noch mal vierzig bis zur Grenze. Die Reifen sahen richtig gut aus, das Profil, wenn auch etwas ungleichmäßig, war seit Toms Einsatz wieder fingertief. Allerdings hatten ihm tagelang die Arme von der schweren Nachschneidearbeit an dem festen Gummi wehgetan. Mit einem letzten Blick auf die dichten Wälder, die vor uns lagen, machten wir uns auf den Weg in Richtung United States. Heute Nacht sollten die ersten Ausläufer der Schlechtwetterfront über die Berge fegen. Bis dahin, so hofften wir, hatten wir den am höchsten gelegenen Teil schon lange hinter uns gelassen.

Nach den ersten drei Kilometern begann es zu schneien. Dicke Flocken segelten durch die graue Wolkendecke, tanzten durch die kalte Luft und zogen innerhalb weniger Minuten einen weißen Schleier über das Grün der Nadelbäume, bedeckten die Straße mit einem schmierigen Film matschigen Eises. Langsam rollten wir bergauf, Kurve um Kurve, höher und immer höher schraubte sich die schmale Straße weiter in die Berge, während die einzelnen Kristalle zu einer tanzenden Wolke aus wirbelndem Schnee zusammenwuchsen, die unseren Bus schon bald in ein undurchdringliches Weiß tauchte. Aus Rollen wurde ein Kriechen, der Matsch wurde fester, und Schnee bedeckte bald die komplette Fahrbahn, doch noch schien der Schulbus keine Probleme zu haben. Wie eine Walze schob er sich durch die weiße Wand, schob sich stetig und gemächlich immer weiter in Richtung Bergkuppe.

Eine knappe halbe Stunde später entdeckte ich ein Schild am Straßenrand und atmete erleichtert auf: »Fünf Kilometer noch, dann sind wir oben!«

Doch Tom ließ sich von meiner Begeisterung nicht anstecken. »Wenn wir nur auch wieder heil runterkommen!«

Angespannt starrte er nach draußen, umklammerte verkrampft das Lenkrad und beobachtete skeptisch die schneebedeckten Bäume, von denen sich einige inzwischen unter ihrer Last fast bis zur Straße neigten.

»Zwei Kilometer!« Emma hatte das nächste Schild entdeckt und jubelte. Zwanzig Minuten später hatten wir den höchsten Punkt erreicht, und die Nase des Busses, die bisher steil nach oben gezeigt hatte, senkte sich plötzlich nach unten. Erleichtert folgten wir den Serpentinen in die Tiefe.

Nach und nach verwandelte sich der Schnee immer mehr in Wasser. Die vorher weißen Straßen wurden mit jedem Meter freier, und wir atmeten auf, bis Tom plötzlich auf die Bremse trat. Mit einem Ruck spannten sich unsere Bauchgurte, die Reifen quietschten, rutschten einige Meter über den nassen Asphalt, doch dampfend wie ein mit Mühe gezähmtes Pferd kam Frankie Sekunden später zum Stehen. Der Kopf einer Kuh erschien vor unserer Windschutzscheibe. Helle Hörner ragten seitlich aus dem schwarz-weiß gescheckten Schädel, und warmer Atem quoll in Wolken aus der breiten Nase, während sie uns erschrocken mit ihren großen Augen musterte. Dann machte sie einen Satz zur Seite, hüpfte über die Böschung und verschwand zwischen den verschneiten Büschen, während Tom erleichtert zu lachen begann. »Hast du das gesehen?«

Ich nickte, kaum fähig, eine Antwort hervorzubringen.

»Kaum gerutscht, und das bei dem Wetter!« Er grinste noch immer. »Ab jetzt schneide ich immer selbst nach ... besser könnte so ein Profil gar nicht werden!«

34. KAPITEL
ZURÜCK IN KETTLE FALLS

16. Oktober 2016, USA, Washington State,
Kettle Falls, Meilenstand: 232 942

Die amerikanische Grenze war nicht mehr weit. Schon wenige Kilometer das Tal hinab erreichten wir Laurier und fuhren bis an das Kontrollhäuschen, aus dem ein Grenzbeamter freundlich grüßte.

»Guten Abend! Die Pässe, bitte.« Er nahm die Dokumente, die wir ihm hinhielten, und blätterte durch die Seiten. »Haben Sie ein Visum?«

Wir nickten überrascht. »Natürlich ...« Und ich zeigte auf den eingeklebten Nachweis, »... für die nächsten zehn Jahre.«

»Aber Ihre sechs Monate sind bereits um!«

Tom nickte. »Ja, wir haben eine Rundreise gemacht. Die meiste Zeit, seit wir im April eingereist sind, haben wir in Kanada verbracht, und ein paar Wochen in Alaska. Jetzt wollen wir Richtung Süden weiterfahren!« Wir wussten, dass der Mann uns weitere sechs Monate genehmigen durfte, denn gemäß unserem Visum konnten wir jeweils ein halbes Jahr am Stück im Land verbleiben, trotzdem war es laut amerikanischem Gesetz allein die Entscheidung des jeweiligen Grenzbeamten. Jetzt verließ er das Häuschen, winkte uns, ihm zu folgen, und nur wenige Minuten später betraten wir zusammen das nebenstehende Gebäude, in dem uns ein weiterer Beamter skeptisch entgegenblickte.

»Wie viel Zeit haben Sie in Alaska verbracht?«

»Also ... da muss ich mal überlegen, einen Moment bitte ...« Bei der Ein- und Ausreise nach Alaska hatten wir keine Stempel bekommen, also begann ich zu rechnen. »Das müssten beim ersten Aufenthalt etwa vier Wochen gewesen sein, und dann sind wir noch mal ungefähr drei Tage in Haines gewesen.«

»Und wann sind Sie genau gestartet?«

»Am 16. April. Wir haben uns etwa neun Wochen in Washington State aufgehalten, danach sind wir nach Kanada weitergefahren!«

Eine Zeit lang überlegte er, dann endlich griff er nach dem Stempel. Allerdings nur, um Sekunden später erneut innezuhalten. »Oh ... was ist mit Ihrem Bus?«

Mit einem Schlag wurde mir heiß, und ich musste schlucken, denn nach unzähligen weiteren vergeblichen Telefonaten hatte ich das leidige Versicherungsthema bis jetzt aus meinen Gedanken verdrängt.

»Wir haben den Bus in Chewelah gekauft und ihn dann zum *motorhome* fürs Reisen umgebaut.«

Was, wenn er jetzt die Versicherungsbestätigungskarte sehen wollte?

»Er gehört also Ihnen?« Der Beamte schaute fragend in die Runde, und Tom nickte lässig. »Ja. Benötigen Sie die Papiere?«, bot er vollkommen gelassen die fehlenden Unterlagen an.

Seit rund sechs Wochen schon fuhren wir ohne Versicherung, und soviel ich wusste, war das auch in den USA verboten. Entsetzt hielt ich die Luft an.

Doch jetzt schüttelte der Grenzbeamte den Kopf. »Nein, ist schon okay!« Und dann knallte er einen Stempel in den ersten Pass. »Sie bekommen weitere sechs Monate, bis 17. April, einverstanden?«

Ohne ein Wort zu sagen nickten wir freundlich lächelnd, bezahlten, griffen nach unseren Pässen, und mit einem letzten Aufatmen lenkten wir Frankie nur fünf Minuten später zurück auf die Straße, auf der wir vor einem halben Jahr erst nach Norden gefahren waren. Morgen würden wir zurück in Kettle Falls sein, ich lächelte erleichtert, und auch wenn wir heute noch einmal Glück gehabt hatten, wurde es höchste Zeit für eine neue Versicherungspolice. Ich schwor mir, mich innerhalb der nächsten Tage darum zu kümmern.

Marcus Island, der kleine Campingplatz, der nur wenige Meilen außerhalb von Kettle Falls lag, hatte sich kaum verändert. Träge wälzte sich der aufgestaute Columbia River neben unserem Stellplatz durch das Tal, und die abendliche Sonne tauchte die glitzernde Wasseroberfläche in ein dunkles Rot. Die ersten Kojoten begannen hyänengleich zu kichern, Laikas Nackenfell sträubte sich gen Himmel, und ich fühlte mich fast wie zu Hause. So viele Tage und Stunden hatten wir hier verbracht, so viele Ängste ausgestanden und gelacht.

Wieder einmal musste ich an Fred denken, unseren Huskymischling, der sich hier auf unserer ersten Reise vor knapp fünf Jahren zusammen mit Laika in die Büsche gestürzt hatte, um die heulenden Kojoten zu jagen, und stundenlang nicht zurückgekehrt war. Hier hatten wir mit Freunden gefeiert und deren abenteuerlichen Bärengeschichten gelauscht, hatten Ruhe gefunden nach den vielen Menschen in British Columbia, Kanada. Vieles hatte sich inzwischen in unserem Leben verändert, doch der Platz am Fluss, an dem Frankie nun in der untergehenden Sonne leuchtete, war genauso atemberaubend schön, wie ich ihn in Erinnerung hatte.

Spät am Abend wanderte ich mit Tom über die kleine Halbinsel, Seite an Seite folgten wir der schmalen Durchfahrt, von der die verschiedenen Stellplätze abgingen, betrachteten die in den Teer gedrückten Pfotenabdrücke eines einsamen Hundes oder Kojoten, die uns Meter um Meter begleiteten. Noch immer waren wir uns nicht ganz einig, wie weit wir südwärts fahren sollten, denn während Tom und ich die weite Strecke nach Mexiko scheuten, hatten die Kinder ihr nächstes *whale watching* in Guerrero Negro schon längst geplant.

Fürs Erste würden wir hier bleiben, so viel hatten wir schon besprochen. Vor der Weiterfahrt hatten wir einiges zu erledigen, dann erst würden wir uns entscheiden, wohin es gehen sollte.

Schon am nächsten Morgen klemmte ich mich wieder ans Telefon, während Tom sich Gedanken über den Innenausbau machte. Wie immer hatte sich unterwegs einiges an Arbeiten angestaut. Einige Scharniere mussten erneuert werden, zwei Riegel waren gebrochen, und wir hatten einen kleinen Umbau geplant. Das Doppelstockbett sollte geändert werden, anstatt der großen zweiten Etage waren zwei Einzel-Schlafkojen für die Mädchen geplant, die mit Schiebetüren verschlossen werden konnten, sodass jede ihren eigenen Bereich haben würde.

Während ich auf und ab tigerte und wütend versuchte, mich gegen die penetrant geduldigen Computerstimmen durchzusetzen, hatte sich Tom einen Schraubenzieher geschnappt und begonnen, die Riegel zu reparieren. Fünf Minuten und zwei Absagen später sah ich plötzlich einen Mann auf uns zuschlendern, die rötlichen langen Haare zu einem Pferdeschwanz gebunden und einen ledernen Cowboyhut auf dem Kopf. Der volle Bart und die dunkle nietenbesetzte Weste gaben ihm das Aussehen eines Rockers, das dazugehörige Motorrad allerdings musste er gegen einen älteren Pick-up mit Aufbau eingetauscht haben, der in der nächsten Parkbucht auf ihn wartete.

»Hallo Leute, ich bin Roger ...« Er strahlte, als er unsere Hände schüttelte. »Alles okay?«

Wir nickten überrascht.

»Das ist gut! Wir sind erst letzte Woche da oben in das Blockhaus gezogen ...« Dabei zeigte er auf den bewaldeten Hügel hinter uns, zwischen dessen Bäumen die Front eines Holzhauses zu sehen war, »... und dann hab ich den Schulbus entdeckt. Als ich euch mit dem Werkzeug und dem Telefon in der Hand gesehen habe, dachte ich mir, ich frage lieber mal nach, ob alles okay ist ... nicht, dass ihr 'ne Panne habt oder so?«

Ich schüttelte den Kopf. »Nein, keine Panne, nur Probleme mit der Versicherung ... wir suchen gerade eine neue, und das ist gar nicht so einfach!«

»Oh, wenn ihr wollt, da können wir vielleicht helfen.« Er drehte sich zu dem alten Pick-up um. »Liz ... komm doch mal ... meine Frau ist ein Ass in solchen Sachen, außerdem ist sie ganz vernarrt in Schulbusse.«

Die Autotür öffnete sich, und eine hübsche Frau mittleren Alters kam auf uns zu. Anfangs wirkte sie fast ein wenig schüchtern, doch dann lächelte sie gewinnend, und als Roger sie nach einer Versicherung fragte, nickte sie, ohne lange zu überlegen.

»Das ist überhaupt kein Problem. Wir haben alle unsere Versicherungen bei der State Farm. Wenn ihr wollt, mache ich für morgen Vormittag einen Termin bei meiner Agentin aus, und wir fahren zusammen rüber nach Colville ... ist nur ein Katzensprung!«

Verdattert nickte ich, während sie ihr Handy aufklappte und einen wahren Wortschwall gegenüber einer Versicherungsangestellten losließ. Zwei Minuten später hatten wir einen Termin, und Liz hielt ihren Daumen nach oben.

»Ist schon so gut wie geschafft! Morgen um zehn Uhr ... ich hol euch ab!«

Am nächsten Morgen konnte ich es kaum glauben. Zu fünft saßen wir punkt zehn Uhr dreißig im Büro der Versicherungsagentin, um zehn Uhr vierzig hielten wir die neue Police in den Händen und waren schon wieder auf dem Weg nach draußen. Nur eine halbe Stunde später erreichten wir, noch immer sprachlos, den Schulbus, der in der lauen Herbstsonne auf uns wartete.

»Ich weiß, Linda ist wirklich der Wahnsinn!« Linda war ihre Agentin, und ich nickte zustimmend, doch dann begann Liz plötzlich zu lachen. »Wollt ihr eine witzige Geschichte hören?«

Emma und Paula nickten begeistert, und auch Tom und ich warteten gespannt.

»Okay, dazu muss ich aber etwas ausholen ... Also, als einer von Rogers Brüdern seinen Job verlor und auch einige andere Probleme hatte, haben wir ihn und seine Frau bei uns aufgenommen und versorgt. Nur leider war er anscheinend auch geistig nicht ganz auf der Höhe, denn als Roger ihn eines Tages zu einem Vorstellungsgespräch gefahren hat, hat er dort die Polizei verständigt, Roger wegen Freiheitsberaubung angezeigt und behauptet, wir hätten seine Frau als Geisel. Damals hat es viele Gerichtsverhandlungen gegeben, und natürlich hat Roger, auch wenn er freigesprochen wurde, einen Aktenvermerk erhalten, musste alle Waffen und seinen Pass abgeben ... so läuft das eben in den USA, aber egal ... Als wir dann das Haus hier gekauft haben, sind wir zum ersten Mal zu State Farm gegangen, um all die nötigen Versicherungen abzuschließen, und Linda hat Roger nach dem Aktenvermerk gefragt. Ich seh sie heute noch vor mir... ›Sie hatten schon mal Probleme mit der Polizei ... und wegen was, wenn ich fragen darf?‹ Wir saßen draußen im Großraumbüro, das nur durch die Stellwände unterteilt ist, und Roger sagte so laut, dass es jeder hören konnte ›Entführung unter Waffengewalt‹. Ihr könnt euch gar nicht vorstellen, wie ruhig es plötzlich war ...« Sie kicherte. »Nur Roger hat gelacht, und Linda ... ja, Linda war klasse, hat nicht mal mit der Wimper gezuckt, und seitdem sind wir bei ihr!«

Die Sonne stieg immer weiter über unsere Köpfe, wir tunkten Chips in selbst gemachte Avocadocreme, während Liz erzählte, und blickten über den Fluss in die grünen Wälder. Erleichtert lehnte ich mich an Toms Schulter. Die Versicherung hatte mir wirklich im Magen gelegen, und noch einmal drückte ich dankbar die Hand unserer neuen Freundin. So schnell hätten wir ohne Liz gewiss keinen Erfolg gehabt!

35. KAPITEL
NOCH EINMAL GLÜCK GEHABT!

24. Oktober 2016, USA, Washington State,
Marcus Island Campground, Meilenstand: 232 961

»Was macht ihr?« Roger deutete auf unseren Schraubenzieher und die auf dem Tisch deponierte Handsäge. Wir hatten inzwischen endlich mit ein paar Umbauarbeiten begonnen, als er uns am frühen Nachmittag besuchen kam. Ihn und auch seine Frau Liz hatten wir längst ins Herz geschlossen wie alte Freunde, und fast täglich waren wir die wenigen Meter zu ihrem Häuschen hinübergegondelt, um gemeinsam Kaffee zu trinken und Geschichten auszutauschen. Mittlerweile hatte ich das Gefühl, die beiden schon eine Ewigkeit zu kennen.

»Wir wollen den Innenausbau ein wenig verändern!« Tom winkte ihm und nahm ihn mit nach drinnen. »Hier«, er zeigte auf das Bett, »das Hochbett im Heck soll verschwinden und nur die untere Liegefläche bleiben. Daneben wollen wir ein Stockbett für die Kinder bauen, am besten mit Schiebetüren.«

Roger, etwa Mitte fünfzig, war bei der Marine gewesen, hatte später große Trucks für das Unternehmen von Liz' Familie gefahren, und seit über fünfzehn Jahren waren die beiden ein Herz und eine Seele. Sie hatten uns erzählt, dass es schon lange ihr Traum war, selbst eines Tages in einem umgebauten Schulbus zu reisen, und auch jetzt sah ich das begeisterte Leuchten in Rogers Augen, als er über Frankies hölzernen Boden lief und sich von Tom alles erklären ließ.

»Braucht ihr vielleicht eine Bohrmaschine oder eine kleine Kreissäge?« Er hatte die verschraubten Balken betrachtet und sah uns fragend an.

»Das wäre cool, aber was uns dazu fehlt, ist der Strom!«

»Ihr habt keinen Generator?«

Wir schüttelten beide den Kopf.

»Okay ...« Roger machte sich auf den Weg nach draußen, »... in einer Sekunde bin ich zurück!« Dann stieg er in seinen Truck und verschwand in rasantem Tempo zwischen den Bäumen, während wir wieder nach dem Werkzeug griffen. Inzwischen waren wir an Rogers impulsive Art gewöhnt und wunderten uns kaum über seinen plötzlichen Aufbruch. Wenn er sich etwas in den Kopf gesetzt hatte, ließ er es sich nur ungern wieder ausreden.

Fünfzehn Minuten später hörten wir das Röhren des alten Pick-ups erneut, und die braune Schnauze des Fords tauchte aus dem Grün auf. Er drehte eine kleine Runde vor dem Bus, näherte sich rückwärts unserem Lager, bis die Heckklappe nur noch wenige Meter entfernt war. Dann sprang Roger strahlend aus dem Auto, öffnete den Aufbau über der Ladefläche und zog einen blauen Generator hervor.

»Der ist für euch, könnt ihr benutzen, solange ihr wollt, hier ist noch Sprit ...« Er stellte einen Zwanzig-Liter-Kanister daneben »... und hier eine Handkreissäge, damit geht's bestimmt schneller als mit der da!« Er nickte zu unserem Fuchsschwanz hin, der noch immer in einem Haufen Sägespäne auf dem Tisch lag. »Wenn ihr auch Holz braucht, sagt Bescheid. Auf unserer Farm liegt genug!«

Roger und Liz waren aus den Bergen nach Marcus gezogen, nachdem sie die letzten zehn Jahre in einem einsamen Blockhaus in den Bergen gewohnt hatten. Zusammen mit drei von Rogers Kindern hatten sie eng beieinander auf nur wenigen Quadratmetern gelebt, hatten mit Holz geheizt und gekocht, die Winter im meterhohen Schnee verbracht und von früh morgens bis spät abends gearbeitet, bis sie sich dafür entschieden hatten, ein neues Leben zu beginnen. Sie hatten also das Farmhaus samt Weidegrund und Pferden vermietet, die Kinder waren erwachsen und ihre eigenen Wege gegangen, und Roger und Liz genossen den Luxus von Badezimmer, Fußbodenheizung und Einbauküche.

Immer wieder hatten sie uns von ihrer Farm erzählt, und da wir es kaum erwarten konnten, das kleine, aber wunderschön restaurierte Holzhaus mit eigenen Augen zu sehen, und da uns für das Hochbett tatsächlich noch immer einige Balken und Bretter fehlten, quetschten wir uns zusammen in den engen Pick-up und machten uns nur eine halbe Stunde später über die engen Serpentinen auf den Weg in die einsamen Berge. Die Bäume warfen lange Schatten, und der kaum befahrene Weg verschwand immer mehr in der Dunkelheit. Eine Horde wilder Truthähne rannte vor uns in die Büsche, und als wir endlich durch das doppelflügelige Tor rollten, wurde das rot gestrichene Häuschen bereits fast von der Dämmerung verschluckt. Das Grundstück wirkte verlassen, nirgendwo konnten wir einen Lichtschein entdecken, nur das erfreute Wiehern der Pferde hallte über die einsame Wiese.

Zusammen kletterten wir in einen Container, der etwas abseits hinter dem Schuppen verborgen lag, und standen kurz darauf vor einem Berg alter Hölzer und Möbel, in dem Emma und Paula sofort zu stöbern begannen und sich auf die Suche nach verborgenen Schätzen machten. Auch wir hatten schon bald ein paar passende Bretter gefunden und machten uns daran, den ersten Stapel nach draußen zu tragen. Doch als wir gerade aus der Tür des geöffneten Containers steigen wollten, hörte ich ein seltsames Geräusch, und Roger, der vor uns ging, hielt plötzlich inne. Da war es erneut, ein metallisches Klicken wie von einer Waffe. Ein Lauf schob sich plötzlich aus der Dunkelheit, nicht weit entfernt von Rogers Brust, und ich hielt die Luft an.

Roger dagegen ließ sich kaum aus der Ruhe bringen. »Hey, Rosie ...« Er taxierte den Lauf und begann, in die Dunkelheit zu sprechen. »Beruhig dich, ich bin's nur ... Roger!«

Um uns herrschte atemlose Stille. Wie erstarrt verharrten wir noch immer an der Tür, die breiten Bretter umklammernd wie ein rettendes Schild, dann endlich flammte ein Licht auf.

»Roger?«

»Ja, alles okay ... ich wollte mit ein paar Freunden nur meine Bretter holen!«

»Ah, alles klar, entschuldige.« Dann ein Kichern. Der Lauf verschwand, und im Licht tauchte plötzlich das Gesicht eines jungen Mädchens auf, vielleicht siebzehn oder achtzehn Jahre alt. »Hallo, freut mich, euch kennenzulernen ... puh, da habt ihr wirklich noch mal Glück gehabt ... normalerweise schieß' ich, bevor ich rede ... Also, wenn Roger nicht gewesen wäre ...!« Dann lachte sie wieder, und ich fragte mich, ob das tatsächlich ein Witz gewesen war.

Mit noch immer weichen Knien luden wir das Holz auf die Ladefläche des Pick-ups, während Emma und Paula dem Mädchen bis an den Zaun der Pferdeweide folgten. Das Gewehr war zu meiner Beruhigung inzwischen wieder sicher im Haus verstaut, und auch Rosies Vater, der Mieter, war zu uns gestoßen.

»Tut mir echt leid!«, meinte er noch einmal beschwichtigend. »Wir waren im Wald unterwegs, und als wir dann die Geräusche aus dem Container hörten, dachte Rosie, da macht sich irgendwer dran zu schaffen. Wir wussten ja nicht, dass du kommen wolltest ...« Er warf Roger einen fragenden Blick zu, doch der zuckte nur die Schultern.

»Ich habe probiert anzurufen, aber ihr wart ja unterwegs.« Dann klopfte er ihm freundschaftlich auf die Schulter. »Alles halb so wild, ist ja nichts passiert!«

Eine halbe Stunde später machten wir uns auf den Heimweg. Wir hatten jede Menge Bretter und Balken gefunden, die für unsere Zwecke ideal geeignet waren, und während wir zum zweiten Mal um die engen Kurven rollten, sah Roger fragend in die Runde. »Alles gut bei euch?«

Wir nickten, inzwischen hatten wir uns vom größten Schock erholt, und kopfschüttelnd redete Roger weiter.

»Michael hat's nicht leicht mit seiner Tochter. Die Mutter ist heroinabhängig und schon nach der Geburt verschwunden, seitdem kümmert er sich allein um sie. Rosie hat in der Schwangerschaft anscheinend einiges mitbekommen, ist ein Drogenkind, aber ansonsten ein feines Mädel, nur etwas langsam ...« Er lächelte verständnisvoll. »Aber manchmal kann das durchaus auch von Vorteil sein!« Dann klopfte er Tom, der neben ihm saß, freundschaftlich auf die Schulter. So ernst die Situation auch gewesen sein mochte, Rogers gute Laune kam rasch zurück und steckte uns an, und schon bald rumpelten wir kichernd wie die kleinen Kinder über die vielen Schlaglöcher, ließen den Wald hinter uns und sahen kurz darauf den Schulbus vor uns aus dem Dunkel tauchen. Paula, die eine Zeit lang nachdenklich aus dem Fenster gestarrt hatte, strich sich ihre hellen Locken hinter die Ohren und verkündete sachlich: »Ich hätte auch Angst bekommen, wenn jemand im Dunkeln in meinen alten Möbeln herumwühlt!«

36. KAPITEL
ABSCHIED AUF ZEIT

11. November 2016, USA, Washington State,
Marcus Island Campground, Meilenstand: 232 961

Das Stockbett für die Kinder war schon vor über zwei Wochen fertig geworden, und dank der üppigen Holzreste hatten wir dafür kaum Geld ausgegeben. Die jetzige Aufteilung gefiel uns um einiges besser, und beide Mädchen waren während der letzten Tage fast durchgängig in ihren Betten verschwunden und hatten die Schiebetüren fest verschlossen, während Tom und ich durch das kleine Wäldchen des Campingplatzes gestreift waren.

Vor einigen Tagen hatten wir die ersten Bärenanzeichen entdeckt, herausgerissene morsche Baumstümpfe, Kratzer an diversen Stämmen und Tatzenabdrücke im weichen Boden. Jetzt im Spätherbst kamen die Tiere immer weiter aus den Bergen, auf der Suche nach etwas Fressbarem, und ich hoffte sehr, dass sie auch die letzten Tage weiterhin Abstand zu unserem Schulbus halten würden. Woche um Woche hatten wir unsere Abfahrt hinausgeschoben, hatten die spätherbstliche Sonne genossen und die nette Gesellschaft, doch inzwischen war es Anfang November, und auch hier würde der Winter nicht mehr lange auf sich warten lassen. In den nächsten Tagen würden wir wohl aufbrechen müssen, ob wir wollten oder nicht.

Am nächsten Morgen saß ich mit Liz am Picknicktisch unserer Parkbucht, nachdem sie und Roger auf einen Kaffee vorbeigekommen waren, und blickte auf die mit Blumen geschmückte Schnauze des Schulbusses, der nur wenige Meter neben uns stand.

»Wie weit südwärts wollt ihr denn jetzt fahren?« Liz schaute mich fragend an, während Emma und Paula auf der gegenüberliegenden Wiese mit den Hunden tobten. Ganze fünf hatten bei Liz und Roger ein Zuhause gefunden.

Ich zuckte, noch immer unentschlossen, die Schultern. »Die Kinder wollen unbedingt nach Mexiko ... Die Bucht der Wale wäre schon was, aber mal sehen!«

Tom, der sich hinter uns an Frankie gelehnt hatte, nickte. »Ja, ich glaube auch ... ein Stückchen die Baja runter wäre sicher schön ... die letzten Kilometer hat der Bus ja gut gehalten!«

Tatsächlich hatten wir schon lange keine Panne mehr gehabt, und ich klopfte auf die hölzerne Tischplatte. »Toi, toi, toi ... hoffen wir mal, es bleibt so!«

Roger hatte sich derweil auf den Vorderreifen gestützt, ließ während des Erzählens wie zufällig die Finger über das nachgeschnittene Profil gleiten, bevor er skeptisch die etwas ungleichen Fugen musterte. »Wollt ihr mit diesen Reifen noch weiterfahren?«

»Wenn wir keine anderen finden.« Tom zuckte mit den Schultern »Bisher haben sie gut gehalten!«

»In Colville gibt es viele Reifenläden, die haben sicher was. Aber fürs Erste kann ich euch auch aushelfen. Ich habe einen ganzen Berg alter Schneeketten, da finden wir sicher ein paar passende.«

»Okay, hört sich klasse an. Bei dir zu Hause?«

Roger grinste. »Nein, wir müssten noch mal zur Farm.« Dann klopfte er Tom lachend auf die Schulter. »Rosie kennt euch ja inzwischen!«

Die Abholung der Schneeketten verlief ganz ohne Zwischenfälle, und zwei Tage später füllte nicht nur ein zentnerschwerer Berg Ketten unseren Storage, sondern es waren sogar zwei neue Reifen, die uns ein Händler aus dem Nachbarort Colville für 700 Dollar besorgt hatte, auf unsere Vorderachse montiert. Zwar hatte uns das nachgeschnittene Profil sicher über den kanadischen Pass bis in die USA gebracht, dennoch war schon wieder viel Gummi auf der Straße geblieben, und die Rillen hatten einiges an Tiefe eingebüßt, so mussten wir uns für die nächsten Meilen auf jeden Fall keine Gedanken mehr machen.

Und nicht nur mit der Vermittlung von neuen Reifen hatten Roger und Liz uns ausgeholfen: Am Tag zuvor hatte uns Liz eine Adresse in die Hand gedrückt, es handelte sich um ein kleines Häuschen, mitten in Loreto, einem Städtchen der Baja California, nur wenige Meter von der Strandpromenade entfernt. »Hat meinem Vater gehört, der ist aber inzwischen gestorben. Ihr könnt dort auf jeden Fall bleiben, solange ihr wollt, ist gar nicht so weit von Guerrero Negro!«, hatte sie kurz erklärt, bevor sie uns noch einmal zum Essen eingeladen hatte. Und so war unsere weitere Route inzwischen mehr oder weniger festgelegt: Wir würden auf die mexikanische Halbinsel Baja California fahren und über Guerrero Negro bis weit in den Süden nach Loreto. Dort sollten wir für Liz einige Fotos vom Garten schießen, die sie in ihrer geplanten Verkaufsanzeige verwenden könnte.

An unserem letzten Tag vor dem Morgen des Aufbruchs machten wir uns also am frühen Abend noch einmal auf den Weg zum Blockhaus unserer Freunde. Wir folgten dem kleinen ausgetretenen Pfad durch das dichte Gebüsch, wanden uns durch die Dornen, ließen ein kleines Waldstück hinter uns, an das ein wenig weiter der steile Hang grenzte, der direkt in Rogers und Liz' Garten endete.

Wir erreichten eine kleine Lichtung mit vertrocknetem Gras, wo wir zwischen den knorrigen Stämmen vereinzelter Obstbäume einige abgenagte Knochen entdeckten. Ich konnte ein Stück Wirbelsäule erkennen und mehrere längere Gebeine, die zu Gliedmaßen gehören mussten, und mir fiel der Parkranger ein, der erst vor knapp zwei Stunden auf dem Campingplatz nach dem Rechten gesehen hatte. »Die Bären sind gerade schlimm«, hatte er uns gewarnt und unsere Beobachtungen bestätigt. »Fressen alles, was sie finden können, für ihren Winterspeck, vor allem die vielen Äpfel, die sie hier finden. Außerdem wurde auf der Hauptstraße von Marcus ein Puma gesehen. Am besten ihr bleibt immer zusammen!«

Die Knochen und das Drumherum sahen nicht wie von Bären bearbeitet aus, eher noch war es ein Puma oder vielleicht auch Kojoten, dachte ich bei mir. Die Kothaufen der Bären erkannte man an ihrer schieren Größe, im Übrigen wirkten sie in der Regel wie riesige Obstkompottportionen und sahen nicht nach verdautem Fleisch aus. Obwohl die knöchernen Überreste schon länger auf der Lichtung liegen mussten, merkte ich, wie auch die Kinder unwillkürlich aufs Tempo drückten. Immer schneller hasteten wir durch altes Laub, Äste brachen, während die dunklen Schatten zunehmend länger wurden, dann endlich erreichten wir die gemähte Wiese, die sich unter der Terrasse des Blockhauses erstreckte.

Erleichtert atmete ich auf, doch da hörten wir plötzlich ein Geräusch, und Emma griff erschrocken nach meiner Hand. Ein krachendes Schmatzen, ganz so, als würde jemand genüsslich in einen Apfel beißen. Ängstlich ließ ich meinen Blick über den steilen Hang schweifen, doch nichts war zu sehen. Mit angehaltenem Atem blieben wir stehen ... da, wieder ein Knacken und Krachen, gefolgt von schmatzendem Kauen. Ich kniff meine Augen zusammen, um besser sehen zu können, musterte die dichten Blätter der Apfelbäume, und fast schien mir, als würden die Zweige wackeln. Aber erkennen konnte ich rein gar nichts.

Leise schlichen wir weiter, bis wir endlich die Wiese erreichten, und erleichtert hüpften wir über die Stufen zur Veranda. Freudiges Gebell begrüßte uns, und die vielen Hunde, die wir inzwischen auch schon ins Herz geschlossen hatten, sprangen begeistert um unsere Beine.

Spät am Abend, nach Pizza und Rotwein, nahm Liz uns noch einmal in die Arme, während Roger uns in seinen Pick-up packte, um uns zurück auf den Campingplatz zu fahren, denn für heute zumindest hatten wir davon Abstand genommen, noch einmal durch das Gestrüpp zu wandern.

»Ihr müsst mir unbedingt versprechen, dass ihr auf dem Rückweg wiederkommt. Dann könnt ihr den Bus auch einfach in unserem Garten parken!« Roger grinste verschmitzt »Ihr wisst ja ... ich bin bekannt für Kidnapping ... ansonsten sage ich einfach, euch hat der Bär erwischt und verstecke euch in meinem Keller!« Dann lachte er laut und schallend, und auch die Mädchen kicherten begeistert.

»In spätestens vier Monaten sind wir wieder da, versprochen!«

37. KAPITEL

DIE ERFOLGLOSE SUCHE NACH EIN BISSCHEN WÄRME

29. November 2016, USA,
von Idaho über Nevada bis Utah,
Meilenstand: 234 067

Schroffe Felsen begrenzten die Straße zur rechten Seite, der Blick über das schmale Tal linker Hand verschwand dagegen größtenteils im grauen Nebel des nassen Schnees, und ein eisiger Wind pfiff durch den engen Canyon, der bei besserer Sicht sicher atemberaubend gewesen wäre. Weit waren wir nicht gekommen, bis uns die Vorboten des Winters eingeholt hatten, schon der erste Pass in Idaho begrüßte uns mit einem ausgewachsenen Schneesturm auf einer Höhe von gerade mal 700 Metern, und trotz der neuen Reifen kamen wir kaum voran. Mühsam krochen wir durch den knöcheltiefen Matsch auf der Straße, folgten dem Highway, der noch immer steil nach oben führte.

Der Abschied von Marcus Island, Liz und Roger war uns nicht leichtgefallen. Nur schweren Herzens hatten wir am nächsten Morgen unseren Platz am Fluss geräumt, nachdem die Wettervorhersage auch für die Gemeinden um Kettle Falls mehrere Zentimeter Neuschnee angekündigt hatte und die Bären des Nachts schon fast bis an den Bus gekommen waren. Roger hatte uns großzügigerweise den blauen Generator geschenkt, der sich insbesondere bei längeren Standzeiten als große Erleichterung erweisen sollte, weil wir für das Aufladen der Batterie jetzt nicht wie zuvor nach etwa drei Tagen wieder längere Fahrten machen mussten. Von Colville aus waren wir über Spokane nach Idaho gefahren, von dort aus wollten wir weiter in Richtung Nevada, doch wieder einmal hatte uns das Wetter einen Strich durch die Rechnung gemacht.

Tom runzelte skeptisch die Stirn und starrte angestrengt aufs Armaturenbrett. »Irgendwas stimmt nicht ...«

Ich hatte mich hinter ihn gesetzt, und mein Blick schweifte von den dicken Flocken zur Temperaturanzeige, deren Zeiger stetig nach oben kletterte.

»Der Motor wird immer heißer, und das bei der Kälte!« Noch immer klatschten dicke Flocken auf die Windschutzscheibe, und die Scheibenwischer hatten unter der Anstrengung zu quietschen begonnen. Die Temperaturanzeige war inzwischen fast bis zum Anschlag gestiegen, und mit eingeschalteter Warnblinkanlage rollten wir langsam auf den Seitenstreifen.

Tom hatte die Haube geöffnet und starrte ratlos in den Motorraum, während ich fröstelnd vor dem Schulbus auf und ab marschierte und mich fragte, was zum Teufel wohl diesmal das Problem sein mochte, doch auch Tom zuckte nur mit den Schultern.

»Ich habe keine Ahnung! Sieht alles in Ordnung aus.« Er wischte sich mehrere geschmolzene Schneeflocken aus dem Gesicht und schlug den Kragen seiner Jacke hoch. Und das, nachdem wir Frankie doch eben erst noch für sein Durchhaltevermögen gelobt hatten!

Gedankenverloren wischte ich ein Häufchen Schnee von der Stoßstange und klopfte gegen das Fliegengitter vor dem Kühler, das wir als Schutz vor Steinschlag auf den Pisten in Alaska montiert hatten. Inzwischen war es fast komplett unter einer dicken Schicht Eis verschwunden, das die kleinen Öffnungen wie eine zweite Haut überzogen hatte.

Tom sah auf meine Hand und begann zu lachen. »Oh Mann, klar, dass er so heiß wird!« Dann klopfte er wie ich auf das Gitter, und die gefrorene Schicht begann zu bröseln, eisige Luft strömte durch den Kühlergrill, und als wir wieder in den Bus stiegen, war die Temperatur tatsächlich schon ein Stückchen gefallen.

Erleichtert atmeten wir auf, und zwei Stunden und drei Kühlergrill-Reinigungen später hatten wir den nächsten Pass hinter uns gebracht. Der weitere Weg sah jedoch nicht gut aus. Auch die nächsten Meilen hielten etliche Berg- und Talfahrten parat, und die ersten Straßen waren selbst hier schon für den Normalverkehr gesperrt. Die einzig passable Route schien von Nevada aus über die Great Salt Lake Desert, die Große Salzwüste, nach Utah zu führen. Ab Salt Lake City würde es zumindest langsam wieder in tiefer gelegene Gebiete gehen, und die Temperaturen sollten dort deutlich über die Null-Grad-Marke steigen.

Schon in der Mongolei hatten wir in den Randgebieten der Wüste Gobi mit den extremen Temperaturen zu kämpfen gehabt, von geradezu unerträglicher Hitze bis tief unter null, und vor allem die Kinder, die damals gerade mal eins und drei gewesen waren, hatten darunter gelitten. Trotzdem hatte uns die Schönheit und Weite fast den Atem geraubt, und keineswegs sicher, was uns erwarten würde, lenkten wir Frankie ein paar Tage später in die ersten Ausläufer der Great Salt Lake Desert. Doch auch die Wüste von Utah ließ sich nicht lumpen. Schneidend kalter Wind fegte über die glatte Fläche, ließ unseren tonnenschweren Schulbus auf der Straße tänzeln wie ein nervöses Pferd, drückte gegen die ächzenden Fenster und erstickte jeden noch so kleinen Gedanken an einen Spaziergang über die weißen Salzkrusten, die wie glitzerndes Eis die Ebene überzogen, schon im Keim. Die dicken Umzugsdecken, die uns als Vorhänge dienten, waren nach kürzester Zeit an den Fenstern festgefroren und ließen sich erst nach einem längeren Zwischenstopp und einem Schwung Brennholz im Ofen wieder nach oben rollen.

In Salt Lake City legte sich zwar endlich der pfeifende Wind, die Temperaturen jedoch wollten auch die nächsten Tage nicht über die Fünf-Grad-Marke klettern. Fröstelnd krochen wir über den Freeway 15 immer weiter nach Süden, kamen durch Sandy, Provo und Scipio, verließen kurz vor Beaver endlich den Highway und machten uns auf den kleinen Nebenstraßen auf den Weg in Richtung des Bryce Canyon. Auch Frankie schien sich zusammenzureißen. Zwar hatte er bei der Kälte wieder Probleme mit dem Anspringen, aber seit Tom uns ein neues Starthilfespray besorgt hatte, konnten wir selbst bei Minustemperaturen nach einem Sprühstoß in den Luftfilter in Minutenschnelle starten. Tag für Tag hofften wir auf ein Ende der Kälteperiode, aber da der November inzwischen schon weit fortgeschritten war, schien mir der Wunsch bald utopisch. Dabei waren wir doch vergleichsweise nah an Kalifornien! Nicht einmal 300 Meilen, keine 500 Kilometer ...

An einem Hinweisschild zu mehreren heißen Quellen beschlossen wir deswegen spontan, die »Mystic Hotsprings« den Berggebieten des Bryce Canyon fürs Erste vorzuziehen, und bogen in die schmale, holperige Straße, die uns in nur zwei Meilen dorthin bringen sollte. Schlaglöcher zogen sich durch den Asphalt, der uns bis in ein heruntergekommenes Wohngebiet führte, und nach den letzten Häusern folgte der Straßenverlauf der Vertiefung zwischen mehreren Hügeln, die sich wie ein kleines Bachbett durch die verdorrte Landschaft zog.

Wieder tauchten einige Häuser auf, ältere Gebäude mit herausgeschlagenen Fenstern, gefolgt von einigen Parkbuchten, die an einen Campingplatz erinnerten. Sogar einige Bäume drängten sich hier in kleinen Gruppen zusammen, dazwischen fanden sich Hängematten und Lichterketten in allen erdenklichen Farben. Die Hauptattraktion allerdings, zentral angelegt und bunt bemalt, stellte alles andere in den Schatten. Circa ein Dutzend Schulbusse hatten sich, zu unserer Überraschung, in der Mitte des Camps eingefunden, dicht an dicht standen sie da, wie die Häuser einer kleinen Wohnsiedlung, geschmückt mit allerlei auffallenden Kleinigkeiten. Leuchtend bunte Vorhänge konkurrierten mit aufgemalten Totenköpfen, angeschweißten Verandas, wuchtigen Eingangspforten oder gar einem aufs Dach gesetzten VW-Bus, der anscheinend auch als Schlafzimmer genutzt werden konnte (was im Sommer freilich enorm heiß sein musste). Mehrere in bunte Batiktücher, Wickelröcke und Haremshosen gehüllte Leute waren auf dem Platz unterwegs und winkten uns begeistert zu, als wir auftauchten.

Wir rollten auf den Schotterplatz vor dem großen Hauptgebäude, das ein gutes Stück vom Campingplatz entfernt lag, und machten uns mit einem Stapel Handtücher auf den Weg ins Innere. Der Pool, der hinter einem hohen Zaun den Eingang flankierte, wirkte jedoch nicht gerade vertrauenerweckend. Die kleine Pfütze Wasser, die gerade mal den Boden benetzte, war grünlich verfärbt, und die ehemals gekachelten Wände wiesen tiefe Risse auf, aus denen kleine Birken und Blumen wucherten. Die letzten Fugen zwischen den Resten alter Fliesen waren von pelzigem Moos überzogen, und der leicht unangenehme Geruch nach Brackwasser hing in der engen Nische vor der Eingangstür. Hier konnte seit Jahrzehnten keiner mehr gebadet haben.

Trotzdem drückten wir gegen die alte, leicht verzogene Holztür, die mit einem plötzlichen Schwung den Blick auf einen dämmrigen Laden freigab, bewacht von einer medusagleichen Frau mittleren Alters, deren dicke blonde Rastalocken sich um ihren Kopf wanden.

»Hi, sind wir hier richtig bei den Mystic Hotsprings?«

Ihr Kopf schien unter der Last der schlangengleichen Haare nach vorne zu kippen, während sich ihre Lippen leicht zu kräuseln begannen. Ich interpretierte das kurzerhand als Nicken.

»Aber der Pool ...« Ich zeigte fragend zur Eingangstür.

»Nein, den benutzt schon lange keiner mehr«, lachte sie lauthals auf, »keine Sorge, die natürlichen Quellen mit ihrem heilenden Wasser befinden sich über uns in den Bergen.«

»Oh, okay ... wie weit ist das in etwa?« Mit einem Fußmarsch mit nassen Haaren durch die Kälte hatte ich eigentlich nicht gerechnet.

»Leicht zu erreichen, in zehn Minuten ist man da.«

»Mhm. Was verlangt ihr?«

»Kommt darauf an. Mit Camping oder ohne, wie viele Personen, eigenes Fahrzeug oder Hütte?«

Ich begann mich gerade zu fragen, welche Hütten sie wohl gemeint haben könnte, denn außer den Gebäuden mit den eingeschlagenen Scheiben war mir weiter keine aufgefallen, als Tom auch schon detailliert aufzuzählen begann: »Vier Personen mit Camping, eine Nacht im eigenen Fahrzeug.«

Die Hand der Frau verschwand unter der rissigen Platte der Verkaufstheke, zog einen buchgroßen Taschenrechner aus der Versenkung und begann, auf die Tasten einzuhacken.

»Vier Personen, heiße Quellen ... mit Massage oder ohne?«

»Lieber ohne!«

»Okay, dann noch eine Übernachtung im eigenen Fahrzeug ... ähm ... okay ... dreißig Dollar pro Person ... na gut, machen wir für die Kinder die Hälfte ... neunzig Dollar!«

»Wie viel?« Ich glaubte, mich verhört zu haben, bisher waren heiße Quellen überall um einiges erschwinglicher gewesen.

»Neunzig Dollar!«

»Ich nehme an, es gibt Duschen, Strom et cetera?« Tom lehnte sich fassungslos über die Theke.

»Nein, aber die heißen Quellen sind mit inbegriffen, außerdem sind die Becken 24 Stunden geöffnet! Baden unter dem Sternenhimmel, ein einmaliges Erlebnis!« Sie zog einen Prospekt aus einem Ständer und deutete auf ein kleines Foto, auf dem man mehrere Wannen erkennen konnte, in die dampfendes Wasser plätscherte. In einer räkelte sich eine junge Frau, die mit einem abwesenden Lächeln über sich in den Sternenhimmel blickte. »Wenn Sie wollen, können Sie wie gesagt auch jederzeit eine Hütte oder einen der ausgebauten Schulbusse mieten.«

»Ach, die Busse sind zum Mieten gedacht?« Ich schluckte meine Enttäuschung herunter. Ich hatte mich darauf gefreut, Gleichgesinnte zu treffen, andere Reisende, hatte gehofft, Geschichten austauschen zu können, Ausbauten zu vergleichen, vielleicht ein paar Tage oder Reisemeilen zusammen verbringen zu können. Mit einem Satz jedoch hatte die geschäftstüchtige Rastalady all die keimende Vorfreude zurück in den Boden gestampft.

»Gibt es vielleicht Familienpreise? Oder Rabatte für nicht Vermögende? Kostenersparnisse für Reisende, die unbedingt ein heißes Bad brauchen zum Aufwärmen?« Tom startete einen letzten Versuch, doch die Frau war mit ihren Gedanken schon ganz woanders. Ein letztes knappes Kopfschütteln, dann griff sie nach einem bunten Tuch, das von einem Kleiderständer baumelte, und wickelte es sich um die im Nu aufgetürmten Haare, schnappte sich einen dicken Schlüsselbund und verließ den Laden, ohne uns eines weiteren Blickes zu würdigen.

Enttäuscht verließen wir mit den Handtüchern unter dem Arm den warmen Verkaufsraum, standen nur Minuten später fröstelnd und ein wenig ratlos wieder auf dem geschotterten Parkplatz vor dem Hauptgebäude und überlegten, wie es nun weitergehen sollte. Neunzig Dollar waren uns eindeutig zu viel, die verantwortliche Dame ließ offenbar nicht mit sich verhandeln, und Duschen gab es auch keine. So blieb uns nichts anderes übrig, als wieder in den Bus zu klettern und den Motor anzuwerfen. Die vielen Menschen auf dem Campingplatz waren verschwunden, als wir auf dem Weg zurück wieder daran vorbeikamen, und ich sah gerade noch den letzten Zipfel eines bunten Tuches auf einem schmalen Trail verschwinden, der zu den heißen Quellen führen musste. Seufzend machten wir noch ein Foto von den alten Bussen, dann drückte Tom aufs Gas. Bald musste es einfach wärmer werden, wäre doch gelacht!

38. KAPITEL
ANGST IM SCHNEESTURM

30. November 2016, USA, Utah,
Piute State Park, Meilenstand: 234 173

Ein Röhren riss mich aus dem Schlaf, grelle Lichter flammten auf, bevor sie an unserem Bus vorbei in der Dunkelheit verschwanden. Verschlafen kramte ich nach der Uhr unter dem Kopfkissen und blickte auf die Anzeige: halb drei Uhr nachts, ich hob die Vorhänge ein Stückchen an und sah nach draußen. Alles um uns herum war unter einer dicken Schneedecke verschwunden, und noch immer wirbelten Millionen Flocken durch die Luft. Seit wir ins Bett gegangen waren, musste es ununterbrochen geschneit haben.

»Hast du das auch gehört?« Tom hatte sich neben mir aufgesetzt und lauschte angestrengt in die Dunkelheit.

»Ja, ein Auto, na ja, wohl eher ein aufgemotzter Pick-up, so laut wie der gedröhnt hat!« Ich sah auf die geschlossene Schneedecke und entdeckte die breiten Spuren. »Ist wahrscheinlich zu der *boat launch* gefahren ...«

»Mitten in der Nacht? Wirklich merkwürdig!«

Von den Mystic Hotsprings waren wir noch etwa eine Dreiviertelstunde weiter in Richtung Circleville gefahren und hatten an einer Nebenstraße den Piute State Park entdeckt. Ein spiegelglatter See versteckte sich dort zwischen monströsen, ungewöhnlich geformten Felsen, die dem ganzen Gelände einen leicht unwirklichen Eindruck verliehen, ähnlich der Filmkulisse eines Fantasyfilms. Ganze Horden heller Kaninchen hoppelten durch die verdorrten Büsche, und es hätte mich kaum gewundert, wären wir plötzlich wie Alice im Wunderland in einer völlig neuen Welt erwacht.

Durch die dicke Schneedecke, die sich über das Land gelegt hatte, wirkte die Weite um uns und den Schulbus herum noch unberührter als zuvor. Und genau das bereitete uns in diesem Moment Kopfzerbrechen. Den ganzen Tag über hatten wir in völliger Einsamkeit verbracht, keine Menschenseele schien sich zu dieser ungemütlichen Jahreszeit in den State Park zu verirren, einzig ein älterer, ausgemergelter Radfahrer, der trotz der Kälte versucht hatte, einen Fisch aus dem Wasser zu ziehen, war an unserem Schulbus vorbeigekommen und hatte uns bei einem heißen Kaffee seine Lebensgeschichte im Schnelldurchlauf erzählt. Liebeskummer, Enttäuschungen, dann Drogen bis zur Abhängigkeit, doch jetzt, da war er sich sicher, würde er alles anders anpacken. Seit einigen Wochen hatte er nichts mehr von dem Drogenzeug angerührt, und diesmal würde er durchhalten. Kurz nachdem er wieder auf sein Fahrrad gestiegen war und sich unter der unheilverkündenden Wolkendecke auf den Weg in die nächste Kleinstadt gemacht hatte, war mit dem Beginn des Schneetreibens auch der erste Pick-up erschienen.

Mit blitzenden Chromfelgen, laut und röhrend war er auf der Bootsrampe verschwunden, die hinter einer kleinen Mauer verborgen lag, hatte dort circa eine Viertelstunde verbracht, bevor er über die einzige Zufahrtsstraße wieder verschwand. Dreißig Minuten später kam der nächste, dann der dritte. Bis zum späten Abend hatten bestimmt zehn bis fünfzehn Fahrzeuge unseren Stellplatz passiert, alle auf dem Weg zu dieser Bootsrampe, die jedoch wegen des geringen Wasserstands irgendwo zwischen den Felsen im Nichts endete. Als wir gerade begonnen hatten, uns ernstlich unwohl zu fühlen, war der Strom der Fahrzeuge verebbt, und nach ein paar Stunden hatten wir das merkwürdige Gefühl, das uns beschlichen hatte, schon wieder vergessen.

Jetzt war es mit einem Schlag wieder da.

»Ist der Wagen noch immer auf der Bootsrampe?«

Ich nickte beklommen, und zum zweiten Mal sahen wir auf die Uhr. Zehn Minuten, fünfzehn. Wenn sich das Schema nicht geändert hatte, musste er jetzt langsam wieder auftauchen – und tatsächlich ... Zwei bleiche Lichter krochen aus der Dunkelheit, kamen näher und näher, und ich merkte, wie es in meinem Magen nervös zu ziehen begann.

»Morgen sollten wir woanders hinfahren, das kommt mir doch alles arg komisch vor!«

»Was macht er denn jetzt?«

Anstatt zur Ausfahrt zu rollen, kam der Pick-up plötzlich auf uns zugerast, rutschte im Schnee bis kurz vor unseren Schulbus, und mit einem Mal waren wir in grelles Licht getaucht.

»Hat der 'nen Vogel?« Tom sprang aus dem Bett und griff nach seiner Jacke, während ich im hellen Scheinwerferlicht die Augen zusammenkniff. Mindestens sechs Strahler, die auf dem Überrollbügel des Pick-ups montiert waren, leuchteten in unsere Fenster, und ich fragte mich, wie lange die Kinder wohl noch schlafen würden. Dann drückte der Fahrer aufs Gas. Der Motor jaulte auf, die Reifen drehten durch und Schnee spritzte in alle Richtungen, auch gegen die Fenster.

»Verflucht, was macht der?« Ich krallte meine Finger in die Decke und merkte, wie Panik in mir aufstieg. Der Typ im Pick-up war eindeutig durchgeknallt, und insgeheim verfluchte ich die laschen Waffengesetze der USA. Was, wenn der Typ eine Knarre hatte, was, wenn er jetzt und hier völlig durchdrehte? Das Gewehr! Ich schlug mir an die Stirn. »Wo ist das Gewehr?«

»Hinten im Stauraum. Keine Chance, da kommen wir jetzt nicht dran!«

Am frühen Abend hatte Tom das Gewehr halb eingegraben zwischen den Felsen entdeckt und es mitgenommen, und wie schon die Pistole in Kanada hatten wir vorgehabt, es die nächsten Tage zur Polizei zu bringen. Waffen mussten hier in einer Menge im Umlauf sein, die für einen Europäer kaum vorstellbar war, und gerade im Moment gab uns das natürlich zu denken. Selbst wir als überzeugte Pazifisten waren in den letzten Monaten allein durch Zufall in den Besitz von zwei Knarren gekommen, und ich wollte gar nicht wissen, welche Mengen an Feuerwaffen der Fahrer des Pick-ups wohl in seinem Fahrzeug transportierte. Der Motor dröhnte noch immer, und Emma begann, sich unruhig im Schlaf zu drehen.

»Was machen wir jetzt?«

»Warten. Was anderes bleibt uns nicht übrig.«

Mein Blick fiel auf die Holzkeule, die Tom mit den Mädchen zum Baseballspielen geschnitzt hatte. Seit zwei Tagen stand sie neben dem Baseball bei der Tür, im Notfall würde sie uns sicher gute Dienste leisten. Nervös blickten wir durch den Spalt der Vorhänge nach draußen. Der Motor des Pick-ups hatte zu dröhnen begonnen, als würde er jeden Moment kollabieren, eine Wolke aus Abgasen vermischte sich im grellen Licht mit dem wirbelnden Schnee, die Gangschaltung krachte, und der Wagen schoss nach hinten, drehte sich ein letztes Mal im Kreis und verschwand endlich in der schmalen Ausfahrt, bevor der grelle Lichtkegel sich zwischen den Hügeln verlor.

Meine Hände hatten zu zittern begonnen, und ohne ein Wort sagen zu müssen, waren wir uns einig. Tom zog sich die Mütze über den Kopf, ich griff nach dem Starthilfespray und sprang nach draußen. Fünf Minuten später begann der Motor des Schulbusses unruhig zu holpern, dann zu röhren, und obwohl wir wegen des dichten Schneefalles kaum etwas in der Dunkelheit erkennen konnten, rollten wir im Schritttempo zurück auf die Straße, entfernten uns Stück für Stück aus der Reichweite der unheilvollen Bootsrampe.

Noch immer spürte ich ein leichtes Magendrücken. Diesmal hatte ich wirklich Angst gehabt! Natürlich war mir klar, dass ein gewisses Quantum an Einsamkeit auch immer ein Risiko bedeuten konnte, immerhin hatten wir auf unseren Reisen schon einige denkwürdige Situationen erlebt. Ich musste an die merkwürdigen Reiter an der turkmenischen Grenze denken, die sich in vollem Galopp unserem Lastwagen genähert hatten, nur um dann wieder zu verschwinden, erinnerte mich an die Nacht in der Einsamkeit Sibiriens, in der Tom schwer krank geworden war und wir ohne Hilfe bis zum Morgen durchhalten mussten. Doch noch nie hatte ich mich so bedrängt gefühlt wie in dieser Nacht, und auch wenn wir nicht genau wussten, was die vielen Autos dort gewollt hatten, hatten wir den Verdacht, dass hier Drogen im Spiel sein mussten. Immer mal wieder hatten wir auf einsamen Plätzen Dealer beobachtet, und dieser Platz mitten im Nirgendwo schien dafür geradezu prädestiniert zu sein. Für den Moment allerdings wollte ich gar nicht mehr wissen, Hauptsache, wir waren unterwegs, und zumindest für die restliche Nacht hatte ich nicht das Geringste dagegen einzuwenden, auch mal auf die Einsamkeit zu verzichten.

39. KAPITEL
FRANKIE MACHT SCHLAPP

2. Dezember 2016, USA, Utah,
Cedar City, Meilenstand: 234 505

»Nicht schon wieder!« Kopfschüttelnd blickte Tom auf das Armaturenbrett, und ich hatte das Gefühl, auf die Repeat-Taste gedrückt zu haben. »Da stimmt was nicht!«

»Aber die Temperatur ist doch in Ordnung!«, sagte ich nach einem Blick auf die Anzeige.

Tom schüttelte den Kopf. »Nein, diesmal ist es der Öldruck!« Er trat vorsichtig aufs Gaspedal, blickte dann suchend nach draußen. »Müsste nicht bald eine Ausfahrt kommen?«

»Cedar City, steht hier!« Ich tippte auf die Karte, während der Bus immer langsamer rollte und Tom besorgt auf die Anzeige starrte, 500 Meter später bogen wir in die Ausfahrt, die wenig vielversprechend wirkte. Die Stadt musste wohl noch ein paar Meilen entfernt sein.

Weit waren wir nicht gekommen. Seit dem bewachten Parkplatz, auf dem wir die letzte Nacht verbracht hatten, waren wir gerade mal eine knappe Stunde unterwegs gewesen, aber trotzdem hatten wir einige Höhenmeter hinter uns gebracht, und zumindest das Schneegestöber hatte sich inzwischen gelegt. Im Schritttempo rollten wir auf den geschotterten Platz hinter einer Tankstelle, und Tom zog seufzend den Schlüssel aus dem Schloss.

»Wenn wir Pech haben, stimmt mit dem Motor was nicht ... keine Ahnung, was wir dann machen sollen!«

Emma und Paula sahen besorgt aus dem Fenster, die letzten Tage waren einfach etwas viel gewesen, Paulas Augen begannen feucht zu schimmern.

»Aber Frankie ist doch nicht kaputt, oder?«

»Nein, ich hoffe nicht. Jetzt müssen wir erst einmal herausfinden, was ihm genau fehlt.«

Tom hatte die dicke Reparaturanleitung unter dem Sitz hervorgezogen und begann, in den Seiten zu blättern, während ich frische Bohnen in die Kaffeemühle füllte. Missmutig saßen die Mädchen noch immer am Küchentisch und starrten aus dem Fenster.

»Ich möchte jetzt noch nicht zurück nach Deutschland, Mama, vor allem nicht in unser Haus. Da fühl ich mich nicht daheim ... daheim bin ich unterwegs, hier und überall und vor allem im Schulbus, und außerdem möchte ich auch wieder zurück ... zu Liz und Roger ... und zu Sherri und zu Leo!«, erklärte Paula.

Ich legte ihr den Arm um die Schulter, doch noch bevor ich etwas erwidern konnte, hörten wir Tom erleichtert mit der Zunge schnalzen. »Vielleicht ist es gar nicht so schlimm, ich hab hier was gefunden ...« Suchend blickte er aus dem Fenster und begann wieder zu strahlen. »Da vorne, bei der Tankstelle ist eine Werkstatt, genau, was wir jetzt brauchen!«

Zwanzig Minuten später parkte Frankie über einer schmalen Arbeitsgrube in der weitläufigen Halle, und der Mechaniker runzelte skeptisch die Stirn.

»Kann schon sein, aber sicher bin ich mir nicht.«

Tom hatte eine Schemenzeichnung der Reparaturanleitung in der Hand und deutete auf ein kleines Teil. »Vielleicht ist es nur verstopft oder klemmt, ein Ölwechsel allein könnte vielleicht schon helfen!«

Wieder zuckte der Mann mit den Schultern. »Mit Schulbussen, vor allem mit alten Dieselmodellen haben wir keine Erfahrung, und so ein Ventil müssten wir auch erst bestellen. Am besten ihr geht gleich zu ›Amen Diesel‹, sind nur ein paar Meilen, drüben in Cedar City!«

Noch zögerte Tom.

»Einen Ölwechsel können wir natürlich machen, das kostet euch in etwa 200 Dollar!«

Jetzt schüttelte er den Kopf. »Danke, nein. Dann versuchen wir es doch lieber in Cedar City!«

Ohne zu mucken, rollte Frankie vom Parkplatz, und auch während der wenigen Kilometer machte er beim Fahren keinerlei Probleme, was Toms Vermutung, es könnte sich nur um ein klemmendes Öldruckventil handeln, zu bestätigen schien. Die Mechaniker von »Amen Diesel« waren der gleichen Ansicht, und nur Minuten später standen wir am Verkaufstresen und füllten die erforderlichen Unterlagen für die Ersatzteilbestellung aus. Die nette Dame erinnerte mich fast ein wenig an die Sprechstundenhilfe unseres Hausarztes.

»Geburtsdatum ... äh ... Erstzulassung?«

»1986.«

»Meilenstand?«

»234 505.«

»Okay.« Sie tippte noch ein paar letzte Zahlen in den Computer. »Das Ersatzteil wird in etwa einer Woche da sein!«

Fassungslos starrten wir auf ihr aufgesetztes Lächeln. »*Eine Woche*? Geht das nicht schneller?«

»Wenn wir es mit dem Expressdienst schicken lassen, Moment, da muss ich kurz nachsehen ... drei Tage, kostet dann allerdings hundert Dollar extra.«

»Nein.« Wir mussten schlucken. »Dann warten wir doch lieber!«

Die Kühlanlage eines Lastwagens dröhnte neben uns, und die hohen Seitenwände eines Containers versperrten jegliche Sicht auf die Gegend, doch dieses eine Mal war ich dafür dankbar. Die überquellenden Mülleimer, die Haufen zerbrochener, dreckiger Paletten und die vorbeirasenden Autos waren sicher nicht das, was ich von meinem Frühstückstisch aus sehen wollte.

Nach einer Rundfahrt durch die kleine Stadt waren wir am späten Nachmittag auf dem einzig möglichen Stellplatz gelandet, einem *truck stop* direkt am Highway. Der Lärmpegel war immens, zudem schien uns das kalte Wetter gefolgt zu sein, und ein eisiger Wind ließ Frankie schaukeln wie eine Babywiege beim Einschlafen, dazu das Dröhnen der Motoren und das Gelächter der Betrunkenen, die spätabends aus der nahe gelegenen Kneipe stolperten. Das einzig Positive war die Internetverbindung, die man für ein paar Dollar herstellen konnte, und so waren zumindest Emma und Paula für den Moment zufrieden. Aus dem Laptop dröhnte die Filmmusik aus »Die Vampirschwestern«, während wir auf dem Smartphone nach dem Wetter googelten.

»Cedar City, Wetter«, frustriert starrte ich auf die Temperaturen, die die Suchmaschine für uns ausspuckte: minus zwölf Grad

Celsius, Hagel und Schnee. Das Tief aus dem Piute State Park hatte uns schon wieder eingeholt, und mich begann zu frösteln. Der Holzhaufen neben dem Ofen war deutlich geschrumpft, und auch wenn Tom begonnen hatte, zusätzlich einige hölzerne Paletten zu zersägen, würden diese Ergänzung und die drei Bündel Buchenholz, die wir in der Stadt aufgetrieben hatten, nicht lange reichen. Durch den einfachen, nicht isolierten Holzboden des Schulbusses waberte schon jetzt die Kälte, und meine Zehen fühlten sich an wie tiefgefroren. Die sieben Tage Wartezeit würden mit Sicherheit lang werden.

Als wir am 10. Dezember, es hatte doch ein paar Tage länger gedauert, bis das Ventil gekommen war, dann bei »Amen Diesel« standen, konnten wir es kaum erwarten, endlich wieder aufzubrechen. Das Öldruckventil war wie geplant angekommen, in nur drei Stunden hatte der Mechaniker das Ersatzteil verbaut, und mit gezückter Kreditkarte standen wir wenig später zum zweiten Mal vor der lächelnden Dame an der Rezeption.

»Hi, alles in Ordnung?«

»Na, das hoffen wir doch ...« Tom hatte seine gute Laune wiedergefunden, während die Mädchen schon zur Abfahrt bereit im Schulbus warteten.

»Hier ist Ihre Rechnung ... 586 Dollar!«

»Wie bitte?« Tom lachte, anscheinend hatte er die Vermutung, die Dame würde ihn auf den Arm nehmen, und griff nach dem Beleg.

»586 Dollar, Sir.«

Doch obwohl die Rechnung fast um 200 Dollar höher als der Kostenvoranschlag ausgefallen war, schien alles seine Richtigkeit zu haben. Die Arbeitsstunden hatten weit mehr gekostet als erwartet, dazu das Porto für das Ersatzteil und das Öl für den nötig gewordenen Ölwechsel. Die Angestellte griff nach der Kreditkarte, die Tom mit sichtlichem Widerwillen aus der Hand gab, und zog sie durch den Scanner.

»Ich wünsche Ihnen noch einen wundervollen Tag und danke für Ihr Vertrauen!«

Nur fünf Minuten später tuckerte der Motor gleichmäßig vor sich hin, und selbst Frankie schien es kaum erwarten zu können, aus der Kälte zu kommen. Ohne uns noch einmal umzudrehen, lenkten wir unseren Bus durch die leeren Straßen Cedar Citys und suchten die nächste Auffahrt, folgten dem vielversprechenden Schild, das auf direktem Weg gen Süden wies: »Las Vegas«, las ich, und grinste. Das war genau unsere Richtung.

»So ein verdammter Mist! Das kann doch wohl nicht wahr sein!«

Gerade mal fünf Meilen waren wir gekommen, bis der Öldruck sich wieder verabschiedet hatte, eine halbe Stunde später standen wir erneut bei »Amen Diesel«, deren Gebäude mir langsam so vertraut waren wie eine zweite Heimat. Immerhin fand ich zwischen dem Gewirr der Türen inzwischen auf Anhieb den Eingang zum Wartebereich mit der Videoleinwand und den Getränkeautomaten, und während Tom noch immer mit dem Mechaniker verhandelte, schlürften die Kinder und ich heiße Schokolade und Cappuccino. Ich hörte den Motor des Busses aufheulen. Durch die breiten Fenster konnte ich beobachten, wie die Männer erneut unter den Motorblock krochen, und ich fragte mich zum x-ten Mal, was zum Teufel denn nur schiefgelaufen war.

Doch Tom hatte die Antwort. »Es muss wohl doch der Sensor defekt sein und nicht das Ventil.« Er sah inzwischen ziemlich mitgenommen aus, und unter seinen Augen konnte ich dunkle Ringe entdecken. »Er wird bestellt, dauert mindestens zehn Tage!«

Nicht schon wieder! Bestürzt starrte ich auf den Boden.

»Dafür müssen wir die zusätzliche Reparatur nicht zahlen, sie bessern kostenlos nach, war ihr Fehler, sagen sie!«

Ich schluckte. Noch einmal so viele Tage auf dem *truck stop* zu verbringen, konnte ich mir nicht vorstellen, zudem sollten die Temperaturen auch in der nächsten Woche nicht besser werden, ich für meinen Teil wollte die Stadt am liebsten auf der Stelle verlassen. Die einzige Sorge war und blieb der Schulbus. Was, wenn Frankie unterwegs schlapp machen würde?

»Der Sensor sollte kein großes Problem sein, mit dem Motor ist ja so weit alles in Ordnung.« Tom schien dieselben Gedanken gehabt zu haben.

»Wir könnten aus der Stadt fahren und uns ein gemütlicheres Plätzchen zum Warten suchen.«

Noch immer enttäuscht kletterten wir in unser rollendes Zuhause und lenkten es erneut in Richtung Las Vegas. Die letzten

Häuser der Stadt verschwanden hinter uns, während wir dem steil abfallenden Freeway folgten, der die Höhenmeter in Rekordschnelle schrumpfen ließ. Bei Leeds, einem kleinen Ort kurz vor St. George, hatten wir eine Höhe von 1061 Metern erreicht. Heller Sonnenschein war durch die dunkle Wolkendecke gebrochen und der schneidende Wind fast gänzlich verschwunden. Wir folgten dem Schild zum National Forest und parkten nur wenig später an einem sandigen, ausgetrockneten Flussbett. Zwischen dem für Utah typischen roten Gestein wuchsen Agaven, und fleischige Aloe Veras reckten sich zwischen kleinblättrigen Wachholderbüschen. Unser Infrarot-Thermometer zeigte fünfzehn Grad, und erleichtert atmete ich auf. An dieser Stelle ließen sich die eineinhalb Wochen durchaus ertragen.

Lachend stürzten die Kinder nach draußen, stoben zwischen Felsen und Büschen über den sandigen Boden, während ich mich neben Tom in einen unserer Campingstühle fallen ließ. Sonnenstrahlen erwärmten meine kalten Wangen, und leise Musik plätscherte aus unserer Handybox.

»... *let the sunshine, let the sunshine in, the sun shine in* ...«

40. KAPITEL
EIN UNTIER IM GEBÜSCH

15. Dezember 2016, USA, Utah,
Leeds, Meilenstand: 234 555

Ich zog Laika hinter mir her und keuchte, der Weg in die Berge war doch steiler als gedacht. Zusammen mit Emma und Paula waren wir einem Wanderpfad gefolgt, der nicht weit von unserem Schulbus entfernt bergauf führte. Die zunächst sanften Hügel stiegen jedoch schon bald steil in die Höhe, und der sandige Boden machte den Aufstieg nicht gerade leichter. Trotzdem genossen wir den Ausblick auf die weißen Gipfel und die ungewöhnlichen Bergformationen des ganz in der Nähe gelegenen Zion-Nationalparks.

Laika allerdings protestierte wütend und stemmte sich gegen die Leine, eine anstrengende Wanderung war nicht gerade das, was sie sich unter dem gelungenen Beginn eines Tages vorstellte. Lieber blieb sie in der Nähe des Busses und beobachtete die Umgebung, in geringer Reichweite ein gut gefüllter Futternapf. Wieder zog ich an der Leine und warf ihr einen strengen Blick zu, doch ich wusste, ich würde den Kürzeren ziehen, gegen den Dickschädel eines türkischen Herdenschutzhundes war kein Kraut gewachsen. Sie streckte die Beine nach vorne, und mit einer leichten Drehung wand sie sich aus ihrem Brustgurt, dann legte sie sich vor uns in den roten Sand und leckte sich zufrieden die Pfoten. Ich lächelte.

Schon damals, als wir sie halb verhungert an einem Strand in der Türkei gefunden hatten, hatte sie immer gewusst, was sie wollte. Sie war diejenige gewesen, die sich für uns entschieden hatte und ihren Platz vor unserem damaligen Lastwagen gegen jeden Eindringling verteidigte. Unserem Rüden Fred, der vor zwei Jahren gestorben war, hatte sie immer wieder Flausen in den Kopf gesetzt, und selbst eine Horde schwer bewaffneter türkischer Soldaten hatte den geordneten Rückzug vorgezogen, als Laika ihnen die Zähne zeigte. Seit sechs Jahren begleitete sie uns nun schon um die Welt, und inzwischen hatten wir uns wohl oder übel mit ihrer Sturheit abgefunden.

Mit einem Seufzen kehrten wir ihr den Rücken zu und setzten unseren Weg fort, Leine mitsamt Brustgurt hatte ich mir über die Schultern gehängt, denn zumindest ein Stückchen wollten wir noch weiter in die Berge. Der schmale Pfad, der uns durch die buschigen Wacholdersträucher nach oben geführt hatte, machte eine leichte Linkskurve, zwängte sich zwischen schroffer Felsmauer und Abgrund hindurch, schlängelte sich entlang des Abhanges immer weiter nach oben. Unter den wachsamen Blicken unseres Hundes entfernten wir uns Schritt für Schritt, und ich wusste genau, sie würde uns folgen, sobald sie uns aus den Augen verlieren würde.

Mehrere Rehe sprangen aufgeschreckt zur Seite, hinterließen kleine Spuren in dem weichen Sand, einige blau schimmernde Vögel – das mussten Blue Jays sein – flogen laut schimpfend aus den nahen Büschen auf und kreisten eine Zeit lang über unseren Köpfen, bevor sie sich einen neuen Wacholderzweig auserkoren. Abgesehen von den Blauhähern herrschte Stille. Keine Autos, kein Verkehrslärm, kaum Menschen, die sich hierher in die Einsamkeit verirrten, nur das leise Brummen einiger Kolibris, denen es noch nicht zu kalt geworden war. Da plötzlich hörte ich ein leises Bimmeln, und auch Emma, die einige Meter vorausgelaufen war, hielt inne und lauschte angestrengt. Wieder wehte der Wind ein Läuten zu uns, kleine Glöckchen, die mich an unser Weihnachtsklingeln erinnerten, das die Ankunft des Christkindes verkündete. Schon kam eine Frau um die Kurve, einen schweren Rucksack auf dem Rücken, von dem das Läuten ausging: Mehrere kleine Bärenglöckchen, aneinandergereiht auf einer Schnur, tanzten lustig an einer Schnalle ihres schweren Gepäcks.

Lächelnd marschierte sie forschen Schrittes an uns vorbei, Laika, die sich inzwischen wieder bei uns eingefunden hatte, hielt witternd ihre Nase in die Luft und bleckte unsicher die Zähne.

»Bärenglöckchen, für was das denn?« Emma sah mich ratlos an. In Alaska hätte uns der Sinn der Glocken eingeleuchtet, genauso im Yukon oder British Columbia. Sogar in Washington

State oder Oregon. Aber hier, im trockenen Utah? Wovon nur sollte hier ein Bär leben? Von den Aloe-Vera-Pflanzen oder dem Wacholder? Ich zuckte ratlos mit den Schultern, doch die Mädchen schienen die Glöckchen, die hinter uns leiser und leiser wurden, schon wieder vergessen zu haben. Halb springend, halb tanzend verschwanden sie hinter der nächsten Kurve, ein leicht abgewandeltes Lied von Pippi Langstrumpf summend: »*Frei sein ist wunderbar, ob mit, ob ohne Geld, wer's nicht glaubt, der soll zur Schule gehen, wir ziehen um die Welt …*«

»Mama?« Das Singen war abrupt abgebrochen.

»Hmm?«

»Was gibt's hier eigentlich für Tiere?«

»Weiß nicht so genau, warum?«

Tom und ich bogen um die Kurve und sahen beide Mädchen auf den Boden starren. Emma deutete auf eine in den Sand gedrückte Spur.

»Hier gibt es also doch Bären, oder?«

Ich zuckte die Schultern, und Tom schüttelte überrascht den Kopf, dann starrten wir nachdenklich auf den Abdruck. Lange Klauen vor einem riesigen Ballen, ähnlich einem Hund, aber viel größer, vielleicht hatte die Frau ja doch einen triftigen Grund gehabt, sich ihre Glöckchen an den Rucksack zu binden. Suchend blickte ich mich nach Laika um, die sich kurz nach der Kurve wieder abwartend hingesetzt hatte, während Emma und Paula interessiert die umstehenden Büsche unter die Lupe nahmen.

»Vielleicht ein Puma oder ein Wolf?«

Ich schüttelte den Kopf, die langen Klauen passten zu keinem der beiden, doch einen Bären konnte ich mir hier noch immer nicht vorstellen. Eine Zeit lang marschierten wir noch weiter in die Berge, bevor wir beschlossen, umzukehren und nachzusehen.

Kurz darauf blätterten die Kinder mit Tom in ihrem Bestimmungsbuch, während ich mich zusätzlich im Internet auf die Suche machte. Bären schien es zumindest in den nahen Nationalparks zu geben, wie etwa im Bryce Canyon oder im Zion, hier dagegen waren die Bedingungen schlecht. Vor allem Schwarzbären liebten Bäume in ihrer Umgebung, auf die sie sich in Gefahrensituationen retten konnten, die Wacholderbüsche wären dafür wohl kaum ein nennenswerter Ersatz. Einzig und allein der Dachs schien uns ein Anwärter für die Spuren zu sein, lange Krallen zum Graben und die großen Vorderpfoten waren eine annehmbare Erklärung für die Abdrücke, kein Grund also, sich weiter Sorgen zu machen.

Emma und Paula schienen denselben Gedanken zu haben. Mit einem Zelt unter dem Arm, das wir im Yukon gefunden hatten, wo es mit dem Vermerk »*for free*« klatschnass auf einem Campingplatz gelegen hatte, machten sie sich auf den Weg ins trockene Flussbett. »Wir bauen uns ein Lager« musste als Erklärung reichen, und Minuten später waren sie auch schon zwischen den roten Steilfelsen, die das Bachbett begrenzten, verschwunden.

Ich setzte mich zu Tom an den Küchentisch und griff nach dem dicken Bestimmungsbuch über die Tierarten Nordamerikas. Die Seiten rauschten durch meine Finger, und wie im Schnelldurchlauf schossen die Tiere an mir vorbei, Adler, Elche, Füchse, Luchse und Hörnchen, bunt illustrierte Seiten, gespickt mit Informationen. Plötzlich hielt ich inne. Eine Spur hatte meinen Blick gefangen, lange Klauen vor großen Ballen, ein Duplikat der Abdrücke im roten Sand des Wanderweges. »*Vielfraß*«, begann ich zu lesen, »*Bärenmarder, Körperlänge 70–85 cm, Schwanz circa 25 cm, wirkt im Verhältnis zur Körperlänge dick und buschig; Gewicht circa 30 kg und mehr. Gehört der Familie der Marder an, hat den mardertypischen kleinen Schädel, das Aussehen erinnert indessen eher an einen kleinen Bären.*«

Ich schob das Buch zu Tom und tippte auf das Abbild der Spuren. »Sieht so aus, als wären das unsere, oder was meinst du?« Nickend begann er die Seite zu studieren, während ich den nächsten Punkt überflog. »*Der Vielfraß ist ein Einzelgänger. Die riesigen Reviere können bis zu 2000 Quadratkilometer groß sein. Der enorm ausdauernde Läufer legt leicht mehr als 50 km am Stück zurück.*« Jetzt kam ich zur Ernährung. »*Im Sommer frisst der Vielfraß Aas, erbeutet verletzte Tiere und Jungtiere, zum Beispiel Elche, aber auch Vögel und Beeren. Im Winter erweist sich der Vielfraß als geschickter Jäger, schnell und nahezu lautlos bewegt er sich im Schnee und überwältigt auch Schneehasen, Hühner, Füchse und sogar Rentiere und heranwachsende Elche. Sein Gebiss ist ausgesprochen kräftig, was bei der Überwältigung großer Gegner von Vorteil ist, die Druckkraft liegt bei mehreren Tonnen, und sogar Knochen können zermalmt werden ...*«

Noch einmal betrachtete ich das Bild der Fährte und blickte nach draußen, es musste sich um einen Vielfraß handeln, da war ich mir jetzt so gut wie sicher. Wahrscheinlich war er beim Durchqueren seines riesigen Reviers nur kurz hier vorbeigekommen, die verschneiten Gipfel, die hinter uns in den Himmel ragten, schienen eher sein bevorzugtes Terrain zu sein. Erleichtert atmete ich auf, sicher würde der Vielfraß sich nicht länger als nötig hier im warmen Sand aufhalten. Trotzdem spürte ich eine leichte Unruhe in mir aufsteigen. Auch Tom hatte jetzt das Buch zur Seite gelegt und machte sich auf den Weg nach draußen.

»Vielleicht sollten wir doch besser nach den Kindern gucken, irgendwie hab ich ein ungutes Gefühl, wer weiß, wie frisch die Spuren waren!«

Im selben Augenblick hörten wir von draußen ein lautes Rufen, atemlos kamen Emma und Paula durch den Sand gestolpert. »Da ist was, ein Tier!«

Emma hatte mich am Arm gepackt und japste. »Es stand über uns auf einem Felsen und hat uns die ganze Zeit angestarrt.«

»Zuerst war da ein Hase ...« Auch Paula konnte vor Aufregung kaum sprechen. »Er war tot, im Flussbett ... wir wollten ihn begraben!«

»Und dann?«

»Kurz darauf kam dieses Tier aus dem Busch, groß, ungefähr so wie Laika, und ein ganz dicker Schwanz. Außerdem hatte es an den Seiten so helle Streifen!«

Ich stieg in den Bus und holte das Buch, zeigte ihnen die aufgeschlagene Seite, und beide begannen zu nicken.

»Am besten, ihr geht dort erst einmal nicht mehr hin, bleibt hier in der Nähe vom Bus.«

»Aber unsere ganzen Sachen, wir haben alles dagelassen!«

»Die holen wir nachher, alle zusammen!«

Zwei Stunden später machten wir uns nervös auf den Weg in die Schlucht zum Flussbett. Tom, unseren selbst geschnitzten Baseballschläger in der Hand, ging vorneweg, dann kamen die Mädchen, Laika und ich sicherten den Schluss. Schritt für Schritt folgten wir dem Bachlauf, immer auf der Suche nach auffälligen Spuren. Die Felsen um uns wurden höher und schroffer, und mich beschlich das unheimliche Gefühl, in einer anderen Welt zu sein. Hoch erhoben schwebte die Holzkeule vor uns in der Luft, und mit einem Mal begann ich zu lachen. Jeder, der uns so sehen würde, musste uns für komplett durchgeknallt halten. Tom drehte sich zu mir um, ein breites Grinsen im Gesicht, anscheinend hatte er denselben Gedanken gehabt, dann hielt er sich den Zeigefinger vor den Mund und wisperte: »Psst, die Gefahr schläft nicht!«

Emma und Paula begannen ebenfalls zu kichern, und geduckt schlichen wir um die nächste Kurve. Vor uns lag das unberührte Grab des Hasen, Emma und Paula deuteten nach vorne. »Noch um die Kurve und die Felsen hoch, da steht das Zelt.«

Auch das Lager der Kinder war unversehrt. Zwar hatten wir hier dieselben Spuren entdeckt wie auf unserer Wanderung, der Busch jedoch, aus dem der Vielfraß die Kinder beobachtet hatte, war verlassen, und so schnell wie möglich packten wir das Zelt in die Tasche, sammelten die restlichen Sachen zusammen und schlichen zurück zu unserem Bus-Zuhause.

41. KAPITEL
EINE EINLADUNG FÜR DIE MÄDCHEN

20. Dezember 2016, USA, Utah,
Leeds, Meilenstand: 234 555

Während der nächsten Tage blieben die Kinder, trotz des Spaßes, den wir auf der Suche nach dem Vielfraß dann doch noch gehabt hatten, lieber in der Nähe des Busses, worüber ich mehr als dankbar war. Zwar hatte ich in den fast neun Monaten, die wir jetzt schon in Nordamerika verbracht hatten, immer wieder gesehen, dass trotz der vielen Raubtiere das Alltagsleben kaum anders ablief als in Europa. Dennoch konnte ich meine Angst vor wilden Tieren nicht gänzlich überwinden.

Tag für Tag bewunderte ich erneut die einheimischen Mütter, die mit den Gefahren weit souveräner umgingen als ich. Raubtiere gehörten hier zur Normalität, und schon als Kind lernte man, mit ihnen zurechtzukommen. Ein gesunder Respekt vor Tieren und der Umwelt gehörte vor allem in einsamen Gebieten zur Erziehung, und auch wenn es in etlichen Regionen und den Großstädten der USA anders zugehen mochte und Themen wie Umwelt- und Ressourcenschutz problematisch waren, hatte mich die Selbstverständlichkeit, mit der so viele Menschen hier im Einklang mit der Natur lebten, schwer beeindruckt.

Natürlich hatten wir auch das Gegenteil erlebt. Camper, die, ohne mit der Wimper zu zucken, ihren Abfall in der Feuerstelle entsorgten, ausgeleerte Chemietoiletten, zurückgelassene Müllberge und Fäkalien. Gerade während der letzten Tage war unsere Geduld aufs Äußerste strapaziert worden, als eine Gruppe Kinder mit ihren Betreuern die Umgebung unsicher gemacht hatte. Außerhalb der extra gekennzeichneten Campingplätze hatten sie ihr Lager inmitten einer besonders geschützten Ruhezone aufgebaut, Holz aus den Büschen gerissen und mit Steinen auf die vielen kleinen Eidechsen gezielt. Erst heute Morgen waren sie verschwunden, geblieben war nur ihr Müll, und seit über einer Stunde waren Emma und Paula mit Beuteln und Tüten unterwegs, um zumindest das Gröbste wieder einzusammeln. Drei Buben, die sie auf dem Weg ins Flussbett vor dem Vielfraß gewarnt hatten, waren zu ihnen gestoßen und hatten gemeinsam mit ihnen die letzten Fundstücke aufgelesen, und inzwischen wartete ein wahrlich beachtlicher Berg Müllsäcke vor unserer Bustür auf den Abtransport.

»Mama, Mama, schau doch mal!« Mit einem Zettel, den sie mir demonstrativ unter die Nase hielten, kamen beide kurz darauf in den Bus gestürmt. »Den haben wir von Alexander bekommen!«

Alexander musste wohl einer der drei Jungen sein. Die gestochen scharfe Schrift erinnerte mich an meine Lehrerin: »Wir würden euch morgen, vierzehn Uhr dreißig, gerne zu heißer Schokolade und Plätzchen einladen, unsere Adresse lautet ...«, darunter die Telefonnummer.

»Sie haben uns ihr Haus gezeigt, ist gleich da unten, wir dürfen doch hin?«

Tom grinste. »Na klar, wenn ihr uns mitnehmt!«

Eine halbe Stunde vor der vereinbarten Zeit machten wir uns am nächsten Tag zusammen auf den Weg. Die Gipfel leuchteten in der hellen Mittagssonne, und nicht zum ersten Mal beschlich mich an diesem Ort das Gefühl, mich in einer anderen Welt zu bewegen. In der Ferne konnte ich die abgeflachten Bergmassive erkennen, die wohl zum Rande des Zion-Nationalparks gehören mussten, dazu der farbige Sand und die roten Felsen, ein fremder Planet, gut versteckt im nordamerikanischen Universum. Vögel zwitscherten, und einer der schillernden Blue Jays, die uns beim Wandern bereits aufgefallen waren, flog laut schreiend über unsere Köpfe hinweg.

Pünktlich um halb drei klopften wir an die Tür der Familie Gardener, deren Anwesen wir auf Anhieb gefunden hatten. Überrascht registrierten wir die vielen Bäume, die um das mit Holz verkleidete Haus herumstanden. In dieser kargen Gegend war das zweifellos eine Seltenheit, und es musste wohl an dem kleinen Bächlein liegen, das nur wenige Meter entfernt durch den gepflegten Garten plätscherte. Ein großer Pfau, der sich auf dem schmiedeeisernen Gartentisch niedergelassen hatte, musterte uns skeptisch, und als die Buben, die schon am Fenster gewartet hatten, endlich die Tür aufrissen, flatterte er erschrocken in den nächsten Baum und ließ einen protestierenden Schrei hören. Der Geruch nach frisch gebackenen Plätzchen wehte uns einladend entgegen, ein kleines Feuer knisterte im offenen Kamin, verbreitete eine angenehme Wärme und tauchte das davor drapierte Sofa in den rötlichen Schein der züngelnden Flammen.

»Hallo, freut uns, dass ihr gekommen seid!« Eine stattliche Frau kam uns mit weit ausgebreiteten Armen entgegen, die langen blonden Haare fielen ihr in einer sanften Welle über die Schultern, und auf den ersten Blick hätte ich sie auf Mitte dreißig geschätzt, der widerspenstige Pony allerdings, der in lustigen Strähnchen ihre Stirn bedeckte, ließ sie um einiges jünger wirken. Sie nahm meine ausgestreckte Hand in ihre. »Isabella«, stellte sie sich vor und schob uns sanft in Richtung Sofa.

»Die Jungs waren ja schwer begeistert von euren Mädels!«

Ich grinste. »Das Kompliment kann ich nur zurückgeben!«

Alexander, der älteste der drei, brachte ein Tablett mit Tassen und Plätzchen, Isabella verteilte Kaffee und heiße Schokolade, bevor sie sich zu uns ans Feuer setzte.

»Woher kommt ihr?«

»Aus Deutschland, jetzt sind wir aber schon fast neun Monate in Nordamerika unterwegs, im Moment auf dem Weg nach Mexiko.«

»Das ist ja spannend ... Jacob, mein Mann, ist gerade in den Diplomatendienst getreten und wird in Zukunft für die amerikanische Botschaft arbeiten. Das heißt, wir werden schon bald selbst unterwegs sein ... für uns ist das aber noch ganz neu!«

»Anfang März geht's los, habe ich vor Kurzem erfahren!« Jacob war bei Isabellas Worten um die Ecke gekommen und lächelte entspannt. »Aber wo es genau hingeht, erfahren wir erst in der letzten Minute.« Damit sank er in einen großen Sessel, der uns gegenüberstand. Emma und Paula hatten sich inzwischen mit den Buben in die Kinderzimmer verdrückt, und lautes Gelächter drang aus der unteren Etage zu uns.

»Zuerst einmal müssen wir auf jeden Fall nach Washington, D. C.« Isabella griff nach einem zweiten Plätzchen. »Dort findet die Vorbereitung für die neuen Botschaftsmitarbeiter statt.« Sie seufzte. »Noch kann ich mir das alles gar nicht vorstellen.«

Der Nachmittag verging wie im Flug. Wir tauschten uns aus über Neubeginne, fremde Länder, das Reisen ganz allgemein und die Vorzüge für die Familie. Der Abschied am Abend fiel uns allen gleichermaßen schwer. Doch Alexander, Benjamin und Jonathan hatten sich mit den Mädchen gleich für den nächsten Morgen verabredet, nach dem Frühstück wollten sie zu uns in den National Forest kommen und sich dort gemeinsam die Zeit vertreiben.

»Vielleicht sehen wir uns in den nächsten Tagen, falls ihr was braucht ... ihr wisst ja, wo ihr uns finden könnt.« Isabella drückte uns noch einmal zum Abschied, und auch Jacob schüttelte uns die Hand. »Und wenn ihr Weihnachten in der Nähe seid ... am 24. Dezember machen wir immer einen großen Weihnachtsbrunch. Es würde uns wirklich sehr freuen, wenn ihr kommt!«

42. KAPITEL
EINE GEMEINSAME SCHULAUFGABE

22. Dezember 2016, USA, Utah,
Leeds, Meilenstand: 234 555

Noch immer hatten wir von »Amen Diesel« nichts gehört, obwohl jetzt schon fast zwei Wochen vergangen waren, und auch wenn wir unsere Zeit in der Sonne sehr genossen, hofften wir doch sehr, dass wir die Reparatur noch vor den Weihnachtsfeiertagen erledigen konnten. Die Mädchen waren inzwischen fast ununterbrochen mit Alexander, Benjamin und Jonathan unterwegs und trafen sich mit ihnen abwechselnd am Schulbus oder im Haus. Tag für Tag streiften sie durch die Umgebung und verdrängten den baldigen Abschied fürs Erste aus ihren Gedanken. Emma und Alexander hatten beide an einem Aufsatz gearbeitet, den Alexander für seine Online-Schule (ein interessantes, in den USA zulässiges Modell für Eltern, die sich gegen einen Schulbesuch ihrer Kinder entscheiden und sie stattdessen in Klassen, die sich regelmäßig online zum Unterricht treffen, teilnehmen lassen) hatte formulieren müssen, und Emmas Version lag nun, gebunden in einen mit Stoff beklebten Kartondeckel, auf dem Küchentisch. Während ich an einer Tasse Grüntee nippte, blätterte ich neugierig in den Seiten und begann zu lesen:

»Mein Freund aus einem anderen Land
Seit April 2016 bin ich mit meiner Familie in Nordamerika unterwegs. Vieles ist so anders als zu Hause, aber vieles ist auch gleich. Die Supermärkte, die großen Städte erinnern mich manchmal sehr an Deutschland, trotzdem sind es die vielen Kleinigkeiten, die den Unterschied ausmachen. Eichhörnchen laufen über die vielen Telefonkabel, Stinktiere durch die Gärten, und auf den Feldern vor der Stadt kann man die Kojoten heulen hören. Manchmal hat man so selbst inmitten der Häuser das Gefühl, in der Wildnis zu sein, es kommt nur darauf an, was man genauer betrachtet.

In Utah habe ich einen guten Freund getroffen, der wie ich gerade nicht zur Schule geht und zu Hause lernt, doch ganz anders als bei uns in Deutschland gibt es dafür viele unterschiedliche Angebote. Da sind Online-Klassen und -Unterrichtsstunden, die Schüler können sich zu gemeinsamen Ausflügen treffen und sich verschiedenen Gruppen anschließen, wie zum Beispiel Theater. Das finde ich wirklich klasse ...«

Ich lächelte traurig. Die Theatergruppe war sicher das, was Emma am meisten vermisste. Auch an ihrer Schule in Deutschland gab es die Möglichkeit, sich einer Theater-AG anzuschließen, allerdings war das Angebot auf bestimmte Klassen beschränkt, und genau dieses Jahr wäre sie an der Reihe gewesen. Langsam blätterte ich weiter durch die eng beschriebenen Seiten und vertiefte mich dann in den nächsten Absatz:

»Alexander ist so alt wie ich, und wir haben die gleichen Hobbys. Steine und Tiere beobachten und untersuchen zum Beispiel, aber auch so vieles mehr. In seinem Zimmer hat er schon fast ein kleines Museum, das ich mir den ganzen Tag ansehen könnte. Am besten gefällt mir ein toter Skorpion, der in einem Marmeladenglas sitzt, und die Schlangenhaut ... bald wird er auf Reisen gehen, so wie ich, und wir beide hoffen, dass wir uns dann an einem ganz anderen Ort auf der Welt wiedertreffen können. Dann könnten wir zusammen Neues entdecken und vielleicht auch gemeinsam eine neue Sprache lernen, sodass wir uns später zu Hause unterhalten könnten, ohne dass uns jemand versteht.«

Ich sah aus dem Fenster und entdeckte die beiden nebeneinander auf einem Felsvorsprung sitzend, Alexander schien irgendetwas entdeckt zu haben und hatte begonnen, Emma etwas zu erklären, die anderen drei turnten etwas entfernt um eine kleine Höhle, die sie mit getrockneten Stöcken in zwei Zimmer unterteilt hatten, und meine Traurigkeit verflog. Die Mädchen waren glücklich, das konnte ich fühlen. Tom saß vor dem Bus in der Sonne und genoss die ungewöhnliche Wärme, während ich das Heft schließlich zur Seite legte und mich auf den Weg nach draußen machte. So abwegig sich der Wunsch der Kinder für manch einen auch anhören mochte, mir kam er durchaus realistisch vor. Zwar konnten sich die Gardeners anfangs nicht aussuchen, in welches Land sie im Botschaftsdienst geschickt wurden, aber die ersten Jahre ging es für die meisten in Richtung Osteuropa oder Asien, und wenn wir erst einmal zurück in Deutschland waren, wäre es ein Leichtes, unseren roten Lastwagen, der dort noch immer auf uns wartete, wieder gen Osten zu lenken.

Das Handy klingelte, und Tom schreckte hoch. »Hallo? Oh ja ... perfekt. Alles klar, dann bis morgen.« Ich hörte die abgehackten Worte und mir schwante Übles.

»Das war ›Amen Diesel‹, unser Ersatzteil ist geliefert, morgen soll es eingebaut werden!«

»Oh, nein, das heißt, wir müssen zurück in die Kälte!«

»Morgen früh spätestens um neun müssen wir los, gegen Mittag wollen sie anfangen.«

Die Rückfahrt in das hoch gelegene Cedar City verlief still, und mit jeder Meile schien das Wetter etwas unfreundlicher zu werden. Zwar erwartete uns diesmal kein Schneesturm, aber derselbe eisige Wind pfiff um den Schulbus wie auch schon in der Woche zuvor, und fröstelnd zogen sich die Mädchen eine zusätzliche Decke um die Schultern.

Die ganze Familie von Alexander hatte zum Abschied winkend auf der Straße gestanden, und wir hatten den Kindern versprochen, schon morgen wieder zurück zu sein und über Weihnachten zu bleiben, was die Trennung für den Moment etwas erträglicher werden ließ. Der fehlende Sonnenschein dagegen war weit schlechter zu verkraften, und schon jetzt hätte ich den Schulbus am liebsten gewendet. Ein kurzer Blick auf die Öldruckanzeige jedoch reichte aus, um die Richtung beizubehalten. Eine intakte Anzeige war für die vielen Kilometer, die wir noch zu fahren gedachten, einfach unumgänglich.

Gegen Mittag parkten wir vor »Amen Diesel«, die Mechaniker begannen zu arbeiten, eine Stunde später war der neue Sensor auch schon verbaut, und wir atmeten erleichtert auf, jetzt endlich konnten wir uns ohne Bedenken auf den Weg in Richtung Süden machen. Nach dem geplanten Weihnachtsbrunch wollten wir weiter in Richtung Las Vegas, Kalifornien und mexikanische Grenze. Spätestens Mitte Januar würden wir in Guerrero Negro sein und einige Winterwochen an der Bucht der Wale verbringen, genau wie vor fünf Jahren.

Viel früher als gedacht lenkten wir Frankie in Richtung Auffahrt, noch heute würden wir zurück sein, und Emma und Paula begannen schon, begeistert für die nächsten Tage zu planen, als Tom aufstöhnte: »Das kann doch nicht sein, wieder dasselbe!«

Sprachlos beobachtete ich die Anzeige. Wieder war der Öldruck auf null abgesackt, und wütend schlug Tom gegen das Armaturenbrett. Eine Zeit lang starrte er wortlos auf die nasse Straße, die sich in leichten Kurven nach unten wand, dann jedoch begann er mit einem Mal zu lachen, laut und immer lauter, bis ihm die Tränen in die Augen traten.

»Was ist denn jetzt los?« Irritiert sah ich ihn an.

»Weißt du was? Wir hätten uns all das sparen können.«

»Was meinst du?«

»Die Werkstatt, die Reparaturen, die Wartezeit in der Kälte!«

Noch immer konnte ich ihm nicht folgen.

»Es war nur ein Wackler, irgendein Kontaktfehler! Ein Schlag, und alles funktioniert wieder!« Er deutete auf die Anzeige, auf der der Zeiger sich nun endlich in den richtigen Bereich eingependelt hatte und sich jegliche Ausbrüche in Richtung null tapfer verkniff. »Wenn ich das mal früher probiert hätte!«

»Auf jeden Fall müssen wir jetzt nicht noch einmal umkehren, und mit dem Motor ist alles in Ordnung?«, fasste ich noch einmal ungläubig zusammen.

»Yeah, und jetzt machen wir uns auf den Weg ... auf nach Süden!«

Und die Kinder begannen zu jubeln.

Einige Stunden später parkten wir erneut auf unserem alten Platz in Leeds und genossen noch kurz die letzten Sonnenstrahlen. Zu unserem Leidwesen waren inzwischen auch hier die Temperaturen gesunken, und der heute Morgen noch so blaue Himmel hatte sich inzwischen in eine dichte Wolkenwand verwandelt, deren düsteres Grau nichts Gutes verhieß.

Morgen wollten wir zum gemeinsamen Brunch noch einmal die Gardeners besuchen, dann würden wir uns schnellstmöglich auf den Weg machen. Noch trennten uns an die 700 Meilen von der mexikanischen Grenze, aber wenn diesmal alles gut ging, könnten wir Mitte Januar schon den ersten Sandstrand erreichen.

Draußen wurde es noch dunkler. Ganze Türme schwarzer Wolken schienen sich über den National Forest gelegt zu haben, der uns schon bekannte eisige Wind begann über den trockenen Boden zu pfeifen, und die Luft war bald durchsetzt mit staubigen Sandkörnern, die gegen die Blechwand unseres Busses prasselten. Dann plötzlich rissen die Wolken auf, und es begann zu schneien. Dicke Flocken wirbelten um uns herum, der Wind pfiff, und innerhalb weniger Minuten hatte uns eine mehrere Zentimeter dicke Schneeschicht unter sich begraben, selbst aus den Fenstern war kaum noch etwas zu erkennen. Fröstelnd fütterten wir unseren kleinen Ofen.

Da plötzlich hörte ich ein Zischen, wie von Wasser, das im Feuer verdampft. Skeptisch leuchtete ich mit meiner Stirnlampe am Ofenrohr entlang. An dem dahinter gelegenen, mit Blech verkleideten Fenster entdeckte ich einige dicke Tropfen, die einer nach dem anderen auf dem heißen Ofen landeten, darunter eine kleine Pfütze.

»Mist!«, Tom, der zu mir gekommen war, hob seinen Fuß, der in dicken Wollsocken steckte und vor Nässe tropfte. »Hier ist überall Wasser!«

Eine andere Lache, die ihren Ursprung irgendwo unter dem Kühlschrank haben musste, breitete sich langsam über den Boden aus, vereinigte sich mit einem anderen Rinnsal zu einem kleinen Bach, der einen Meter weiter unter dem dicken Hundekissen verschwand, und auch vom Ofen her begann es mit einem Mal zu rinnen. Ich griff nach einem Stapel Handtücher, die ich auf den immer größer werdenden See warf, Wasser schien inzwischen aus allen Richtungen zu kommen, und Tom packte seine Jacke.

»Die Plane muss aufs Dach!« Anscheinend drückte der starke Seitenwind auf unserem zudem noch leicht abschüssigen Stellplatz den Schnee direkt durch die Lüftungsgitter und auch durch das Ofenrohr. Schon sprang Tom in das weiße Treiben nach draußen. Ich wickelte mich in meine Daunenjacke und folgte ihm, zu zweit zerrten wir an der großen Sonnenschutzplane, die wir uns vor Monaten zugelegt hatten und die zu unserem Glück auch bei Regen einsetzbar war, bis sie sich endlich über das leicht gewölbte Dach des Schulbusses breitete. Die Enden, die fast bis an den Boden reichten, knoteten wir mit Stricken an die neben uns wuchernden Wacholderbüsche, und schon nach wenigen Minuten war auch das Blau des dicken Plastiks unter einer weißen Schneedecke verschwunden. Wir schüttelten uns wie nasse Hunde, und der Schnee flog zu allen Seiten, bevor wir zu Emma und Paula zurück in den Bus stiegen. Die auf den Boden geworfenen Handtücher tropften vor Nässe, aber zumindest der Bach, der vom Kühlschrank aus floss, begann langsam zu versiegen, und in der immer tiefer werdenden Dunkelheit begann ich, die letzten Reste Wasser von den Brettern zu wischen.

Am nächsten Morgen klingelte in aller Frühe das Telefon. Verschlafen suchte meine Hand nach dem Handy.

»Hi, Isabella hier ... alles in Ordnung bei euch?«

»Ja, alles gut!« Ich schielte noch einmal auf den Boden, doch obwohl er leicht aufgewellt wirkte, schien er über Nacht deutlich trockener geworden zu sein. Nur ein leichtes Dämmerlicht drang durch die Plane, und ich blickte auf die Uhr: sieben Uhr dreißig. Um halb neun waren wir zum Brunchen verabredet.

»Das war vielleicht ein Sturm!«, redete Isabella weiter, »sollen wir euch vielleicht mit dem Auto abholen kommen?«

Ich hatte mir das Telefon zwischen Schulter und Ohr geklemmt, war nebenbei in Hose und Mantel geschlüpft und nach draußen gestiegen. Eine knapp zehn Zentimeter dicke Schneedecke erstreckte sich über den roten Felsen und glitzerte in der Morgensonne, die immerhin so warm war, dass von der weißen Pracht bald schon nichts mehr zu sehen sein würde. Dankend lehnte ich das freundliche Angebot ab. Für ein Weilchen würden wir an diesem Weihnachtsmorgen die winterlich verwandelte Welt genießen, und nur Minuten später sprangen wir zu viert durch das eisige Weiß, bauten Schneemänner und schlitterten über die kleine abfallende Straße zum Haus unserer neuen Bekannten.

Am frühen Nachmittag, als wir uns zum zweiten Mal von den Gardeners verabschiedet hatten, war fast der ganze Schnee verschwunden, und nur ein kleines Bächlein, das sich in dem ansonsten wasserlosen Flussbett gebildet hatte, zeugte von den vielen Niederschlägen der letzten Nacht. Isabella und Jacob hatten versprochen, mit uns in Verbindung zu bleiben. Sobald sie wussten, wohin es sie verschlagen würde, wollten sie uns Bescheid geben, und als wir eine Stunde später mit Frankie zurück auf den Highway rollten, hallten noch immer ihre Abschiedsrufe in meinem Ohr.

»Wir sehen uns wieder, zwar nicht hier, aber sicher irgendwo auf dieser Welt!«

Und ich hoffte sehr, dass wir den Kindern ihren so innig gehegten Wunsch auch würden erfüllen können.

43. KAPITEL
IM TAL DER ROTEN FELSEN

28. Dezember 2016, USA, Nevada,
50 Meilen vor Las Vegas, Meilenstand: 235 078

»Psst, nicht bewegen!« Wie versteinert saßen wir am Frühstückstisch. Die Sonne kam gerade über den Horizont gekrochen und tauchte die Felsen in goldenes Licht, und darauf thronte, den Kopf mit den wuchtigen, gebogenen Hörnern majestätisch erhoben, ein rundlicher Bighorn-Bock, der uns durch das Fenster hindurch anstarrte.

»Meinst du, der hat Hunger?« Emma betrachtete ihren Nutella-Toast, dann fiel ihr Blick auf die frischen Karotten. »Die mag er doch, oder?«

»Nein, nichts da. Das ist ein Wildtier und keine Hausziege.« Ich zeigte auf seinen fülligen Bauch. »Außerdem ist der wirklich dick genug!«

»Vielleicht bekommt der ja Babys?« Paula sah mitfühlend nach draußen, Tom und ich mussten grinsen. »Seit wann bekommen Böcke Babys?«

»Hunger hat er bestimmt trotzdem! Was ist mit den Gurkenschalen?« Sie zeigte auf unsere Kompostschale, doch auch Tom schüttelte den Kopf.

»Nein, ein wildes Tier darf man nicht füttern, sonst gewöhnt es sich zu sehr an die Menschen, er soll ja schließlich auch in Zukunft allein zurechtkommen und nicht darauf warten, dass ihn jemand füttert!«

Unbeeindruckt von unseren Stimmen, die durch das offene Fenster zu ihm drangen, senkte der Bock den Kopf und begann, an den wilden Kräutern zu schnuppern, die aus den Felsspalten wucherten, dann begann er genüsslich zu kauen.

»Siehst du«, ich stupste Paula an, die gerade in die andere Richtung gesehen hatte. »Er hat schon was gefunden!«

Mit der Nase auf dem Boden hatte er sich jetzt wieder in Bewegung gesetzt, marschierte erst gemächlich knabbernd entlang des Busses, erklomm dann die nächste Felsengruppe und war kurz darauf in dem kleinen Tal, das sich dahinter erstreckte, verschwunden.

Erst gestern waren wir auf dem Campingplatz im Valley of Fire angekommen, dem ältesten und größten State Park Nevadas, der seinen Namen den roten Sandsteinformationen verdankt, die sich schon vor 150 Millionen Jahren aus großen Wanderdünen geformt haben. Isabella hatte uns von den spektakulären Sonnenuntergängen dort erzählt, die die Felsen in einem derart glühenden Licht erstrahlen ließen, dass es dem Namen alle Ehre bereiten würde, und gestern Abend hatten wir uns selbst von diesem Naturspektakel überzeugen können. Rot und violett leuchtende Felsen so weit das Auge blickte, ein glühendes Tal aus Feuer.

Hier oder zumindest ganz in der Nähe wollten wir auch die Silvestertage verbringen, denn auf der Website »Free camping«, die Tom bei Recherchen im Internet entdeckt hatte, hatten wir ein großes Stück freies BLM-Land vor den Toren des State Parks entdeckt. BLM steht für Bureau of Land Management und bedeutete für uns kostenloses Stehen oder Campen ohne zeitliche Beschränkung, und wir hatten dort, falls sich das tatsächlich machen ließ, den letzten Zwischenstopp zumindest vor Kalifornien geplant.

Emma und Paula sprangen aus dem Bus, und mit Tom und mir im Schlepptau folgten sie dem Bock über die hoch aufgetürmten Felsen, zwischen denen er vor nur wenigen Minuten verschwunden war. Wir quetschten uns wie er durch den Spalt, der uns in das dahinterliegende Tal führte. Sanfte Hänge breiteten sich zwischen den schroffen Felsen aus, und kleine Büsche wucherten aus den vielen Spalten, leuchteten saftig grün zwischen den braunroten Felsen.

Der Bock war auf der anderen Seite des Tales angekommen, ein zweiter hatte sich dazugesellt, und mit erhobenen Köpfen tänzelten sie aufeinander zu, bis das Krachen der breiten Hörner weit über die Hänge schallte. Gespannt setzten wir uns ganz in der Nähe auf die Felsen und beobachteten die Kämpfenden, doch nach dem zweiten Zusammenstoß schienen beide zufrieden, wanderten Seite an Seite zurück durch das schmale Tal und knabberten an den vielen Büschen. Näher und näher kamen sie, erst als uns nur noch wenige Meter trennten, musterten sie uns eine Zeit lang, bevor sie ihre Richtung wechselten und gemeinsam über den nächsten Felsenkamm sprangen.

Beeindruckt machten wir uns auf den Weg zurück zu Frankie, und während Tom und ich die Reste unseres Frühstücks beseitigten, turnten Emma und Paula weiter um unseren Schulbus. Kurz darauf jedoch hörte ich die Mädchen mit jemandem sprechen und blickte aus dem Fenster. Ein älteres Pärchen hatte sich zu ihnen gesellt, und ich hörte Emma aufgeregt erklären: »Nein, gleich dort hinter den Felsen!« Sie zeigte auf den schmalen Spalt, durch den wir vorhin geklettert waren. »Da sind wirklich ganz viele!«

Die zwei älteren Herrschaften lächelten und blickten suchend in die gezeigte Richtung. »Erst vorhin, hast du gesagt?«

»Ja, vor ganz Kurzem haben wir zwei Stück gesehen, die haben sich sogar geboxt«, mischte sich jetzt auch Paula ein, und nach einem weiteren nachdenklichen Blick marschierte das ältere Pärchen in Richtung Felsen, während Emma und Paula aufgeregt in den Bus gestürmt kamen.

»Die haben noch nie Dickhornschafe gesehen, dürfen wir mitgehen und sie ihnen zeigen?«

Ich nickte lächelnd und ließ sie laufen, beobachtete kurz darauf, wie sie zusammen mit den zwei älteren Herrschaften hinter den Felsen verschwanden.

Zehn Minuten vergingen, zwanzig, bald eine halbe Stunde, und Tom begann unruhig auf die Uhr zu sehen. Nach 35 Minuten schlossen wir besorgt die Bustür hinter uns, kletterten in das Tal und entdeckten alle vier auf einer großen Steinplatte sitzend. Den enttäuschten Gesichtern nach zu urteilen hatte sich anscheinend noch kein Schaf blicken lassen, und auch jetzt konnte ich nirgends eines entdecken. Wir setzten uns zu den vieren und warteten gemeinsam, doch auch die nächste halbe Stunde hatten wir kein Glück, nach vierzig Minuten endlich gaben wir auf und schlenderten gemeinsam zurück zu den geparkten Fahrzeugen. Brad und Julie, wie sich die beiden vorgestellt hatten, zuckten resigniert die Schultern.

»Wir haben immer Pech! Jetzt kommen wir schon seit Jahren und haben noch nie ein Dickhornschaf zu Gesicht gekriegt, jammerschade!«

Ich lächelte mitfühlend, dann jedoch hatte ich etwas erspäht, und auch die Mädchen zeigten nach oben. Weit entfernt auf dem Gipfel einer schmalen Felsenkette zeichneten sich deutlich zwei Hörner ab, majestätisch hatte sich einer der Böcke in Pose gestellt und warf noch einen letzten Blick ins Tal. Brad und Julie lächelten. Ein kurzes Tänzeln auf dem Felsen, dann ein Satz, und der Bock war auf der anderen Seite der Bergkette verschwunden.

44. KAPITEL
ÄRGER MIT DER STAATSGEWALT

3. Januar 2017, USA, Nevada,
von Las Vegas bis zur Mojave-Wüste, Meilenstand: 235 110

Erschrocken packte ich Tom am Arm, als wir gerade losgefahren waren: »Oh nein, halt an, wir haben was vergessen!«

Genervt stieg er auf die Bremse, während es mir zunehmend die Brust zusammenschnürte.

»Das Gewehr, wir haben das Gewehr vergessen!«

»Was?« Dann stöhnte er auf. »Oh Mann, du hast recht! Daran hab ich ja überhaupt nicht mehr gedacht!«

Das Gewehr, das wir im Piute State Park gefunden hatten, war, seit es in Müllbeutel gewickelt im Stauraum lehnte, völlig in Vergessenheit geraten. Die ganze Zeit hatten wir die Waffe durch die Gegend gefahren, und ich mochte gar nicht daran denken, was hätte passieren können, wenn wir damit einfach über die Grenze gefahren wären.

»Was machen wir jetzt damit?« Wir hatten am Wegrand geparkt und studierten unsere geplante Route bis zum Grenzübergang. Gerade durch Kalifornien wollten wir nur über kleinere Nebenstrecken fahren, da wir, in Erinnerung an unsere letzte Reise, jeglichen Zusammenstoß mit den Staatskräften dort unbedingt vermeiden wollten. Mit Polizeistationen sah es also durchweg schlecht aus.

»Mit Abgeben wird's wohl nichts mehr werden!«

»Hm ...« Unser Blick schweifte unwillkürlich nach draußen und fiel auf den großen Steinhaufen, in dem wir jeden Abend einen Fuchs hatten verschwinden sehen. Beide schienen wir denselben Gedanken zu haben.

»Ich hol es raus und bring es weg, du behältst die Straße im Blick! Meine Güte ... hätten wir doch gestern Abend dran gedacht.« Ich schluckte und nickte, denn beim Verstecken eines

Gewehres erwischt zu werden, stand auf meiner Prioritätenliste ganz unten, und wer wusste schon, für was es der Vorbesitzer wohl benutzt haben mochte?

Tom stieg nach draußen und machte sich am Heck zu schaffen, während ich angestrengt auf den sich windenden Asphalt starrte. Zum Glück kamen die meisten Besucher erst am späten Vormittag, und die Zufahrtsstraße, die einzig zum Valley of Fire führte, verlor sich so früh am Morgen noch einsam in der bergigen Wüste von Nevada.

Jetzt sah ich Tom mit einem länglichen Paket in Richtung Fuchsbau laufen, und nur Minuten später steckte das Gewehr irgendwo zwischen den sandigen Steinen, unsichtbar versteckt für jeden ahnungslosen Besucher. Ich atmete auf. In Anbetracht der strengen Regeln in Kalifornien war es mir bei Weitem lieber, keine Waffe im Gepäck zu haben, egal ob sie nun ein Fundstück oder aus anderen Gründen in unseren Besitz gelangt war. Wieder einmal musste ich daran denken, wie Tom auf unserem Weg entlang der kalifornischen Küste vor fünf Jahren fast verhaftet worden wäre, nur weil wir in einem Supermarkt eingekauft hatten, der zur selben Zeit überfallen worden war. Unser Aussehen war der Polizei aufgefallen, und die Beamten waren zu dem Schluss gekommen, dass wir mit dem Täter unter einer Decke stecken mussten. Tom hatte vor einer Handvoll Officers auf dem Boden gekauert, und erst die erschrockenen Gesichter unserer kleinen Mädchen und die Pässe, die ich ihnen in die Hand gedrückt hatte, hatten sie nach einer ganzen Weile wieder zur Vernunft gebracht. Mit einem Gewehr im Gepäck wäre die Geschichte sicher ganz anders ausgegangen.

Gerade als der Verkehr langsam auflebte, lenkten wir den Bus vom Straßenrand, und kurz darauf hatten wir auch schon die Grenze nach Kalifornien erreicht. Diesmal würden wir uns von den großen Supermärkten und Menschenansammlungen fernhalten, und diesmal würden wir ohne Probleme bis zur mexikanischen Grenze gelangen, das wünschten wir uns zumindest, als wir Frankie in die ersten Ausläufer der Mojave-Wüste lenkten. Einsamkeit und Stille, Wüstensand, Felsen und knorrige *joshua trees*, Josua-Palmlilien, bis zum Horizont. Hierher würde sich gewiss kein Polizist verirren.

»Hey ...« Einen Tag später hielt das Auto eines Park Rangers vor unserem Schulbus. Die Nacht hatten wir auf einem freien provisorischen Parkplatz inmitten der Wüste verbracht, bevor wir weiter bis zu den Sand Dunes gefahren waren. Herrisch winkte der Ranger mich vom Fahrersitz aus nach draußen, Emma und Paula kletterten überrascht über die Sitze zum Fenster. Tom war erst vor fünf Minuten zu einem Spaziergang aufgebrochen.
»Hallo, was ist denn los?«
»Ist das Ihr Bus?«
»Ja, wieso?«
»Wo waren Sie gestern Nacht?«
»Auf einem Platz in der Wüste, bei dem Mojave Memorial Cross.«
»Beim White Cross World War I Memorial?«
»Ja, ich glaube, so hat es geheißen.«
Neben der Cima Road, einer der wenigen Straßen, die durch die Mojave-Wüste führten, hatten wir den winzigen Gedenkpark gefunden, der nach dem kleinen weißen Kreuz benannt worden war, das dort auf einem Felsen in der Sonne leuchtete. Schon 1934, so hatte ich auf einer Hinweistafel gelesen, war das Kreuz dort errichtet worden, um die im Krieg Gefallenen zu ehren. Darum herum fanden sich mehrere primitive *campsites*, wo wir, ganz zur Begeisterung der Mädchen, in der Nähe eines kleinen hungrigen Hamsters eine angenehm ruhige Nacht verbracht hatten.
»Wieso, was gibt es denn?«
»Tja ...« Der Mann räusperte sich, und ich wurde langsam etwas unsicher, die Mädchen hatten sich hinter uns inzwischen neugierig aus den Fenstern gelehnt.
»Wir haben einen Anruf bekommen ...«
»Ja?«, fragte ich.
»Ein Mann sagte, Sie ... äh ... hätten etwas in der Wüste hinterlassen.«
»Bitte was?« Ich sah ihn ungläubig an. Sollte uns doch jemand beim Verstecken des Gewehres beobachtet haben? Mir wurde flau im Magen.
»Etwas Organisches ... ähm ...«
»Organisches?« Im Moment stand ich noch komplett auf der Leitung.

»Der Anrufer meinte, er habe beim Memorial Cross einen Schulbus gesehen ... und, ja ... jemand muss dort in die Wüste gemacht haben ...« Er räusperte sich verlegen, während ich ihn noch immer fragend anstarrte, dann wiederholte er das eben Gesagte noch einmal langsam, als sei ich etwas schwer von Begriff.

»*Well ... he said, you shit in the desert!*« Es schien ihm durchaus unangenehm zu sein, doch mir fiel mit einem Mal ein Stein vom Herzen, und ich begann zu grinsen.

»Da kann ich Sie beruhigen, wir haben eine Toilette im Bus.« Auch Emma und Paula kicherten inzwischen hemmungslos. »Wollen Sie sich davon überzeugen?«

»Nein, danke. Ich dachte mir schon, dass an der Sache nichts dran ist, aber Sie wissen ja ... alles muss überprüft werden!«

Ich nickte noch immer grinsend. »Klar, immerhin sind wir in Kalifornien!«

Ohne ein weiteres Wort nickte der Ranger uns noch einmal zum Abschied zu, und im Schritttempo rollte sein Wagen zurück in Richtung Straße. Erleichtert ließ ich mich zwischen die Mädels auf die Küchenbank fallen und freute mich, wie schon so viele Male zuvor, über unsere luxuriöse Toilette, auf die ich beim Ausbau des Busses bestanden hatte. Trotzdem erschreckte mich die Art der Überwachung, die offenbar sogar mitten im Nirgendwo stattfand – und sich auch hier auf sehr ungenaue Angaben und unhaltbare Anschuldigungen stützte. Der kalifornische Polizeistaat hatte uns also zurück, und wieder einmal konnte ich, trotz der unbeschreiblich schönen Natur, den Grenzübertritt nach Mexiko kaum erwarten.

45. KAPITEL
MEXIKO, WIR KOMMEN

11. Januar 2017, Mexiko, Tecate,
an der amerikanisch-mexikanischen Grenze,
Meilenstand: 235 737

Energisch bedeutete uns der junge Mexikaner, bei unserem Bus zu bleiben und zu warten. Noch immer hielt er die Fahrzeugpapiere in den Händen, und irgendetwas schien ihm daran nicht zu gefallen, denn seit geschlagenen zwanzig Minuten redete er in sein ans Ohr geklemmtes Handy und deutete immer wieder auf die unterschiedlichen Einträge.

Gelangweilt starrte Emma aus dem Fenster, und auch Paulas Miene verfinsterte sich zunehmend. Seit insgesamt eineinhalb Stunden waren wir jetzt schon an der Grenze von einer Person zur nächsten gelaufen, hatten Visa ausgefüllt und bezahlt, die Passkontrollen der Ein- und Ausreise hinter uns gebracht, und langsam meldete sich auch bei mir der Hunger. In Mexiko gibt's Tacos, hatten wir den Mädchen schon heute Morgen versprochen, nicht ahnend, dass sich die Formalitäten derart lange hinziehen würden.

Doch jetzt endlich nickte der uniformierte Mann, warf einen letzten Blick auf unsere Papiere, steckte das Handy in seine Hosentasche und reichte uns die Dokumente.

»Tut mir leid, aber bisher hatten wir noch nicht so viele amerikanische Schulbusse mit deutschen Besitzern, deshalb hat die Überprüfung etwas gedauert!« Er schob die hohen Metallgitter zur Seite, öffnete uns den Weg in die bunte mexikanische Welt, und mit knurrendem Magen rollten wir endlich in die engen Gassen von Tecate.

Die letzten Tage waren wir länger gefahren als normalerweise und hatten die Strecke in Richtung Mexiko auf diese Weise relativ schnell hinter uns gebracht. Von der Mojave-Wüste waren wir über die Kleinstadt Joshua Tree und die Oh-My-God-Hot-Springs (die ehemals sehr bekannten heißen Quellen in der Nähe des Hippie-Camps Slab City, die inzwischen einem Quad-Trainings-Gebiet gewichen waren; den Namen verdankten die Quellen den Ausrufen von überraschten Besuchern, die nicht mit all den Nudisten unter den dort ansässigen Aussteigern und Drop-outs gerechnet hatten) relativ schnell vorangekommen. Und das, obwohl wir wegen eines Trampers einen Umweg von mehr als hundert Kilometern in Kauf genommen hatten.

Von Joshua Tree aus hatte der junge Mann zum ersten Mal in seinem Leben versucht, per Autostopp weiterzukommen, und ohne zu zögern hatten wir ihn eingeladen und mitgenommen. Immerhin musste er in den nächsten Tagen noch bis nach Colorado, um rechtzeitig zum Semesterbeginn wieder zu Hause zu sein, und so hatten wir Kevin zumindest beim ersten Teil seiner Strecke ein wenig unter die Arme greifen können, während er im Gegenzug zwei Stunden lang ohne Unterbrechung jedes Spiel mit den Kindern spielte, das sie auf den Tisch brachten. Erst gestern hatten wir ihn dann an einer Auffahrt abgesetzt, und er hatte ohne Probleme eine neue Mitfahrgelegenheit gefunden, sodass wir ohne schlechtes Gewissen von Osten nach Süden abdrehten und uns das letzte Stück bis zur Grenze durchschlugen.

Laute Musik dröhnte aus den Lautsprechern eines kleinen Ladens, der Cowboyhüte aus Stroh auf einen Tisch gestapelt hatte, aus einem kleinen Fenster daneben duftete es stark nach frischen Tacos, doch noch immer konnten wir unser Versprechen den Mädchen gegenüber nicht einhalten.

Tom zog zum wiederholten Male die Karte aus dem Geldautomaten und schüttelte müde den Kopf, keiner der Bankomaten auf mexikanischer Seite hatte bisher auch nur einen Peso für uns ausgespuckt, und besorgt kramte ich die letzten Scheine aus unserem Geldbeutel. 75 Dollar war der verschwindende Rest, und die würden komplett für unseren leeren Tank draufgehen. Erst in Ensenada wartete die nächste Möglichkeit auf uns, an Geld zu kommen, und so machten wir uns nach dem Tanken sofort auf den Weg. Zumindest hatten wir noch immer ein wenig Toastbrot und Nutella, dazu Kartoffeln, Reis und ein paar Dosen. Einen Großteil der frischen Sachen, wie Käse, Wurst, Eier, Gemüse und

Obst, hatten wir vor der Grenze verbraucht oder entsorgt, denn die Bestimmungen bezüglich eingeführter Lebensmittel waren von Infoblatt zu Infoblatt unterschiedlich wiedergegeben, und bisher waren wir meist gut zurechtgekommen, indem wir grundsätzlich alles Fragwürdige aussortierten.

In Ensenada hatten wir endlich Glück. Mit einem Berg Pesos in der Tasche, die wir in der ersten Bank ergattert hatten, erkundeten wir den städtischen Walmart, schaufelten Lebensmittel in unseren quietschenden Einkaufswagen, und obwohl es sich um eine amerikanische Einkaufskette handelte, amüsierten wir uns über die großen Unterschiede: Bei den Zeitungen etwa hatten sich drei ältere Herren in die Regale gesetzt und blätterten in den neuesten Ausgaben, zwei Angestellte in der Gemüseabteilung warfen kindskopfgroße Wassermelonen quer durch den Raum, um sie von der einen auf die andere Seite zu transportieren, und gespannt warteten Emma und Paula darauf, ob eine wohl auf dem Boden landen würde. Eine große Box mit Blättern vom Nopales-Kaktus erweiterte das Gemüseangebot, und eine Zeit lang musterten wir die ovalen flachen Stücke, von denen die Stacheln abgeschabt worden waren. Doch vor allem die Gebäckabteilung hatte es uns angetan. Süße Teilchen stapelten sich neben herzhaften Semmeln, alles frisch zubereitet und knusprig, wie man es sich nach dem langen Aufenthalt in den USA kaum mehr vorstellen konnte. Mit einer Holzzange und einem Tablett bewaffnet stromerten wir endlos zwischen den Regalen hindurch und konnten uns kaum entscheiden. Erst als sich ein beachtlicher Stapel Papiertüten in unserem Wagen türmte, waren wir zufrieden.

Für die Nacht parkten wir direkt am Strand. Der Pazifik rauschte unter der untergehenden Sonne, und eine Handvoll Pelikane flog synchron über die Wasseroberfläche, tanzte durch die weiße Gischt wie ein geübtes Ballettensemble. Ich lehnte mich zurück und genoss die warme Abendsonne, endlich hatten wir den Winter hinter uns gelassen.

46. KAPITEL

KLEINE BANDITEN UND GEFÄHRLICHE TIERE

12. Januar 2017, Mexiko, Baja California,
Fidels El Pabellón nahe San Quintín, Meilenstand: 235 820

»*Please, I have problem ... no electricity!*« Fidel stand vor der Tür unseres Schulbusses und guckte zerknirscht. Dieser Gesichtsausdruck war uns nur zu gut in Erinnerung. Der spärliche Schnurrbart und die Kapuze über seinem Kopf gaben ihm das Aussehen eines jugendlichen Schwerenöters. Sein weißer Pick-up, inzwischen schon mit einigen Roststellen gezeichnet, stand noch immer vor seiner Haustür.

»*Muchos problemas ... no electricity, no wifi, no tourists ... you borrow me 300 Pesos?*« Er sah genauso aus wie damals vor fünf Jahren, als er uns um fast hundert Dollar erleichtert hatte. »Ihr bekommt das Geld zurück ... morgen ... wirklich!« Er deutete auf den Handwerker, der während der letzten dreißig Minuten seinen Kopf zwischen die Kabel gesteckt hatte. »Ich kann ihn nicht bezahlen ... bitte!« Mit einem Grinsen im Gesicht kramte ich in unserer Geldbörse und zog die Scheine heraus, dann drückte ich sie ihm in die rundlichen Hände.

»Okay, kein Problem!« Noch immer konnte ich einfach nicht Nein sagen, wie damals, es hatte sich nichts verändert, rein gar nichts.

»*Oh, gracias!*« Jetzt hatte er wieder sein strahlendes Lächeln aufgesetzt

»*De nada*«, sagte ich, keine Ursache.

Bei 75 Pesos pro Nacht hatte ich im Übrigen gerade in unsere nächsten vier Übernachtungen investiert, und da wir sowieso vorgehabt hatten, noch ein wenig zu bleiben, nahm ich ihm seinen Versuch nicht weiter krumm.

»Wir bleiben noch vier Nächte«, sagte ich. »Dann sind wir quitt!«

»Natürlich, meine Freunde ... und eine Nacht umsonst!« Darauf drehte Fidel sich um und marschierte in Richtung seiner fast bis zum Meer reichenden Terrasse, dem Handwerker drückte er auf dem Weg ein paar Scheine in die Hand und entließ ihn mit einer gönnerhaften Handbewegung. Dann setzte sein tiefer Bariton ein: »*No more money ... all for free ... lalala ...*« Und noch lange hallte sein fröhlicher Gesang über den ganzen Platz.

»Mama, du musst mitkommen, jetzt sofort!«

Einige Tage später kam Paula atemlos über den Sand gerannt, ihr Gesicht erschien mir auffallend blass, und erschrocken sprang ich aus dem Campingstuhl, den ich mir gerade erst in die Sonne gestellt hatte.

»Jetzt gleich? Ist was passiert?«

»Wir haben was gefunden, zwischen den Blättern, Emma sagt, es ist eine Schwarze Witwe!«

»Du meinst die Spinne, schwarz, klein mit rotem Fleck?«

»Ja, genau die meine ich. Hat unterm Sand zwischen den Palmwedeln gesessen.«

Die letzten Tage hatten die Mädchen damit verbracht, aus den Überresten eines verfallenen Unterstandes, der halb im Sand vergraben war, eine Höhle zu bauen. Jetzt waren sie fast damit fertig, und zusammen mit Paula machten Tom und ich uns dorthin auf den Weg.

Emma stand vornüber gebeugt und starrte auf den Boden, während ich mit Paula über einen Berg Muscheln stieg und neben sie rutschte. Und da, zwischen den fransigen Enden eines abgerissenen Blattes, konnte ich die Spinne erkennen. Der dicke Bauch war schimmernd schwarz, ein roter merkwürdiger Fleck, der sich in der Mitte verjüngte, verzierte ihren Po, und ihre Vorderbeine hatte sie schützend über ein in zarte Fäden eingesponnenes, weißes Ei gelegt.

»Sieht wirklich nach einer Schwarzen Witwe aus.« Fasziniert beobachtete ich die grazilen Beinchen, von denen sich zwei abwehrend in die Höhe reckten, und ich war froh, dass die Kinder nicht versucht hatten, sie in ihr Terrarium zu stecken, wie die dicke Kellerspinne, die verdächtig nach einer *brown recluse*, einer Braunen Einsiedlerspinne, ausgesehen hatte. Ava, die Haushaltshilfe von James und Mia, hatte uns damals darauf aufmerksam gemacht, und noch am selben Tag hatten Emma und Paula das Krabbeltierchen weit entfernt vom Schulbus in die Freiheit entlassen. Doch immerhin hatte das Erlebnis auch sein Gutes gehabt. Damals hatten wir gemeinsam giftige Spinnen gegoogelt und uns das Aussehen der wichtigsten eingeprägt, ohne diese Vorarbeit hätten wir die Schwarze Witwe sicher nicht ohne Weiteres erkannt.

Ich griff nach dem Zweig, in dem die Spinne hing, und trug ihn hinter den nächsten Sandhügel, in der Hoffnung, das Tierchen möge sich ein anderes Plätzchen für die Aufzucht ihrer Jungen suchen und nicht wieder zwischen die Palmwedel der Höhle kriechen. Trotzdem wollte das ungute Gefühl, das sich in meinem Bauch ausgebreitet hatte, nicht vergehen. Skeptisch musterte ich die restlichen Blätter. Nur zu gut konnte ich mich noch an den Text erinnern, den ich damals gelesen hatte und der besagte, dass diese Spinne als Gifttier vor allem durch ihr mitunter massenhaftes Auftreten und die daraus resultierenden häufigen Bisse bekannt wurde. Außerdem, so erinnerte ich mich, war der Biss kaum schmerzhaft und wurde häufig erst später bemerkt. Die Wirkung des Giftes setzte nach circa einer halben Stunde ein.

Gemeinsam machten wir uns auf den Weg zum Schulbus. Anscheinend war auch den Mädchen die Lust zu spielen fürs Erste vergangen, und ich war mehr als erleichtert, dass wir unsere Abreise schon fest für den morgigen Tag geplant hatten. Unauffällig musterte ich die Gesichter meiner Töchter, suchte nach irgendeinem Anzeichen von Schwäche, aber selbst zwei Stunden später war noch nichts passiert und meine Hoffnung wuchs, dass es auch weiterhin so bleiben würde. Kein unbemerkter Biss, kein Gift, und zum ersten Mal begann ich so etwas wie Sympathie für eine Spinne zu empfinden. Und zudem so etwas wie einen ungetrübten Respekt vor einer einzigartigen Kreatur, von dem ich zu Hause in Deutschland noch weit entfernt gewesen war.

47. KAPITEL
GEBURTSTAG UNTER WALEN

25. Januar 2017, Mexiko, Baja California,
Ojo de Liebre, Meilenstand: 236 211

»Schau mal da drüben!« Ein riesiger Grauwal streckte seinen Kopf aus den Fluten, und unser Boot begann bedenklich zu wackeln, doch Emma und Paula ließen sich nicht aus der Ruhe bringen. Gleich daneben schaukelte der viel hellere Rücken eines Neugeborenen, und das deutsche Ehepaar, das mit uns aufs Meer gefahren war, hielt eine an einem langen Stab angebrachte *action cam* unter den Bug ins Wasser und starrte gleichzeitig auf einen kleinen externen Bildschirm, mit dem sie das Geschehen zusätzlich beobachten konnten.

»Schade, dass wir nicht auch so eine Kamera haben!« Emma schaute fasziniert zu den beiden hinüber, die aber außer ihrem Bildschirm kaum etwas anderes wahrnahmen. »Dann könnte ich alles filmen und meiner Klasse zeigen.« Vor ein paar Tagen erst hatten Emma und Paula Post von ihrer Schule erhalten, und begeistert hatten sie begonnen, ihren Klassenkameraden von Mexiko zu schreiben: angefangen mit der Schwarzen Witwe von Fidels Strand über die vielen Pelikane bis zu den Walen von Ojo de Liebre, und wir freuten uns sehr über den unerwarteten Austausch.

Vor drei Tagen hatten wir nach einer letzten heißen Dusche am Morgen Fidels El Pabellón verlassen, uns über die MEX 1, die einzige Verbindungsstraße von der Nord- zur Südhälfte der Baja California, auf den Weg nach Guerrero Negro gemacht und waren von dort nach Ojo de Liebre, der Bucht der Wale, aufgebrochen. Wieder einmal hatten wir uns auf der sandigen Piste des großen Salzabbaugebietes, das bis dorthin zu durchqueren war, verfahren und waren erst nach über einer Stunde an den Seitenarm der Lagune gerollt. Nur wenige Meter vom Wasser entfernt hatten wir unser Lager aufgeschlagen und für den nächsten Morgen, Toms Geburtstag, eine Fahrt aufs Meer gebucht.

»Glaubst du, von denen aus meiner Klasse hat schon mal irgendeiner einen Wal gesehen?« Paula sah uns fragend an, Tom und ich zuckten die Schultern.

»Wer weiß ... das könnt ihr sie ja mal fragen.« Langsam sank der mit Seepocken und Muscheln besetzte Kopf zurück ins Wasser, und das dunkle Auge, das uns interessiert beobachtet hatte, verschwand unter der Meeresoberfläche. Der Rücken tauchte auf, dann die große Querflosse des Schwanzes, und der Wal tauchte ab, gefolgt von seinem Nachwuchs.

»In der letzten Mail haben sie uns gefragt, ob die Wale das ganze Jahr hier wohnen. Aber die kommen aus Alaska, so wie wir, oder?«

Ich nickte.

»Eine schöne Vorstellung eigentlich. Zusammen sind wir denselben Weg gereist, und hier in Mexiko treffen wir uns endlich!« Tom lächelte und starrte gebannt auf die Wasseroberfläche, aus der sich, nur einen knappen Meter vom Boot entfernt, ein gigantischer Rücken schob und eine Zeit lang neben uns im warmen Wasser dümpelte, so nahe, dass man ihn fast mit der Hand hätte berühren können. Eine wirklich lange Reise hatten wir alle hinter uns gebracht, doch ganz im Gegensatz zu den Grauwalen waren wir damit noch nicht am Ende angelangt.

Gestern erst hatten wir mit Liz telefoniert, die uns erneut dazu eingeladen hatte, ein paar Wochen im Haus ihres verstorbenen Vaters zu verbringen, das im Süden der Baja verlassen auf seinen Verkauf wartete, und diesmal hatten wir zugesagt. Fünf Tagesreisen südlich von Guerrero Negro, erklärte sie uns, nicht weit von der Strandpromenade, erwarte uns ein eigener eingezäunter Garten mit jeder Menge Palmen und Orangenbäumen, eine kleine Oase ganz für uns allein. Wir könnten bleiben, solange wir wollten, doch so verlockend uns das Angebot auch erschien, die nächsten drei bis vier Tage würden wir noch bei den Walen bleiben, das hatten wir den Kindern versprochen.

Der mexikanische Guide zog an der Reißleine unseres Motors, und das kleine Bötchen schob sich über die schaukelnden Wellen, tanzte und hüpfte, bis wir nach über einer Stunde auf der hohen

See zurück in der Lagune auf den langen Steg kletterten. Ein Adler, der sein Nest direkt auf der Überdachung gebaut hatte, flog kreischend auf, während wir zu unseren Fahrrädern schlenderten und uns auf dem Weg zum Schulbus machten, in dem Laika schon auf uns wartete.

»Schnell, komm doch mal her!« Aufgeregt winkend versuchte Tom, sich bemerkbar zu machen. Kurz nach unserer Rückkehr hatte er sich mit einem unserer alten Campingstühle und seinem neuen Fernglas an den Strand zurückgezogen und auf die Wasseroberfläche gestarrt, jetzt schien er etwas entdeckt zu haben. Neugierig machte ich mich auf den Weg zu ihm, in der Hand eines unserer Frühstücksbretter, auf dem zwei Tassen Kaffee und ein Stück Apfelkuchen balancierten.

»Schau doch mal da drüben!« Er deutete auf den engen Seitenkanal, in dem die Wale am Abend zu schwimmen pflegten. Ganz am Rande des tiefen Wassers, wo die flachen Sandbänke begannen, aus denen sich über Tag das Wasser fast vollständig zurückzog, war ein großer schwarzer Körper zu erkennen.

»Siehst du den Wal da?« Ich nickte, und er drückte mir das Fernglas in die Hand. »Der liegt dort schon eine ganze Weile. Und ich glaube, gerade eben habe ich die Geburt seines Kindes beobachtet.«

»Wie? Von hier aus?«

»Da waren plötzlich lauter Luftbläschen, die aus dem Wasser kamen, und gleich darauf ist ein kleiner Kopf in die Höhe geschossen, das muss das Neugeborene gewesen sein!« Mit den Gedanken noch immer bei dem Wal griff er nach der mitgebrachten Kaffeetasse, während ich weiter angestrengt auf die Wasseroberfläche blickte. Plötzlich begann sich der Körper zu bewegen, glitt fast schwerelos zurück ins tiefe Wasser und verschwand unter dem Meeresspiegel.

»Jetzt ist sie weg!« Schon wollte ich das Fernglas zur Seite legen, als ich plötzlich einen runden Rücken durch das Wasser pflügen sah, daneben das helle Grau des Neugeborenen. Seite an Seite näherten sie sich der großen Bucht, und auch Tom hatte sie mit bloßem Auge erspäht. Wellenartig bewegten sie sich durchs Wasser, tauchten auf und wieder ab, und ganz leise konnte man aus der Ferne das rhythmische Pusten hören, mit dem die Atemfontäne aus dem Blasloch schoss.

Noch eine ganze Weile starrten wir auf die sanften Wellen, beobachteten eine Handvoll Pelikane und sahen ihre dunklen Schatten über die gekräuselte Wasseroberfläche huschen, unter der sich Hunderte von Walen versteckten, während Emma und Paula zusammen mit Laika ausgelassen um uns herum tollten und mit den lustigen Minikrabben, die sich überall unter den Steinen versteckten, Fangen spielten.

Erst vor ein paar Tagen hatten wir am Strand Peter, einen Lehrer aus Los Angeles, getroffen, der seit über dreißig Jahren jeden Winter einige Wochen hier bei den Grauwalen verbrachte und der mit den Mädchen einige wunderschöne Versteinerungen gefunden hatte. »Ein wahrlich mystischer Platz.« Das waren seine Worte dazu gewesen. Eine Schwanzflosse tauchte aus dem Wasser auf, und eine erneute Fontäne aus Tausenden Wassertröpfchen schoss aus dem Blasloch eines eben auftauchenden Wales, in die das Sonnenlicht die Farben eines Regenbogens zauberte, und ich musste ihm recht geben. Was für ein zauberhafter Ort.

48. KAPITEL
VON SCHERBEN UND STACHELN

29. Januar 2017, Mexiko, Baja California,
auf dem Weg nach Santa Rosalía, Meilenstand: 236 387

Nur wenige Tage später hatten wir uns auf den Weg nach Loreto gemacht, und noch immer hatte ich die begeisterten Schilderungen unserer Freundin Liz im Ohr, die uns immer wieder versichert hatte, wie sehr es uns in der kleinen Stadt gefallen würde. Die vielen Jahre, die ihr Vater dort verbracht hatte, hatte er viel für die Gemeinde gemacht, unter anderem hatte er eine große Schule gegründet, mit zusätzlicher Versorgung der bedürftigen Schüler, und inzwischen seien sie schon viel zu lange nicht mehr dort gewesen.

Auch ihre letzten Worte unseres Telefonats von Ojo de Liebre aus waren mir noch gut in Erinnerung: »Ihr bekommt den Schlüssel vom gegenüberliegenden Hotel und könnt bleiben, solange ihr wollt! Ich freue mich schon riesig auf die Fotos vom Garten und vom Haus ... ach, wie gern wäre ich jetzt bei euch!«

Noch ganz in Gedanken lehnte ich mich an die rumpelnde Seitenwand und ließ mir die kühle Luft vom Fahrerfenster ins Gesicht strömen. Zum ersten Mal seit Wochen hatten wir von Pullovern zu T-Shirts gewechselt und schwitzten selbst so noch in den sommerlichen Temperaturen. Bei Roger und Liz lag inzwischen schon fast ein halber Meter Schnee, und auch sonst schien sich einiges im Leben der beiden verändert zu haben, seit wir sie vor gut zwei Monaten verlassen hatten. Die beiden erwachsenen Söhne von Roger waren zu ihm und Liz gezogen und sorgten für einige Aufregung. Zwischenzeitlich gesellte sich sogar noch Rogers Tochter samt Kind zu ihnen, kurz, eine Familie, in der es durchaus turbulent zuging, die aber zusammenhält. Und auch wenn ich nicht gerade scharf auf Winter und Schnee war, merkte ich doch, wie sehr ich unsere Freunde vermisste.

Die Straße wurde schlechter, und der Bus holperte über leichtes Waschbrett, eine Reihe von Bretterverschlägen tauchte vor uns auf, dazwischen Planen und Wäscheleinen, und wieder einmal wurde mir bewusst, was für ein Privileg wir durch unsere Reisen genossen. Allein durch unsere Herkunft hatten wir Möglichkeiten, die vielen Menschen für immer verwehrt bleiben würden, und wie schon so oft wünschte ich mir eine gerechtere Aufteilung der natürlichen Ressourcen und der finanziellen Mittel.

Wir ließen San Ignacio hinter uns, lenkten Frankie Richtung Südosten, überquerten die schmale Halbinsel in Richtung Sea of Cortez, Golf von Kalifornien, und wieder wurde die ohnehin schon enge Straße noch schmaler. Ein Lkw kam uns entgegen, schlingerte, dann plötzlich ein Knall.

Bremsen quietschten, und mein Kopf prallte seitlich gegen das Fenster, der Bus schaukelte leicht, rollte auf den sandigen Fahrbahnrand und kam endlich mit einem letzten Ruck zum Stehen.

Verwirrt schaute ich um mich, überall auf dem Boden, auf dem Tisch und den Sitzen verteilten sich spitze Glassplitter. Emma und Paula hatten die Augen entsetzt aufgerissen, Tom dagegen umklammerte noch immer das Lenkrad, während ich ein leichtes Brennen an meinem Arm spürte und erschrocken merkte, dass ich aus einem kleinen Schnitt blutete.

Der linke Seitenspiegel war komplett abgerissen und baumelte nur noch lose an einem Kabel, das gesplitterte Spiegelglas jedoch war durch die Wucht des Aufpralles durch das geöffnete Seitenfenster nach innen geschleudert worden, und auch an Toms linker Gesichtshälfte und seinem Arm konnte ich einige kleine Schnitte erkennen.

»Ist bei euch alles in Ordnung?«

Ich war aufgesprungen und zu den Kindern an den Tisch gelaufen. Überall knirschte zerbrochenes Glas unter meinen Füßen, doch zu meiner größten Erleichterung nickten beide.

»Mhm ...«

»Und bei dir?«

Tom nickte und wischte eine Handvoll Splitter vom Armaturenbrett. »Alles in Ordnung!«

Fast gleichzeitig blickten wir nach draußen und suchten die Straße ab, aber von dem Lastwagen, der uns geschrammt hatte, fehlte jede Spur, was uns nicht weiter wunderte. Wir hatten schon von Fidel gehört, wie unberechenbar die Polizei hier mit Verkehrsdelikten umging. Recht bekam der mit dem größten Geldbeutel, und da kaum jemand über eine Versicherung zu verfügen schien, versuchten die meisten, sich nach einem Unfall schlicht so schnell wie möglich aus dem Staub zu machen.

Eine halbe Stunde später rollten wir auf einen Campingplatz bei Santa Rosalía, parkten Frankie direkt am Strand und begannen damit, die Bescherung zu beseitigen. Nach und nach kehrte ich die vielen Scherben in den Mülleimer, Tom entfernte den zerbrochenen Außenspiegel und kramte in der Kiste mit den Ersatzteilen, und die Mädchen waren an den Strand gelaufen, um nach Muscheln zu suchen. Den Unfall hatten sie zum Glück fast auf der Stelle schon wieder vergessen gehabt.

Ich hatte unsere Schnitte begutachtet, die zum Glück keine weitere Versorgung benötigten, bezog das Bett neu, in dem ich auch einige Scherben gefunden hatte, und ließ mich danach erleichtert auf die weichen Kissen fallen. Wir hatten wirklich Glück gehabt! Zu allem Überfluss fand Tom auch noch den passenden Ersatzspiegel, und kaum eine Stunde später wirkte zumindest Frankie, als wäre nie etwas passiert.

Draußen hörte ich Emma und Paula lachen, begeistert planschten sie im flachen Wasser der Sea of Cortez, und schon bald hatten die beiden außer einem Kübel voll krabbelnder Einsiedlerkrebse und Seeschnecken einen ganzen Berg unterschiedlichster Muscheln gesammelt. Immer mit dem Blick auf dem Boden wanderten sie barfuß durch den warmen Sand, umrundeten die an den Strand gezogenen hellblauen Boote und schleppten schon bald die vollen Kübel in Richtung Schulbus.

Plötzlich sah ich einen Mann aufgeregt winken, humpelnd näherte er sich den Mädchen und fing an, wild gestikulierend auf sie einzureden. Neugierig machte ich mich auf den Weg nach draußen, und Emma, die anscheinend schon auf mich gewartet hatte, deutete gleich erklärend auf seinen Fuß.

»Sieh mal, da ist eine Wunde.«

Ich betrachtete den zu einem Klumpen angeschwollenen Fuß und nickte, in der Mitte des Ristes war ein bläulich verfärbtes Loch zu sehen.

»Ein Rochen hat ihn dort gestochen!«

Aufgeregt begann der Mann erneut zu gestikulieren. »Es gibt hier sehr viele Stachelrochen! Ihre Töchter sollten nicht barfuß am Wasser herumlaufen!« Noch einmal hob er seinen Fuß und deutete nachdrücklich auf die Verletzung. »Können Sie den Stich sehen? Ist durch den ganzen Fuß gegangen. Und auch wenn das Gift nicht wirklich ein Problem ist ... die Schmerzen sind es mit Sicherheit!« Er deutete auf das flache Wasser. »Hier überall sind die Stachelrochen zu finden, sie graben sich auch im ganz flachen Wasser im Sand ein und sind so kaum zu sehen, und wenn du dann drauftrittst ... Ich gehe seitdem auf jeden Fall nicht mehr barfuß.«

Ich nickte dankend und wünschte ihm eine gute Besserung, während er auf einen Stecken gestützt wieder zu seinem Wohnmobil hinkte. Die Mädchen dagegen betrachteten aufgeregt die Wasseroberfläche.

»Meinst du, da sind welche?«

»Müssen ja!«

»Okay, ich hole mir Schuhe!« Emma flitzte zum Schulbus, gefolgt von Paula, und in Null Komma nichts standen sie mit ihren Wandersandalen wieder im knietiefen Wasser.

»Vielleicht finden wir ja einen!« Und noch bevor ich sie aus dem Wasser zurückbeordern konnte, hörte ich beide begeistert rufen: »Hier, hier, schau doch mal!«

Ein wenig nervös krempelte ich meine Hose nach oben und stapfte durch die sanften Wellen, den Kindern jedoch schien es zum Glück noch immer gut zu gehen, wie ich anhand ihrer strahlenden Gesichter eindeutig erkennen konnte. Vorsichtig setzte ich einen Fuß vor den anderen, betrachtete den sich in der leichten Strömung kräuselnden Sand, näherte mich Schritt für Schritt den Mädchen, die mir aufgeregt etwas entgegenstreckten.

»Hier, ein Stachel!«

Dunkel und spitz klemmte die Hornspitze zwischen Emmas Fingern, und fasziniert strich sie immer wieder über die glatte Oberfläche, die mindestens sieben Zentimeter maß und durchaus die Dicke eines Schaschlikspießes aufwies.

»Das muss ein großer gewesen sein.« Dann drehte sie sich plötzlich um, und ohne mich weiter zu beachten, rannte sie zusammen mit Paula durch das spritzende Wasser in Richtung des humpelnden Mannes, der uns gewarnt hatte. Aus der Ferne beobachtete ich, wie sie ihm den Stachel demonstrierte, sah seinen musternden Blick und dann sein zustimmendes Nicken.

Und während die Mädchen noch aufgeregt durch den Sand tanzten, machte ich mich auf den Weg zurück zum Schulbus, von wo aus Tom mir schon entgegenkam.

49. KAPITEL
MILLIMETERARBEIT PARKPLATZSUCHE

30. Januar 2017, Mexiko, Baja California,
Loreto, Meilenstand: 236 571

»Ihr seid schon da?« Ich hörte Liz entsetzt schnaufen.

»Ja ... gibt es ein Problem?«

»Mein Bruder hat die Putzfrau noch immer nicht erreicht!« Sie seufzte. »Es sieht bestimmt furchtbar aus! Immerhin war dort seit ein paar Jahren niemand mehr!«

Ich musste lächeln und versuchte, unsere Freundin zu beruhigen. »Mach dir keinen Kopf, Liz. Wir brauchen weder das Haus noch sonst irgendetwas. Wenn wir uns in den Garten stellen dürfen, ist das mehr als genug, wir haben doch alles im Schulbus!«

»Okay ... unangenehm ist es mir trotzdem, aber in den nächsten Tagen kommt sie bestimmt!« Dann gab Liz uns noch einmal die Adresse, und den Anweisungen unseres Handy-Navis folgend rollten wir durch die engen Gassen der kleinen mexikanischen Stadt. Bunt gestrichene Häuschen reihten sich eng aneinander, kleine Läden mit davor aufgetürmten Waren, Taco-Stände, jaulende Hunde und jede Menge Autos, viel fehlte nicht und unser Bus wäre stecken geblieben. Hier war die Miguel Hidalgo Avenue, hier die Colegio, noch zwei Straßen weiter, jeden Moment mussten wir da sein ... Mit zusammengekniffenen Augen suchte ich nach dem passenden Straßennamen, Pipila.

»Die nächste müssen wir rechts!«

Tom lachte auf. »Rechts? Schau dir doch mal die Kurve an! Nie und nimmer kommen wir da rum.« Tatsächlich war die Straße, die im rechten Winkel von unserer Fahrbahn abzweigte, noch einmal ein Stückchen schmaler, dazu rechts und links von hohen Bordsteinen begrenzt, vor denen ein Auto neben dem anderen geparkt war, was für den Wendekreis eines Elf-Meter-Busses ein Ding der Unmöglichkeit war. Nicht weit entfernt parkten wir also am Straßenrand und kletterten über die Stufen nach draußen, wohl oder übel mussten wir uns das Grundstück erst einmal zu Fuß anschauen, vielleicht gab es ja noch eine andere Zufahrt.

Wir bogen um die Ecke und standen fast augenblicklich vor einem riesigen doppelflügeligen Tor, das zu einem für die Gegend auffällig großen Garten führte. Orangen- und Zitronenbäume reihten sich aneinander, entlang des Zaunes zog sich ein kleines Palmenwäldchen, und ein Schwarm bunt schillernder Vögel flog zwitschernd zwischen den Zweigen herum. Das Haus dagegen war eher unspektakulär. Ein hoher Steinbau mit Balkon, vor dem Eingang ein zusätzlicher überdachter Bereich, circa vier auf sechs Meter, der auf der einen Seite von einer ans Haus angeschlossenen Garage begrenzt wurde und wie gemacht schien für unseren Schulbus. Frankie würde zumindest zur Hälfte darunter verschwinden. Zudem konnte ich die Umrisse zweier großer Ventilatoren erkennen, einen besseren Schutz gegen die Sonne, die endlich wieder heiß brannte, konnten wir uns kaum vorstellen.

Das einzige Problem schien die Zufahrt zu sein, und skeptisch musterten wir zum zweiten Mal die enge Kurve. Auch von hier aus schien es kaum vorstellbar, Frankie heil bis an das Tor zu bringen. Mit elf Metern schlängelte man sich nun einmal schwer ums Eck, vor allem wenn der Weg durch mexikanische Städtchen anstatt durch amerikanische Metropolen oder einsame Wälder führte. Die entgegengesetzte Richtung jedoch schien vielversprechend, und gemeinsam folgten wir dem Straßenverlauf, ließen ein Hotel und mehrere kleine Läden hinter uns, bis wir endlich eine weitere Zufahrt auf der anderen Seite des Grundstückes entdeckten. Zwar würden wir einige Meter gegen eine Einbahnstraße fahren müssen, aber das schien uns der verlockende Garten wert zu sein.

Zurück am Bus startete Tom den Motor, und während Emma und Paula aus dem Fenster starrten, versuchte ich ihm von draußen Zeichen zu geben. Der erste Reifen rollte über die hohe Bordsteinkante, die auch auf dieser Seite zu finden war, und ich hörte das Klappern von Geschirr. Dann der zweite Reifen und erneutes Klirren, Meter für Meter arbeitete sich der Bus in die Seitengasse, bis er sie fast ganz ausfüllte, dann endlich die letzte Kurve in den

Garten, und nur wenige Minuten später hatten wir es tatsächlich geschafft. Der Bus parkte unter dem Gewölbe, das Gartentor war hinter uns ins Schloss gefallen, und Laika tobte bellend über die Wiese, während Emma und Paula begeistert aus dem Bus sprangen.

Ich hörte das Rauschen der Brandung, die nur eine Straße weiter gegen die aufgetürmten Felsen rollte, sah einen kleinen Gecko hinter einem alten Brett verschwinden, und eine dicke weiße Katze sprang erschrocken über den Zaun in Nachbars Garten. Die Vögel stoben aus den Bäumen, und ein kleiner Kolibri hielt vor dem in der Sonne blinkenden Scheinwerfer Frankies inne, bis er kurz darauf in dem Gewirr aus Palmen und Farnen verschwand.

Vor Jahren hatte Liz' Vater das Häuschen hier gekauft, um sich ab und an von seinem boomenden Truck-Business zu erholen, denn Jahr für Jahr war sein Transportunternehmen gewachsen und zählte inzwischen zu den größten der Westküste. Hier, zwischen Palmen und Orangenbäumchen, hatte sein Stress ein Ende gefunden, und nach und nach waren seine Aufenthalte immer länger geworden, bis er sein ganzes Herz an die kleine Gemeinde von Loreto verloren hatte. Als Liz und seine Söhne ins Geschäft miteinstiegen, zog er mit Sack und Pack hierher, wo er sich für viele soziale Projekte engagierte und schon bald zu einem unverzichtbaren Teil der Gemeinde wurde.

Wenn ich mich so umblickte, konnte ich ihn verstehen. Hier konnte man es durchaus eine Zeit lang aushalten, sagte ich mir und räkelte mich erschöpft in der heißen Sonne.

»Ich mach mich mal auf den Weg zur Bank!«, verkündete Tom als Erstes und zog los. Seit Guerrero Negro hatten wir kein Geld mehr abgehoben, und mittlerweile waren unsere Reserven auf wenige Pesos zusammengeschrumpft. Eine knappe Stunde später jedoch knallte er das doppelflügelige Tor ins Schloss und zuckte die Schultern. »Ich habe nichts bekommen, nicht einen Peso, nada!«

Fragend sah ich ihn an.

»Dasselbe wie schon in Tecate. Der Automat mag unsere Karte nicht, keine Chance. Ich habe es in drei verschiedenen Banken versucht, nichts!«

Ich zog die letzten Scheine aus dem Geldbeutel und begann zu rechnen, wir hatten gerade mal noch 3000 Pesos, das waren in etwa 160 Dollar. Das würde nicht einmal für die Tankfüllung zurück reichen.

»Und wenn wir im Supermarkt mit Karte bezahlen?«

»Funktioniert auch nicht, habe ich schon versucht!«

Momentan hatten wir noch Lebensmittel, wenn uns auch die Marmelade und das Obst langsam ausgingen, ein paar Tage würden wir schon noch über die Runden kommen.

»Ich werde einfach versuchen, mit der Kreditfirma zu sprechen!«

Tom schnappte sich das Handy und machte sich auf den Weg ins Hotel gegenüber. Dort, so hatten uns die Betreiber versichert, konnten wir jederzeit das Internet nutzen. Doch nur wenige Minuten später war Tom schon wieder da. Er hatte niemanden erreicht und lediglich eine E-Mail verschicken können, vor morgen würden wir sicher keine Antwort erhalten.

Auch am nächsten Tag warteten wir vergeblich. Keine E-Mail, keine Nachricht, und auch die Kreditkarte verweigerte weiterhin ihren Dienst. Wenn das so weiterging, kamen wir nicht umhin, auch das Tankgeld noch anzugreifen. Gemeinsam starrten wir auf die Straßenkarte der Baja California und suchten die wenigen Städte auf unserer Route, in denen es eine Bank geben musste. Spätestens an dem Geldautomaten in Guerrero Negro, das wussten wir, würde die Kreditkarte funktionieren, doch für den Weg bis dorthin würde das Geld etwas knapp werden. So blieb noch Santa Rosalía, das auf unserem Rückweg etwa 200 Kilometer weiter nördlich lag. Doch was, wenn wir auch dort nichts bekommen würden? Ich starrte auf die wippenden Palmen, sah Emma und Paula am Zaun die Katze locken. Hier hatten wir zumindest einen Platz, an dem wir kostenfrei stehen konnten, und die Mädchen hatten in der Zwischenzeit ihren Spaß. Ein paar Tage würden wir noch überbrücken können, mit dem Tankgeld sicher eine gute Woche, und vielleicht konnten uns Toms Eltern im Notfall etwas Geld per Eilüberweisung schicken.

Spät am Abend, nachdem Emma und Paula endlich erschöpft ins Bett gefallen waren, teilten wir uns schweigend das letzte Bier, als unser Posteingang zu blinken begann. Advancia hatte sich gemeldet, und gespannt las ich die wenigen Zeilen. »*... die Karte muss* *in Mexiko funktionieren ...«*, lautete die Erklärung der Firmenzentrale, etwas anderes sei gar nicht möglich. Der Fehler sei nicht bei ihrem Unternehmen zu suchen, sondern das Problem müsse bei den Banken in Mexiko liegen. Ich seufzte. Selbst wenn dem so wäre, würde uns das nicht helfen.

Am nächsten Morgen machten wir uns auf den Weg in die Stadt, ein paar wenige Dinge mussten besorgt werden, und dann, so hatten wir spät in der Nacht beschlossen, würden wir trotz allem nach Santa Rosalía aufbrechen müssen. Wir hatten im Internet recherchiert und dort zwei verschiedene Geldinstitute entdeckt. Ob dort das Abheben funktionieren würde, stand freilich weiterhin in den Sternen. Doch einfach abwarten schien uns keine gute Option zu sein, und auch die Idee, den Versuch zu starten, uns Geld überweisen zu lassen, behagte uns nicht wirklich. Im Moment erschienen uns die hier ansässigen Banken in solchen Dingen kaum zuverlässig und kompetent.

Zum Supermarkt war es nicht weit. Wir packten zwei Kanister Wasser und vier Äpfel ein und bezahlten knapp achtzig Pesos, bevor wir wieder in Richtung Ausgang schlenderten. Plötzlich hielt Tom inne. »Schau doch mal, da hinten in der Ecke!« Nicht weit entfernt von der Tür stand ein alter Geldautomat, den wir bis jetzt nicht entdeckt gehabt hatten, davor eine Schlange Menschen, die verdächtig nach Touristen aussahen, und mit frisch aufkeimender Hoffnung quetschten wir uns hinter die Wartenden. Einer nach dem anderen steckte sich ein Bündel Scheine in den Geldbeutel, und als wir endlich an die Reihe kamen, überlegten wir nicht lange. Bei »Gewünschte Summe« wählten wir »5000 Pesos«, was umgerechnet knapp 270 Dollar entsprach, und warteten gespannt, doch wieder ratterte keine Zählmaschine, wieder spuckte der Automat kein Geld für uns aus.

»Vielleicht gibt es hier eine Höchstsumme?« Skeptisch blickte ich zu Tom hinüber, doch der schüttelte den Kopf.

»Daran liegt es nicht, bei den anderen Automaten habe ich mit kleinen Beträgen angefangen, und selbst die haben nicht funktioniert!«

Trotzdem startete er einen zweiten Versuch, diesmal tippte er auf »3000 Pesos«, wieder nichts ... nächster Versuch, »2000 Pesos«, kein Erfolg, doch bei »1500 Pesos«, umgerechnet circa achtzig Dollar, ratterte endlich die Maschine, eine Klappe öffnete sich, und ein Berg Scheine steckte in dem schmalen Spalt.

Mir war nach Jubeln zumute, zumindest die nächste Woche mussten wir unser neu bezogenes Domizil noch nicht verlassen, und am liebsten hätte ich einen Luftsprung gemacht. Wir waren auf die Innenräume des Hauses nicht angewiesen und betraten sie gar nicht, aber in dem schönen großen Garten, den wir umso mehr nutzten, gab es eine (kalte) Außendusche und eine Toilette in einem separaten Raum neben der Garage.

Passenderweise wehte in dem Moment leise Musik von dem nicht weit entfernt gelegenen Stadtzentrum zu uns herüber. Die letzten Tage hatten dort mehrere Kindergruppen Tänze einstudiert, und unsere Beine begannen zu zappeln. Wir konnten bleiben und die Sonne genießen, und voller Übermut tanzten wir zu den immer lauter werdenden mexikanischen Popsongs durch die Straßen nach Hause, denn selbst wenn achtzig Dollar nicht gerade viel waren, sie waren immerhin ein Anfang!

50. KAPITEL
JORGE UND DIE STEINE

15. Februar 2017, Mexiko, Baja California,
Loreto, Meilenstand: 236 661

Tom zählte vor uns das bisher abgehobene Geld auf den Tisch: »3800, 4000, 4100, 4150 ...«

Inzwischen hatten wir es uns zur Gewohnheit gemacht, jeden Tag zu dem Geldautomaten zu schlendern und uns ein kleines finanzielles Polster zuzulegen. Bei einer gleichmäßigen Abhebesumme von 1500 Pesos würde es allerdings eine Weile dauern, bis wir für unsere restliche Zeit in Mexiko vorgesorgt hatten. Mindestens zwei Wochen wollten wir noch bleiben, das bedeutete, bei einem Bankgang täglich kämen wir auf 21 000 Pesos, also eine ungefähre Umrechnungssumme von 1200 Dollar, plus dem Geld, das wir schon hatten, also ungefähr noch mal knappe 300 Dollar.

Das musste fürs Erste reichen, und in einer Woche, mit dem beginnenden Frühling, wollten wir uns dann langsam auf den Weg zurück in Richtung Norden machen.

Eine Frage, die uns zunehmend beschäftigte, war der Verbleib Frankies. Wir hatten inzwischen alle vier das Gefühl, dass der Schulbus fest zur Familie gehörte. Eine Trennung schien uns zu diesem Zeitpunkt noch kaum vorstellbar. Mitte Mai mussten wir zurück in Deutschland sein, noch blieb also genügend Zeit, um nach einer Lösung zu suchen. Liz hatte außerdem versprochen, ihren Bruder zu fragen, der die Container des Transportunternehmens, um das er sich seit dem Tod des Vaters kümmerte, auch per Schiff versendete. Und so hatten wir bis jetzt die Hoffnung noch nicht aufgegeben, eine Möglichkeit zu finden, unseren Schulbus nach Europa zu verfrachten. Nebenbei googelten wir nach Verschiffungsgesellschaften, stellten Anfragen an Seabridge und viele mehr und warteten tagtäglich auf ein erschwingliches

Angebot. Zwischendurch schlenderten wir regelmäßig durch die Fußgängerzone des kleinen Städtchens.

Winzige Läden standen Tür an Tür, davor stapelten sich bunte Töpfe, Hüte und verschiedenste Kleider, für die Kinder gab es Muschelmonster, Wackeltiere und vieles mehr. Dennoch ließen die Mädchen sich von der bunten Vielfalt kaum beeindrucken, erst an der geöffneten Tür einer kleinen Galerie hielten beide inne und betrachteten den bunten Totenkopf, der auf die eingesetzte Scheibe geklebt war.

»Hallo Mädchen ... kommt ruhig rein!« Eine angenehme Stimme drang aus dem Laden, und neugierig geworden spähten wir durch den Spalt ins Innere, wo ein junger Mann, dessen blonder Pferdeschwanz vermuten ließ, dass er ursprünglich nicht aus Mexiko stammte, vor einer Leinwand saß und malte. »Kommt alle rein, hier ist was geboten!« Dann grinste er, legte den Pinsel auf die Seite und reichte uns seine Hand: »Hallo, mein Name ist Jorge!«

Der winzige Raum, in dem wir standen, duftete angenehm nach Räucherstäbchen, kleine Halogenlampen beleuchteten mehrere an den Wänden angebrachte Bilder, Schalen mit Muscheln und Steinen verteilten sich auf den Ablagen, die entlang der Wände aufgebaut waren, dazwischen lag wunderschöner handgearbeiteter Silberschmuck. Zielstrebig marschierten Emma und Paula zu einem großen Kristall, der in einem natürlichen Rotton schimmerte.

»Wow ... wo hast du den gefunden?«

»Fast alle Steine habe ich in Ojo de Liebre gefunden, kennt ihr die Bucht der Wale?«

Beide nickten aufgeregt.

»Dort gibt es fantastische Versteinerungen, seht mal hier ...« Jorge zog das platte Bruchstück eines braunen Steines aus der Schale daneben. »Das zum Beispiel stammt von einer Muschel, und das hier ist ein Amethyst und dies ein Epidot ...«

Sprachlos starrten die Mädchen auf die bunten Brocken, während Jorge zu jedem Stück etwas zu sagen hatte. Erst nach knapp zehn Minuten fasste sich Paula ein Herz und zog einen Stein aus ihrer Hosentasche. »Den hab ich vor ein paar Tagen auch in Ojo de Liebre gefunden, weißt du, was das ist?«

Jorge nahm den kleinen Kiesel zwischen Daumen und Zeigefinger, kniff die Augen zusammen und überlegte. Er setzte sich an den kleinen Arbeitstisch, der die rechte hintere Ecke des Raumes für sich beanspruchte, und richtete den Lichtkegel der Tischlampe direkt auf die raue Oberfläche des Steines. Dann jedoch schüttelte er den Kopf.

»Tut mir leid, das kann ich dir nicht sagen, aber morgen ist meine Freundin Miranda mit hier, die kennt sich um einiges besser aus. Wenn ihr wollt, schaut doch einfach ab vierzehn Uhr noch mal vorbei!«

Um Punkt zwei Uhr am nächsten Nachmittag warteten wir erneut vor dem kleinen Tischchen, und Miranda, die offenbar schon Bescheid wusste, griff nach Paulas Stein.

»Hm ... das ist schwierig ... ein wirklich außergewöhnlicher Stein ...!« Interessiert drehte und wendete sie das kleine Stück, inspizierte jede einzelne Seite des türkis schimmernden Kiesels. »Vielleicht ein Malachit, ja, ich glaube, das ist es!« Dann legte sie ihn zurück in Paulas Hände

In dem Moment griff Emma, die beide interessiert beobachtet hatte, in ihren Rucksack und zog zwei Beutel hervor, die sie und Paula erst heute Morgen eigens für diesen Zweck gepackt hatten. Jeder Beutel war bis zum Rand gefüllt mit den Steinen, die sie von Alaska bis Mexiko gesammelt hatten, und Jorge begann zu lachen.

»Klasse, da habt ihr ja eine ganze Menge gefunden.« Er sprang von seinem Stuhl auf und kramte in den zahlreichen Einzelstücken, die sich schon bald vor ihm auf dem Tisch stapelten, und einer nach dem anderen bekam einen Namen verpasst.

»Ein Quarz, ein Kristall, und das, das sieht nach Schwefel aus, wunderschön!« Doch am meisten begeisterte ihn ein großes Stück versteinertes Holz, das wir in der Wüste von Nevada gefunden hatten. »Das ist einfach fantastisch, seht euch diese verschiedenen Brauntöne an und die Maserung ...« Er wog es in den Händen, drehte und wendete es, bevor er es schließlich zurück in Emmas Rucksack packen wollte, doch die schüttelte den Kopf.

»Nein, das darfst du behalten! Der ist von Paula und mir für dich und Miranda!«

Paula nickte. »Damit ihr uns nicht vergesst!«

Jorge betrachtete eine Zeit lang die Versteinerung und schien hin und her gerissen, dann lächelte er. »Wisst ihr was ... ich mache euch einen Vorschlag. Für euer tolles Geschenk schleife ich euch euren Lieblingsstein. Sucht euch beide einen aus eurer Sammlung aus, und bis nächste Woche mache ich für jede von euch eine Kette daraus!«

Nur fünf Minuten später hielt er die zwei ausgesuchten Exemplare in den Händen, drückte zu Demonstrationszwecken noch kurz einen der Steine an die Schleifmaschine und verabschiedete uns dann bis zur nächsten Woche.

»Bis bald!«, sagte er winkend und machte sich sogleich an die Arbeit.

51. KAPITEL
UNWETTER ÜBER DEM PAZIFIK

19. Februar 2017, Mexiko, Baja California,
Loreto, Meilenstand: 236 661

Ein Dröhnen weckte mich, dann donnernde Musik und eine Ansage durchs Mikrofon. Stöhnend drehte ich mich auf die andere Seite und drückte mir das Kissen auf den Kopf. Zwei Uhr nachts leuchtete auf der Anzeige, Freitag in Loreto, und wieder einmal wunderte ich mich, dass die Kinder trotz des Lärms so ruhig schlafen konnten. Schon die letzten Nächte war die Hölle los gewesen, doch heute schien die ganze Stadt zu feiern, was ich auf die Ankunft des monströsen Kreuzfahrtschiffes zurückführte, das seit gestern in den flachen Hafengewässern vor sich hin dümpelte.

»*Buenas noches* ...« Wieder die laute Stimme durch das Mikrofon, dann kollektives Grölen, Gelächter, Flaschenklirren und noch mehr Musik. Irgendwann mussten doch auch diese Partylöwen aus den Schuhen kippen. Seufzend setzte ich mich auf und starrte aus dem Fenster. Der Garten schimmerte sanft im kühlen Licht des vollen Mondes, und eine Zeit lang beobachtete ich die sich wiegenden Wipfel der Bäume. Seit gestern war ein leichter Wind aufgekommen, der die knapp dreißig Grad wieder um einiges erträglicher machte, der Wetterbericht jedoch warnte vor schlechter Witterung. An den Küsten des südlichen Kaliforniens wurde der schwerste Sturm seit Langem erwartet, und inwieweit die Ausläufer sich bis in den Süden ziehen würden, war bis jetzt noch nicht bekannt. Doch Regen würde es geben, so viel stand fest, teilweise bis zu 25 Liter pro Quadratmeter und Stunde, und das war allerdings nicht gerade wenig.

Ich musste an Fidel denken, der schon vor Wochen wegen des starken Regens geklagt hatte. Denn die verschlammte Zufahrt wieder in Schuss zu bringen, kostete ihn jedes Mal Hunderte von

Pesos, und bei der diesmal zu erwartenden Menge an Niederschlag würde es mit Sicherheit besonders teuer werden. Eigentlich hatten wir morgen zu ihm aufbrechen wollen, jetzt aber würden wir wohl erst einmal abwarten müssen.

Die Musik war inzwischen leiser geworden, und ich hoffte, das Stimmengewirr um unseren Garten würde von der nach Hause torkelnden Menge verursacht. Ich ließ mich schnell zurück in die Kissen rutschen, die Augen fielen mir zu. Vier Uhr dreißig, wenigstens noch zwei Stunden Schlaf, damit wäre ich ja schon zufrieden...

Um sechs Uhr jedoch begann der Wind zu pfeifen. Emma und Paula wälzten sich unruhig in ihren Betten, während Tom und ich unbehaglich auf die sich biegenden Palmen blickten, doch noch schienen sie gut zu halten. Genau in dem Moment ertönte ein Krachen, und erschrocken sah ich einen großen Ast von den Bäumen hinter dem Haus auf den Boden knallen. Fast gleichzeitig setzte der Regen ein, er begann als leichtes Trommeln, das aber innerhalb weniger Sekunden anschwoll auf ein wütendes Maschinengewehrknattern, dazu kam immer heftiger grollendes Donnern und heulender Wind.

Ängstlich waren die Mädchen aus ihren Betten gekrochen, und gemeinsam starrten wir nach draußen. Der blaue Himmel der letzten Tage war einem dunklen Grau gewichen, und die dichte Wasserwand sammelte sich inzwischen zu sprudelnden Bächen auf den Straßen, deren Pegel stetig stieg. Das Dach aus Palmenblättern des kleinen Schuppens im Garten begann zu lecken, und ganze Sturzbäche ergossen sich auf das Inventar, während mit lautem Getöse der zweite Ast zu Boden ging. Zum Glück blieb Frankie diesmal wasserdicht, dank der Teilüberdachung und der uns vor Wind und von der Seite kommenden Böen schützenden Wand der Garage.

Die Ausläufer des Sturmes waren mit einer Wucht eingetroffen, mit der niemand gerechnet hatte, und ich hoffte, das Unwetter würde genauso plötzlich vergehen, wie es gekommen war. Doch auch bis Mittag hatte sich noch nicht viel geändert, und selbst Laika, die normalerweise ihren morgendlichen Spaziergang kaum erwarten konnte, hatte sich noch immer reglos auf ihrem Kissen eingerollt. Erst am frühen Nachmittag hatte der Wind endlich an Stärke eingebüßt, und der Regen schien sich nach und nach etwas zu verringern, bis er sich auf ein stetiges Nieseln eingependelt hatte.

Eingemummelt in unsere Regenjacken wagten wir uns nach draußen. Auch die Temperaturen waren durch die fehlende Sonne um mindestens zehn Grad gefallen, und der sonst so staubige Boden hatte sich in ein riesiges Schlammmeer verwandelt. Matsch und Wasser flossen über die Straßen und sammelten sich an den tiefsten Stellen zu bräunlichen Seen. Der Verkehr jedoch, der in Deutschland sicher zum Erliegen gekommen wäre, brauste unvermindert weiter, selbst von knietiefen Wassermassen ließ sich kaum ein Fahrzeug abhalten, und ganze Fontänen der braunen Suppe spritzten hoch hinauf an die umliegenden Wände.

Vorsichtig stiefelten wir durch den Schmodder, immer in dem Bemühen, den Dreck aufschleudernden Fahrzeugen auszuweichen. Wir sprangen über überflutete Bordsteine und balancierten über die wenigen trocken gebliebenen Stellen. Für vierzehn Uhr dreißig hatten wir einen Termin mit Jorge ausgemacht, der versprochen hatte, bis zu unserer Abfahrt die Steine für die Mädchen fertig zu machen, und kurz vor halb drei stolperten wir schlammbespritzt durch die sich gerade öffnende Tür. Jorge lächelte uns entgegen, dann aber machte er ein ernstes Gesicht.

»Ihr könnt jetzt unmöglich fahren! Ein Freund von mir wohnt eine Stunde weiter nördlich, und er sagt, die MEX ist dicht. Mindestens ein Erdrutsch und jede Menge Überflutungen.«

Wir nickten, wir hatten fast damit gerechnet, dass die Verbindungsstraße nicht unbeeinträchtigt blieb, und noch waren wir zum Glück nicht unter Zeitdruck.

»Wir warten auf jeden Fall bis nächste Woche.«

Erst vorhin hatten wir die Nachrichten gegoogelt und von den verheerenden Schäden in ganz Kalifornien gelesen. Mindestens vier Tote, dazu Hunderte Haushalte ohne Strom, Schlammlawinen und Überflutungen. Bis Montag wurden für manche Orte noch bis zu 25 Liter Regen pro Stunde und Quadratmeter angesagt. Ich hoffte nur, dass Mexiko davon ausgespart bleiben würde, denn ohne jegliche Kanalisation kamen Teile der Stadt jetzt schon deutlich an ihre Grenze, noch mehr Wasser würde sicher zu einem ernsten Problem werden.

Jorge griff in eine Schublade und hatte plötzlich zwei Ketten in der Hand, mit denen er auf Emma und Paula zuging und die er ihnen vorsichtig um den Hals legte. »Ich hoffe, sie gefallen euch.«

Dann griff er nach einer Schatulle, die er hinter sich auf den Tisch gestellt hatte, öffnete sie und nahm mehrere tropfenförmige, kristallklare Steine aus einem kleinen Fach.

»Seht ihr die Spirale an der Unterseite?« Er hatte einen der Steine umgedreht und deutete auf dessen Boden, den eine eigenartige Schneckenform zierte. »Das sind Himmelstränen, die sind wirklich selten. Angeblich entstehen sie durch in die Luft geschleudertes heißes Magma, welches dann als Tropfen auf die Erde fällt und auskühlt.«

Vorsichtig legte er jedem von uns eine der Tränen in die Hand und lächelte.

»Damit auch ihr mich nicht vergesst!«

52. KAPITEL
NORDWÄRTS

20. Februar 2017, Mexiko, Baja California,
von Fidels El Pabellón auf dem Weg
nach Kettle Falls, Meilenstand: 237 107

Am Montag, dem 20. Februar, machten wir uns schließlich wieder auf den Weg nach Norden. Noch blieben uns knapp drei Monate, aber wir waren jetzt auf dem Rückweg, und in unser Reisegefühl von Neugierde und Erfüllung mischte sich bereits ein wenig Abschied und Wehmut. Das letzte Mal, so erinnerte ich mich, als wir ganze zweieinhalb Jahre unterwegs gewesen waren, war mein Kopf voll gewesen, bis zum Bersten gefüllt von den vielen Eindrücken und Erlebnissen unterwegs, doch diesmal schien noch ausreichend Platz vorhanden, und ich konnte mir kaum vorstellen, dass wir uns schon bald auf den Rückweg nach Deutschland machen mussten.

Zwar hatte es auch übers Wochenende noch geregnet, zum Glück aber waren die gefürchteten Wassermassen ausgeblieben, und selbst die Seen auf den Straßen begannen langsam zu versickern.

»*Muchos problemas* ...« Fidel schüttelte noch immer entsetzt den Kopf, als wir eine Woche später seinen Strand erreichten. »Es hat geregnet, als würde die Welt untergehen, alles voller Schlamm!« Er zeigte aufgebracht auf den noch immer aufgeweichten Boden. »Und mitten in der Nacht hat der Wind angefangen, und das Meer kam plötzlich bis auf den Campingplatz! Ich musste die Touristen wecken, drei Fahrzeuge hatte ich da, und alle standen knietief im Salzwasser.« Noch immer geschockt schüttelte er unablässig den Kopf. »Wenigstens konnten alle noch rechtzeitig wegfahren ... das Wasser kam tatsächlich bis zu meiner Veranda ... das hab ich in den letzten fünfzehn Jahren nur ein einziges Mal erlebt! Und die Einfahrt ist jetzt natürlich wieder eine einzige Katastrophe!«

Da musste ich ihm allerdings recht geben. Durch knöcheltiefe Schlammfurchen hatten wir den Bus nur mit Mühe und Not bis zu seinem Haus fahren können, und auch ein Großteil des Campingplatzes war kaum befahrbar, gut die Hälfte verschwand noch immer unter einer riesigen Pfütze, in der sich die Mittagssonne spiegelte.

»Die Stürme werden immer schlimmer, und das Wasser steigt! Bald werde ich wohl gar nichts mehr von meinem Campingplatz haben!« Seufzend ließ Fidel sich auf unseren Klappstuhl fallen.

»Na, das wird bestimmt noch eine Weile dauern, und die Touristen werden auch wieder zahlreicher … zumindest hatten wir diesmal den Eindruck!« Tom sah ihn fragend an.

Fidel nickte und schien seine trüben Gedanken schon wieder erfolgreich beiseitegeschoben zu haben. »Ja, hast ja recht, das letzte Jahr war das beste seit Langem, endlich scheinen die Amerikaner ihre Angst ein wenig zu verlieren.« Dann lachte er. »So schlimm sind wir Mexikaner doch gar nicht, oder, mein Freund?«

Tom grinste und schüttelte den Kopf. Als wir 2011 zum ersten Mal nach Mexiko gereist waren, hatten wir die ersten Nächte kaum ein Auge zugetan. Die vielen Horrorgeschichten der Amerikaner waren damals noch durch unsere Hinterköpfe gegeistert, und erst nach ein paar Tagen, an dem Strand von Fidel, hatten wir uns endlich akklimatisiert. Wir wussten natürlich, dass in Mexiko eine hohe Kriminalität herrschte und der Kampf gegen Drogen und Waffenschmuggel wohl nie ein Ende finden würde, trotzdem fühlten wir uns wohl unter den vielen herzlichen Menschen, die wir inzwischen kennengelernt hatten und die genauso wenig mit der Kriminalität oder den Drogenkartellen zu tun haben wollten wie wir.

Inzwischen konnten wir uns durchaus vorstellen, eine längere Zeit in Mexiko zu verbringen, all die Angst hatte sich gänzlich in Luft aufgelöst, und wir fühlten uns wohl zwischen den meterhohen Kakteen und den einsamen Stränden. Irgendwann einmal, das hatten wir uns fest vorgenommen, würden wir bis nach Südamerika fahren, von Mexiko aus über Guatemala und weiter über den Panamakanal bis in den Urwald von Brasilien und die Berge von Chile. Am liebsten hätten wir sogleich konkrete Reisepläne für die Zukunft geschmiedet. Fürs Erste jedoch stand unsere Weiterfahrt gen Norden an.

Schon am nächsten Morgen verabschiedeten wir uns also von Fidel, unserem mexikanischen Freund, der uns trotz seiner kleinen »Gaunereien« inzwischen sehr ans Herz gewachsen war, und hofften, dass sich auch in Zukunft noch viele Touristen zu ihm an den Strand verirren würden. Noch während unser Bus aus der Ausfahrt rollte, kam uns der erste Camper entgegen, und mit Erleichterung konnten wir beobachten, wie die Fahrerin ihn auf unserem alten Platz parkte. Zumindest für die nächsten Tage schien Fidels finanzielle Zukunft abgesichert, und erleichtert lenkten wir Frankie in Richtung Norden.

Wir machten uns über Ensenada auf den Weg zur Grenze, und ohne Probleme reisten wir von Tecate zurück in die USA, hatten sogar noch eine zusätzliche Verlängerung der Visa bis Mitte Mai ausgehandelt. Am 16. Mai würde unser Flug dann von Seattle aus zurück in die Heimat gehen, auch wenn wir uns das im Augenblick noch gar nicht vorstellen konnten.

Für Frankie hatten wir noch immer keine Lösung gefunden. Zwar hatten wir von Roger und Liz und auch von anderen Bekannten in Kettle Falls und Umgebung das Angebot bekommen, den Schulbus bis zur nächsten Reise auf ihrem Grundstück zu parken, aber noch fiel uns der Gedanke schwer, unser rollendes Zuhause allein zurückzulassen.

Tag für Tag verglichen wir die Angebote der unterschiedlichen Schifffahrtsgesellschaften, stellten neue Anfragen und versuchten, einen Plan aufzustellen, doch jedes Mal schien etwas schiefzugehen, während die Wochen langsam verstrichen und der Tag unserer Abreise immer näher rückte. Die eine Gesellschaft verfügte nicht über die ausreichende Containergröße, die andere verschiffte nicht nach Europa, mal war der nächste Hafen Tausende von Kilometern entfernt, mal war der Preis utopisch.

Über den Joshua-Tree-Nationalpark und die Mojave-Wüste hatten wir erneut Kalifornien durchquert, hatten in Nevada bereits Las Vegas hinter uns gelassen und waren für einen kurzen Zwischenstopp erneut im Valley of Fire gelandet, wo wir in einer

Nacht-und-Nebel-Aktion das versteckte Gewehr aus dem Fuchsbau zogen und zurück in unseren Stauraum steckten. Zwar wussten wir noch immer nicht, was damit geschehen sollte, trotzdem konnten wir uns nicht dazu durchringen, es einfach in der Wüste Nevadas verrotten zu lassen. Vielleicht, so beschlich uns ein Gefühl, hatte es ja einen bestimmten Grund, warum gerade wir zwei Waffen hatten finden müssen. Wer weiß, auf jeden Fall war es ein merkwürdiger Zufall gewesen. Fürs Erste würden wir es wohl mit in den Norden nehmen, dann mussten wir weitersehen. Im Storage unseres Busses war es vorerst gut aufgehoben, und im Notfall konnte es dort auch bleiben, bis wir eine gute Lösung gefunden hatten.

Immer mehr Grün mischte sich die nächsten Tage unter den Sand, nach und nach erschienen die ersten Bäume, und schon bald lenkten wir Frankie wieder durch das dichte Gebüsch der lang vermissten Wälder, die den Norden Oregons unter ihren Kronen verbargen. Mit jedem Tag näherten wir uns der Grenze von Washington State, wo uns unsere Freunde bereits ungeduldig erwarteten.

Am 1. April 2017 erreichten wir schließlich den Campingplatz von Marcus Island, und nachdem wir unseren alten Platz am Fluss ergattert hatten, winkten die Mädchen begeistert zu der über uns thronenden Veranda von Roger und Liz, tigerten durch das hohe Gras und begannen, mit unserer alten Bastelschere die langen Halme zu stutzen.

»Aua, Mama, das tut weh!« Emma hielt mit ihrer rechten Hand den Mittelfinger der linken fest umklammert. »Die hat mich einfach gebissen!«

Überrascht zuckte ich zusammen, eigentlich hatte ich gedacht, sie hätte sich geschnitten. »Was war das denn?« Vorsichtig zog ich sie an mich und versuchte, ihre Hand von ihrem Finger zu lösen, doch noch war sie zu aufgeregt.

»Na, die Spinne!« Tränen liefen ihr übers Gesicht, und ich musste schlucken.

»Wie sah die Spinne denn aus?«

»Keine Ahnung, weiß ich nicht!«

Endlich ließ sie mich den Biss inspizieren, aber außer einer leichten Rötung war nichts zu sehen, und Liz, die sofort, als sie den Bus gesehen hatte, zu uns auf den Campingplatz gekommen war, versuchte, mich zu beruhigen: »Hier gibt's einige Spinnen, die beißen, aber die wenigsten davon sind giftig!«

»Aua, es brennt!«

Wie zur Hölle verhielt man sich bei einem Spinnenbiss?

»Jetzt setz dich erst einmal hin, und ich bring dir was zum Kühlen!« Während Tom sich um Emma kümmerte, machte ich mich auf den Weg zum Bus und holte einen nassen Waschlappen. Am besten beruhigten wir uns erst einmal alle, dann konnten wir weitersehen.

»Ist es sehr schlimm?« Paula starrte betreten auf Emmas Finger, und ich legte ihr den Arm um die Schultern.

»Keine Sorge, das wird schon wieder!« Mit gespielter Zuversicht versuchte ich, meine eigene Unsicherheit zu überspielen, was jedoch zu wirken schien. Emmas blasses Gesicht bekam schon wieder etwas Farbe, und ihre verkrampften Hände begannen sich zu lockern.

»Tut schon fast gar nicht mehr weh«, beteuerte sie kurz darauf, und wir atmeten auf. Fünf Minuten später war der kühlende Waschlappen schon auf dem Tisch gelandet, und die Mädchen rannten wieder durch die Wiese. Soviel ich gelesen hatte, würde bei den beiden giftigen Spinnenarten, der Braunen Einsiedlerspinne und der Schwarzen Witwe, der Biss innerhalb der ersten halben Stunde erst richtig zu schmerzen beginnen, und die Wirkung des Giftes würde nach und nach einsetzen. Wenn wir also die erste Stunde ohne weitere Auffälligkeiten hinter uns gebracht hatten, sollten wir auf der sicheren Seite sein. Ich sah auf die Uhr, vierzehn Uhr dreißig, und drückte die Daumen.

Porky und Princess, zwei der Hunde von Liz und Roger, tobten mit den Mädchen über die Steine am Flussufer, und lautes Gekicher drang zu uns herüber. Bis jetzt sah es auf jeden Fall gut aus, und auch unsere Freundin schien den Biss bereits wieder vergessen zu haben. Für die Gegend hier war das offenbar nichts Ungewöhnliches.

Enttäuscht hatten sie uns von dem Anruf von Liz' Bruder erzählt, der entgegen seinen Erwartungen keine Möglichkeit gefunden hatte, Frankie nach Deutschland zu verschiffen, aber zu unserer eigenen Überraschung hatten wir uns inzwischen damit abgefunden. Unser rollendes Heim würde in Nordamerika bleiben, und um Liz und Roger eine Freude zu machen, hatten wir ihnen angeboten, den Schulbus in unserer Abwesenheit zu nutzen.

Doch Liz schüttelte entschlossen den Kopf: »Nein, das kann ich nicht, nicht ohne euch. Lieber machen wir noch mal einen Ausflug und fahren dann gemeinsam, wenn ihr zurück seid und wir einen eigenen Bus haben! Ich wollte schon immer einen Schulbus haben, wenn ihr uns ein wenig beim Ausbau unter die Arme greift ...?«

Gestern erst hatten wir sie mit auf einen kurzen Trip nach Colville genommen, während Roger für die Foodbank, eine Organisation, die über hundert bedürftige Familien rund um Kettle Falls versorgt, Essen aus den Supermärkten einsammelte. Wir hatten dort zusammen Eis gegessen und waren danach noch eine Weile am Columbia River entlanggewandert.

Ich nickte gerührt. »Nichts lieber als das!«

»Aber ich biete es noch mal an«, sagte Liz, »in der Zwischenzeit könnt ihr ihn wirklich sehr gerne bei uns in den Garten stellen, wir haben genug Platz!«

Auch Roger kam jetzt in seinem Pick-up auf den Campingplatz gerollt, bis Mittag hatte er seinen ehrenamtlichen Job meist erledigt, und beschwingt kletterte er aus dem Auto. »Hat euch Liz schon von unseren Neuigkeiten erzählt?«, fragte er strahlend, während er zu uns herüberschlenderte, doch ahnungslos schüttelten wir die Köpfe. »Wir haben das Grundstück neben unserem Haus dazugekauft ...«, platzte er begeistert heraus. »Da ist genug Platz für den Bus. Und wenn ihr zurückkommt, könnt ihr da stehen, solange ihr wollt!«

Für einen Moment wussten Tom und ich gar nicht, was wir sagen sollten. Bislang hatten wir uns noch zu keiner Entscheidung durchgerungen, weil es uns dann doch wie eine allzu große Zumutung vorkam, unseren gelben Riesen auf unabsehbare Zeit bei Roger und Liz abzustellen. Das neue Grundstück eröffnete natürlich ganz neue Möglichkeiten und ließ unsere Skrupel schwinden.

Paula, die mit Porky im Schlepptau zu uns gerannt kam, wartete gar nicht erst unsere Antwort ab, sondern strahlte über das ganze Gesicht und rief: »Super!« Dann umarmte sie den kleinen Hund. »Und ihr kommt uns vorher in Deutschland besuchen, okay?«

Liz und Roger nickten lachend.

»Und bringt Porky mit, ja?«

53. KAPITEL
HEIMFLUG MIT HINDERNISSEN

16. Mai 2017, USA, Washington State,
Seattle Airport, Meilenstand: 239 231

Die letzten Wochen waren wie im Flug vergangen, und mir kam es in manchen Momenten fast so vor, als wären wir gerade erst losgefahren. Tom und den Mädchen ging es kaum anders.

Als wir am Freitagmorgen Frankies Türen zum letzten Mal hinter uns schlossen, brachen die Mädchen in Tränen aus.

»Wir können doch jetzt nicht fahren, ich will noch mal nach Kanada, zu Gerry, Leo und den Huskys. Meinst du, Leo hat mich schon vergessen?« Paula sah mich schluchzend an, und ich schüttelte wehmütig lächelnd den Kopf.

Auch Emma konnte sich kaum beruhigen: »Ich werde Princess und Porky vermissen, und außerdem dachte ich, wir besuchen Sherri noch mal!«

Tom wuchtete die Koffer zu der Hundebox in den gemieteten Anhänger, während ich beide Mädchen in die Arme nahm. »Wir kommen wieder, versprochen!«

Und Roger nickte. »So bald wie möglich!«

Dann stiegen wir zusammen in den Jeep, Liz startete den Motor, und langsam rollten wir von ihrem Grundstück. Roger stand vor dem Haus und winkte. Frankie, der unter einer dicken Plane verschwunden war, verschmolz langsam mit dem frühlingshaften Grün der vielen Bäume, wurde kleiner und kleiner und verschwand schließlich hinter einer Kurve. Rumpelnd rollten wir über die letzten unebenen Meter des langen Zufahrtweges, dann erreichten wir den Asphalt der Straße, und viel zu schnell waren wir auf dem direkten Weg nach Seattle. Morgen Abend schon würden wir in Frankfurt wieder aus dem Flugzeug steigen, und meine Augen begannen zu brennen, noch konnte ich mir kaum vorstellen, Nordamerika schon wieder zu verlassen!

Auch Liz kostete es offenbar Mühe, tapfer zu lächeln, während sie den schwarzen Wagen über die Straßen lenkte, die uns inzwischen so ans Herz gewachsen waren. Ich sah die Ufer des Columbia River, die uns neben der Straße begleiteten, und musste an die vielen Stunden denken, die wir dem Lauf des Flusses gefolgt waren, hörte plötzlich den Rhythmus der Native Americans, das Klopfen der Steine und den Ruf nach den Lachsen. Ich sah die vielen Bären in Haines vor mir, die die schillernden Fische aus dem Wasser zogen, hörte den Ruf des Seeadlers, der sich fest in mein Gedächtnis eingebrannt hatte, fühlte das dichte Fell der Huskys unter meinen Fingern, und plötzlich begann Liz zu lachen.

»Wollt ihr eine Geschichte hören?«

Begeistert stimmten wir alle zu, und sie begann zu erzählen, ihre angenehm tiefe Stimme schwang durch den engen Fahrgastraum und entführte uns in die Wälder Washingtons, bis zum Haus ihrer Freunde, und mit einem Mal hatten wir unsere Trauer vergessen.

»... und wisst ihr was? Als sie eines Tages in die Arbeit fuhr, landete plötzlich, mit einem lauten Platschen, ein Lachs auf ihrer Windschutzscheibe, und das mitten im Wald!«

Sie kicherte, und wir alle lachten mit ihr.

»Muss wohl ein Adler im Flug verloren haben!«

Am späten Nachmittag luden wir vor dem Flughafen unser Gepäck aus dem Hänger, und Laika sprang erleichtert aus dem Kofferraum.

»Also, wenn irgendetwas ist ... ich bin noch drei Tage in Seattle, ihr habt ja meine Nummer!«

Wir nickten stumm und drückten unsere Freundin noch ein letztes Mal an uns. »Danke für alles und hoffentlich bis bald.«

Liz' schwarzer Jeep bog zurück auf die Hauptstraße und verlor sich kurz darauf im dröhnenden Verkehr.

Genau hier waren wir vor dreizehn Monaten in den USA angekommen, und ich musste daran denken, wie wir Laika am Flughafen fast verloren hätten. Damals hatten sie uns durch die Passkontrolle gelotst, bevor sie uns unsere Hündin übergeben hatten, und Laika stand allein und verlassen im leeren Gepäckterminal.

Nur durch einen findigen Flughafenangestellten hatten wir es gerade noch rechtzeitig geschafft, die Hundebox samt Inhalt durch die bereits geschlossene Kontrollstelle zu schleusen.

Seufzend verteilten wir unser Gepäck auf zwei Wagen und machten uns auf den Weg zum Abflug-Terminal. In einer Stunde spätestens würden wir zumindest unsere Koffer und Laika bereits aufgegeben haben, und um halb acht sollte unser Flieger starten.

Um fünf vor halb acht jedoch waren wir die Letzten in der Abflughalle, alle anderen Passagiere waren bereits über die Gangway gelotst worden, als uns ein Steward entgegentrat. »Es gibt Probleme mit Ihrem Hund!«

Fragend starrte ich in sein glattes, ausdrucksloses Gesicht ... nicht schon wieder!

»Sie können nicht fliegen!«

»Wie bitte?«

Inzwischen hatten wir knapp fünf Stunden am Flughafen verbracht, uns innerlich verabschiedet und uns auf unsere Ankunft in Deutschland vorbereitet.

»Es tut mir sehr leid, aber es stimmt etwas nicht mit der Klimaanlage im Transportraum, das heißt, wir können die Temperatur in dem Frachtabteil, in dem Ihr Hund fliegen muss, nicht regulieren.«

Ich schluckte und bekam noch gar nicht ganz zu fassen, was diese Nachricht eigentlich bedeutete, während Tom sich in das Gespräch mischte. »Und wie bitte stellen Sie sich das vor? Wir warten seit Stunden, sind müde und hungrig, und außerdem ist in Deutschland ein Mietwagen gebucht!«

»Wir kommen natürlich für die Kosten auf, morgen wird für Sie ein Ersatzflug gebucht, Hotel und Verpflegung übernehmen wir!«

Müde und enttäuscht sanken wir auf die Stühle im Wartebereich, Emma und Paula waren schon wieder den Tränen nahe. Doch eine andere Möglichkeit schienen wir kaum zu haben.

»Na gut, was anderes bleibt uns wohl nicht übrig!« Paula nahm ihren Rucksack und schnallte ihn auf ihren Rücken, dann drückte sie ihren großen Bären fest an sich. »Aber wenn es morgen wieder nicht klappt, dann bleib ich hier, das schwöre ich.«

Und Emma nickte. »Da gibt es keine Diskussion!«

EPILOG

10. Juni 2017, Deutschland, Oberpfalz,
Forsthof, an der tschechischen Grenze

Dreieinhalb Wochen war es her, dass wir in die Oberpfalz zurückgekehrt waren.

»Wann, meinst du, können wir wieder fahren?«

Ich zuckte die Schultern und grinste, während Paula ärgerlich das Gesicht verzog. »Eigentlich sind wir ja gerade erst wieder zurückgekommen.«

»Es sind schon über drei Wochen!« Vorwurfsvoll verzog sie das Gesicht und stampfte mit dem Fuß auf den Boden. Ganze 25 Tage waren wir inzwischen zurück in Deutschland, hatten unser Haus wieder auf Vordermann gebracht, Freunde und Familie besucht. Trotzdem fiel es uns noch immer schwer, wieder in unser altes Leben zurückzufinden. Selbst Laika schien seit dem Rückflug deprimiert und war kaum zu einem Spaziergang zu überreden.

Seit über einer Woche schon gingen Emma und Paula wieder zur Schule, und obwohl sie sich begeistert wieder in die Klassengemeinschaft eingefügt hatten, vermissten sie doch beide sehr das Unterwegssein und ihre vielen Freunde in Nordamerika.

»Und was ist, wenn sich Porky dann nicht mehr an mich erinnert? Wir haben doch gesagt, wir kommen wieder!«

Der kleine Mischlingsrüde von Liz und Roger war ihr wirklich sehr ans Herz gewachsen, so sehr, dass die beiden kurzfristig sogar überlegt hatten, Paula den Hund zu schenken, doch Tom und ich hatten dankend abgelehnt.

Jetzt allerdings schnappte ich mir Paulas Hand und zog sie zu unserem schwarzen Kombi, in dem Tom und Emma schon warteten. »Komm, wir müssen etwas abholen, dauert auch nicht lange!«

Stöhnend rutschte sie auf die Rückbank, während Tom den Motor startete, in der Hitze waren den Mädchen lange Fahrten zuwider. Durch die enge Ausfahrt rollten wir auf die kleine Dorfstraße, die direkt vor unserem Haus endete, dahinter reckten sich die hohen Bäume eines kleinen Waldstückes gen Himmel, und für einen kurzen Moment wünschte ich, der alte Kombi wäre Frankie, und während ich aus dem Fenster blickte, suchte ich fast automatisch in den Büschen neben der Straße nach Anzeichen wilder Tiere.

Wenigstens davor mussten wir hier keine Angst mehr haben, gestand ich mir seufzend ein, das war mir schon beim ersten Spaziergang in den Wäldern klar geworden. Endlich konnte ich entspannt durchs Gehölz wandern, ohne stets mit der Gegenwart eines Bären oder Pumas rechnen zu müssen. Doch trotz der Erleichterung hatte ich schon bald gemerkt, wie sehr meine Aufmerksamkeit darunter litt. Hatte ich in Nordamerika noch jeden Stein, jeden Busch oder Baum genau gemustert, so wanderte ich hier meist in Gedanken versunken über die breiten Wege, und immer häufiger bemerkte ich, wie wenig ich um mich herum wahrnahm. Ich musste an das Gewehr denken, das wir in den USA zurückgelassen hatten ... Hier in Deutschland hätten wir wohl keine Sekunde daran gedacht, es mitzunehmen, geschweige denn, es quer durchs Land zu fahren. Weil wir es nicht mehr rechtzeitig geschafft hatten, es zur Polizeistation zu bringen, hatten wir es vor unserer Abreise Liz und Roger anvertraut. Dort war es fürs Erste auf jeden Fall in sicheren Händen.

»Wohin fahren wir?« Die Mädchen blickten aus dem Fenster in die vorbeirauschende Landschaft.

Einige Häuser tauchten auf, bunt gestrichene Ziegelwände hinter hölzernen Gartenzäunen, eine Kirche mit Zwiebelkuppel streckte sich gen Himmel und schien in den weiß-blauen Himmel zu zeigen, dann kamen einige Felder, bis uns ein gelber Pfeil nach rechts schickte.

»Noch einen Kilometer«, verkündete ich, und Tom drückte aufs Gas. »Dann seht ihr es!«

Nur vier Minuten später sahen wir endlich den Bauernhof vor uns auftauchen, der sich zwischen mehrere Felder mit frisch aufsprießendem Mais duckte, und während wir den Kombi in den Innenhof lenkten, rannte uns ein kleiner schwarzer Hund kläffend entgegen.

»Das ist Paula!« Ich zeigte auf das schwarze Fellknäuel, hinter dem sich zwei Welpen versteckt hatten, »und das da«, jetzt musste ich selbst schon lachen, »sind Emma und Blacky.«

Lange hatten wir überlegt, wie wir den Mädchen das erneute Fußfassen in ihrer Heimat erleichtern konnten, ohne die letzten Monate in die Vergessenheit zu drängen, und nach langen Diskussionen waren wir uns einig gewesen.

»Wenn dir Blacky gefällt, Paula, dann kannst du ihn mitnehmen!«

Die Namen hatten den Ausschlag gegeben, nachdem wir einer Annonce auf den Aussiedlerhof ganz in unserer Nähe gefolgt waren. »Welpen zu vergeben«, hatten wir gelesen, und als wir uns nur eine Stunde später die Hunde ansahen und die Namen hörten, war die Entscheidung bereits gefallen. Emma, die Schwester von Blacky, war leider bereits einer anderen Familie versprochen, und Mutter Paula sollte auf dem Hof bleiben, aber nur wenige Kilometer weiter hatten wir auch für unsere Emma das Richtige gefunden. Begeistert schloss sie einen braun gescheckten, gerade mal neun Wochen alten Schäferhund-Mischling in die Arme und setzte sich strahlend mit dem kleinen Rüden neben Paula und Blacky zurück ins Auto.

»Sieht aus wie ein Husky, oder? Du heißt ab sofort Janok ... und morgen, da fangen wir mit dem Training an!« Vorsichtig streichelte sie ihm über sein kleines Köpfchen. »Und nächstes Jahr fahren wir zu Gerry an den Yukon, und dann gewinnen wir alle Rennen!«

»Au ja!«, stimmte ihr Paula zu. »Aber davor besuchen wir Liz, Roger und Sherri.« Dann musterte sie die beiden Hundekinder eine Weile nachdenklich. »Aber für so eine Reise müsst ihr noch ein ganz schönes Stück wachsen«, stellte sie bestimmt fest. »Sonst ist das für euch zu gefährlich! Also erst mal gehen wir bei uns im Wald ein bisschen spazieren ... da gibt es wenigstens keine Kojoten!«

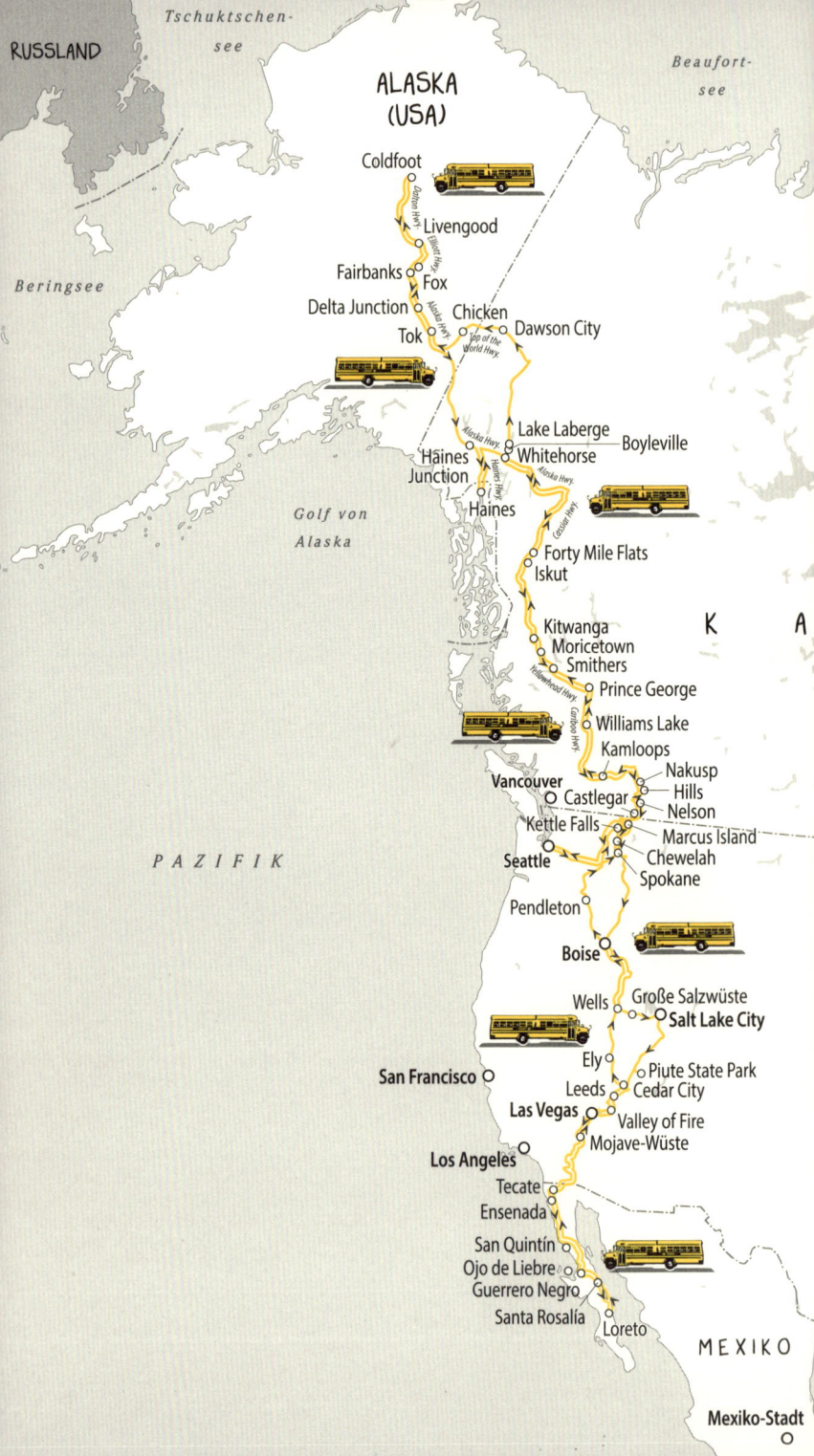